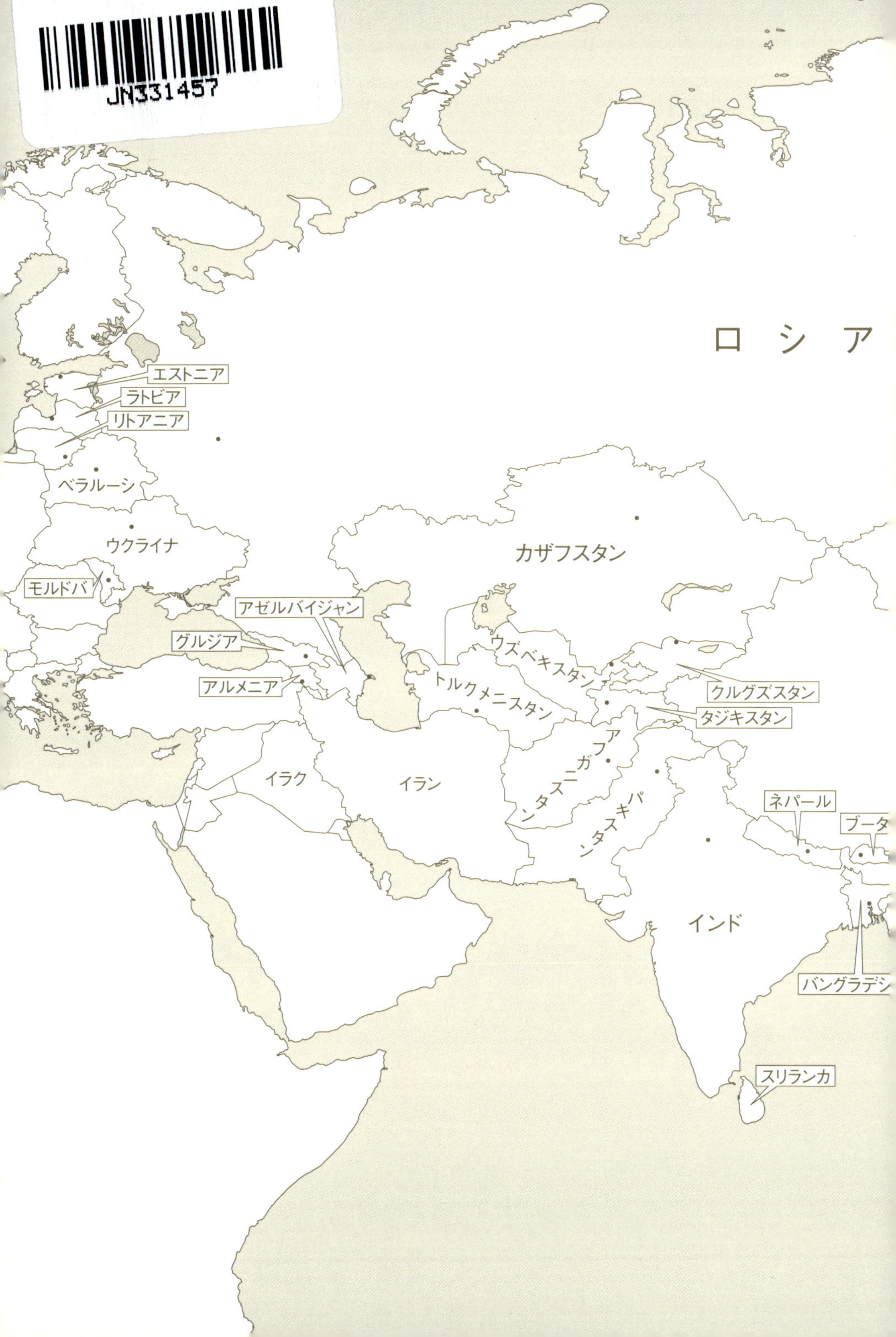
ロシア
エストニア
ラトビア
リトアニア
ベラルーシ
ウクライナ
モルドバ
アゼルバイジャン
グルジア
アルメニア
カザフスタン
ウズベキスタン
トルクメニスタン
クルグズスタン
タジキスタン
アフガニスタン
パキスタン
イラク
イラン
ネパール
ブータ
インド
バングラデシ
スリランカ

アジアに接近するロシア

アジアに接近するロシア

その実態と意味

木村　汎
袴田茂樹　編著

北海道大学出版会

まえがき——ロシア、アジアへ急接近

欧米からの離脱

「ロシアは西側を離脱する」。『フォーリン・アフェアーズ』(二〇〇六年七〜八月号)に載った論文のタイトルである。著者は、カーネギー財団モスクワ・センター副所長のドミトリー・トレーニン。二期目(二〇〇四年五月)にさしかかる頃からプーチン政権は、欧米諸国との関係をぎくしゃくさせ始めた。日本を含む欧米のロシア研究者たちも、そのことに十分気づいていた。われわれが感じていたことを、ロシア人自身が思い切って明確な言葉にあらわした点に、このトレーニン論文の意義がある。

ロシアと欧米諸国との間には、そもそも価値観の違いがある。アメリカは、自由と民主主義のチャンピオンとしての誇りから、プーチン統治下のロシアにおける民主主義の後退に我慢できない。マスメディアの抑圧、地方自治の制限、三権分立の未確立、チェチェン戦争における民間人攻撃などの諸現象に対して、目をふさぐことができない。ところが他方、ロシア側に立つと、プーチン政権なりの言い分がある。一言でいうと、独自の文化や伝統をもつロシアが、なぜ西欧版デモクラシーを実施せねばならないのか、というわけである。ウラジスラフ・スルコフ大統領府副長官は、プーチン政権のイデオローグ(イデオロギー担当者)と目される人物。スルコフは、二〇〇六年七月にサンクトペテルブルクで主要国首脳会議(G8サミット)が開催される直前に、「主権民主主義」理論を発表した。「主権」と「民主主義」の二語から成り立つこの新しい概念の力点《アクセント》は、あくまで前半の「主権」におかれている。つまり、現ロシアはあくまでロシア版デモクラシーの実現を目指している。そして、そのことに対しては外国の容喙《ようかい》を許さない。これが、「主権民主主義」の発表を通じて、西欧に向けてプーチン政権が発信しようとしたメッセージであった。

また、西側諸国は、ロシアが「ゲームのルール」を守らないことにも不満を高めつつある。「契約は守らざるべからず(Pact sunt servanta)」。これは、ローマ法以来、欧米諸国の市民社会に定着している最も重要な約束事である。たとえ価値観が異なろうとも、このルールを遵守する限り、西欧型議会民主主義は成り立つ。これは、市場経済の基本原則でもある。ところが時として、「法は電柱のようにすり抜けてゆくもの」(ロシアの諺)と考えがちなロシア人は、この原則をなかなか守ろうとしない。たとえば、ロシアの経済力が脆弱であったエリツィン期にロシア側は、先進西欧諸国との間の資源開発に関して「生産物分与協定(Production Sharing Agreements：PSAs)」に基づく二、三の契約を結んだ。ところが、オイル・マネーの流入によって経済力を回復したプーチン期のロシアは、この合意契約を反古にしようとする誘惑に駆られた。二〇〇六年九月初めになされた「サハリン2」の事業停止命令は、そのようなロシアの政策転換を反映した動きといえよう。

また、プーチン政権は、エネルギー価格の高騰を利用して、石油や天然ガスを政治・外交上の目的達成の梃子にしようと試みている。ロシアの国営企業「ガスプロム」は、二〇〇六年一月、ウクライナ向けの天然ガス供給を一時停止した。表向きは、ウクライナが国際的価格への引き上げに一向に合意しようとしないことに業を煮やしたからだという。ところがガスプロムは、他の独立国家共同体(CIS)諸国に対しては必ずしも国際価格でのガス買い取りを要求していない。したがってこの処置は、経済的な目的に発するものではなく、政治的な狙いに基づく動きであると解釈された。つまり、「オレンジ革命」を経て、急速に「ロシア離れ」し「西欧接近」を遂げつつあるウクライナを、処罰したり牽制したりしようと目論むクレムリンの行為にほかならない、と。ウクライナが自国領内を通過するパイプラインからヨーロッパ向けの天然ガスを抜きとって抵抗したために、欧州連合(EU)諸国は、平均して三〇%のガス不足に陥り、折からの厳冬のもとに震え上がる結果となった。ヨーロッパ諸国の不満は、ガスを抜きとったウクライナでなく、ガス供給を停止したロシアに向かった。ロシアは政治目的達成のためにはガスの元栓さえ閉める野蛮な国である——このような印象がEU諸国に拡がり、エネルギーの安定供給問題をめぐってEUとロシアの関係がぎくしゃくすることとなった。

　右に述べたような価値観の差異や市場経済のルールをめぐるロシアと欧米諸国との間の対立は、サンクトペテルブルク・サミットでは顕在化しなかった。同サミットは、開幕直前に発生した北朝鮮のミサイル発射事件に対する対応、イランの核開発など他の課題の検討に精力を割かざるをえなくなったからである。だからといって、両者間の溝が埋まったわけではない。サミット終了後に、たとえば米ロ間の対立は実務面でもさらに大きくなりつつある。ごく一、二例を挙げるにとどめよう。

　ロシアは、アメリカが「イエス」と言わないために世界貿易機関(WTO)加盟の目途がたたず、不満をつのらせた。逆にロシアは、ベネズエラのチャベス政権との間で兵器売却契約を交わし、ブッシュ政権をいらだたせた。チャベス政権はとみに反米姿勢をあらわにしつつある。ロシアがベネズエラに提供することとなったスホーイ30は、従来アメリカがベネズエラに提供してきたF-16に匹敵する代替戦闘機である。そうしないようにとのブッシュ政権による前もっての依頼を無視するかたちで、プーチン政権はスホーイ30(二四機)を含む一〇億ドルの武器セールスに応じたのである。ロシアは、以前から計画されていたロシア領土での米ロ合同軍事演習の実施も延期した。

〝アジア・モデル〟に親近感

プーチン政権が「西側を離脱する」代りに、今や急接近しつつあるのは、広義のアジア諸国である。とくに、中国、インド、中央アジア、上海協力機構（ＳＣＯ）加盟国など。このことを如実に物語るのは、兵器輸出（全体の三分の二が、中国とインド向け）に加えて、経済貿易関係の増加である。ロシアのアジア諸国との貿易額は、ここ数年急速に伸びている。過去三年間で四・三％から一三・四％への急伸ぶりを示した。中国、日本、韓国など主要六カ国との間では、その比率は二〇％にも上る。プーチン大統領は、アジア諸国へのエネルギー輸出を今後一〇年間で現在の三％から一〇倍増の三〇％にまで伸ばすと豪語しさえした。

プーチン・ロシアは、まず、自国の国内的発展モデルの視点から、アジア諸国に親近感をおぼえる理由がある。欧米型発展モデルよりもどちらかといえば、アジア型発展モデルのほうが都合よく、参考となるからである。現ロシアは、〝中国モデル〟を採用しつつある。思い切って大胆に単純化すれば、こう言えないこともない。中国モデルとは、「経済」は改革・開放、ただし「政治」は一党独裁の体制を指す。このような中国を、プーチン統治下のロシアは事実上模倣しようとしている。

ゴルバチョフ時代のソ連は、「経済」よりも、「政治」の自由化を先行させた。欧米諸国並みの自由や民主主義を普及させることなしには、とうていそれらの諸国と互角に競争しうる市場経済を発展させえない。これは、われわれから考えるともっとも至極な理屈であった。その後エリツィン時代となり、加えて「経済」の改革や自由化も行った。しかしながら、そのようなペレストロイカやグラスノスチの政策は「上からの」指導に基づき急激かつラジカルに行われた。残念ながら、ロシアは民主主義や自由の伝統を欠き、それらへの移行の準備が十分整っていなかった。これらの改革は、リリア・シェフツォーバ（カーネギー財団モスクワ・センター上級研究員）の卓抜な譬えを借りると、あたかも「実験室の社会学的、心理的、政治的な条件をいっさい考慮にいれることなく」試みられたのである。つまり、「実験「動物」サイドの福祉」、とくに帝政時代からソビエト時代の長きにわたって「ロシアにおける治者と被治者との間で存在した社会契約」を顧みることなく、強行された。〈統治者は強権をふるうが、人民大衆に対しては最低限度の生活水準を保障する〉。これこそが、ロシアにおける伝統的な暗黙の社会契約のはずであったのに。そのために、多くのロシア人は、無秩序と大混乱の真っ只中へと投げ込まれた。彼らの間では、たとえ個人的自由が多少制限されようとも、ブレジネフ時代に存在した秩序、安定、予測可能性を懐かしむ気分が醸成された。そのような雰囲気を背景に、プーチン政権が誕生したのである。

プーチン政権は、もちろん共産主義政権ではない。だが、それと似かよった諸側面を濃厚にしつつある。たとえば、同政権の与党である「統一ロシア」は、ロシア下院の約三分の二を占める圧倒的な多数政党となった。その気になれば、ロシア憲法改正すら不可能ではない力をもつ。また、かつての共産党アパラチキ（基幹幹部）の代りとなっているのは、現在、旧国家保安委員会（KGB）を中心とする「シラヴィキ」（「権力省庁」に巣食う「武闘派」）たちである。また、かつての共産主義イデオロギーの代りとなっているのは、今日では（ロシア）民族主義である。さらに、エリツィン時代に民営化された国有企業のうち、エネルギー資源関連の企業は再国有化されつつある。そのことを示すためには、民間石油会社の大手「ユコス」社の没収・併合の一例を挙げるだけで十分であろう。要するに、プーチン政権は権威主義または準独裁体制を確立しており、同政権に表立って異を唱えることはきわめて難しくなっている。かつての共産党独裁時代と大きく変わらない状態にある。そのような意味で、現プーチン政権下のロシアは「開発独裁」という中国モデル、またはアジア・モデルを採用しつつあるのだ。

ロシアの特殊性

もちろん、このように述べたからといって、一方における現ロシアと、他方における「四つの竜」（韓国、台湾、香港、シンガポール）、中国、ＡＳＥＡＮ諸国の発展モデルがまったく同一というのではない。この「まえがき」

では詳しく述べる紙幅はないが、たとえば大きな相違点二つを直ちに指摘できよう。

一は、ロシア経済のエネルギー依存体質。ロシアでは、石油と天然ガスの輸出が全輸出額の五七%を占める。ロシア政府の予算は、石油一バレル当たり二七ドルを基準価格として組み立てられている。国際原油価格が一バレルにつき一ドル上昇するごとに、ロシア政府は、約二〇億ドルの増収を手にする。しかし、エネルギー価格の高騰は、ロシアにプラス効果ばかりをもたらすわけではない。「資源の呪い」という言葉があるように、天然資源に恵まれている国の住民はややもすれば油断し、経済改革などの自助努力を怠りがちとなる。その結果、いわゆる「オランダ病」さえ発生させがちである。他方、アジア諸国の経済発展は――戦後日本がその最も顕著な例であるように――、製造加工業中心のやり方でもたらされた。無資源国は、死に物狂いで省エネやコスト削減の努力を行う。そうする以外に、他国と熾烈な競争を行ってサバイバルする道は残されていないからである。

二は、外資に対する態度。もしプーチン政権が一〇年間でロシア一般国民の所得を倍増したいと考えるならば、少なくとも海外からの投資を毎年一五%ずつ成長させ続けることが肝要。しかし、これは現ロシアにおける銀行や税制度の不備、その他の理由から判断して、ほとんどないものねだりに近い。たとえば日ロ合弁企業が順調に離陸して利潤をあげ始めると、ロシアではマフィア、企業、政府がそれに目をつけ、追加課税、環境保護の名目で嫌がらせを行い、乗っ取りさえ企てる。挙句の果てには、モスクワへの出頭を義務づけられる裁判の長期化に嫌気がさして、中小企業は投下した資本を放棄してロシア市場からの撤退を余儀なくされる。そのようなプロセスをたどった日本企業の例は、枚挙に暇がない(「サンタ・リゾート・ホテル」、「サッポロ」、「ACEES-セイヨー」、「イギルマ大陸」、「日本たばこ産業」等々)。確かに、二〇〇五年頃からトヨタ自動車工業をはじめとする日本の一流企業のロシア進出が始まった。これらの大企業がそれまでの中小企業と同一の轍を踏むと予想すべきではないかもしれない。しかし、「サハリン2」プロジェクトに対するガスプロムの参画要求は、「生産物分与協定（PSAs）」方式に基づく一〇〇％の外資企業を排除しようとする不気味な動きとして、要注意である。

問題提起

とくに二〇〇五年以降顕著となってきた「大西洋主義」から「ユーラシア主義」への急激な傾斜——。プーチン・ロシアによるこの傾向を、われわれはどのように解釈すべきだろうか？　二つの見方がある。

一は、たんに西欧を牽制するための外交的示威行為にすぎないとの見方。ロシアは、欧米諸国との協調路線を基本的には維持・続行する。ロシアは、欧米との関係を根本的には悪化しえないからである。しかしながら、欧米諸国はロシアをあまり構ってくれようとしない。そのためにロシアは、欧米に忠実には従う必要はないと考え、やむなく一線を画そうとする。ヨーロッパに対する「片思い」が実は失恋であることを悟ったロシアは、アジア諸国へ一部関心やエネルギーを移す。新しい恋人に擦り寄る振りをすることによって、つれない旧恋人に己の存在感をみせつけようとするのが、その主な狙い。ロシアのアジア接近は、俗な言葉で言えば「酸っぱいぶどう」の心境に基づいている。

二は、一の見方は楽観的すぎると見なす。すなわち、ロシアのヨーロッパとの統合は、すでにピークをすぎた。ロシアは、いかに努力しようとも欧米諸国のような存在にはなりえないし、なろうと欲するべきでもない（それは、幻想にすぎなかった）。こう考えて、ロシアはすでにヨーロッパ社会への正式メンバー入りを事実上断念した、とみるべきだろう。それればかりではない。エネルギー価格の国際的高騰によって自信を回復したロシアは、もはやアメリカの「ジュニア・パートナー（弟分）」となることに我慢できなくなった。むしろもし可能ならば、アメリカのユニラテラリズム（一極主義）に挑戦しようとさえ目論むにいたった。大国ゲームのプレーヤーとしてのロシアの復権を、本気で考えているのだ。

現プーチン外交のアジア接近の背後には、右の二つの動機が混在していると捉えるべきである。これが、現時点での私個人の見方である。

二つの動機の混合具合の問題を別にして、二〇〇六年時点におけるロシアの対外行動様式が、今や二〇〇一年の九・一一以後の対米協調路線からラジカルな様変りを遂げていることは、間違いない。その背景事由は、明らかである。国際原油価格の高騰に基づくロシア経済の復調、プーチン大統領の政治権力基盤の確立――これらによってロシアは誇りと自信を著しく増大させているのである。傲慢にさえなっているのだ。プーチン政権の最近の対日政策にみられる強硬姿勢――たとえば、日本漁船に対する銃撃事件や「サハリン2」の事業差し止め――も、ほぼ同様の理由に基づくとさえ考えられる。

このようにして、われわれ研究者たちの前には、改めて以下のような問いが提起される。

①プーチン外交は、西欧を離れ、アジア諸国への接近を試みつつある。このように説く見方は、果たして事態を正確に観察しているといえるのか？

②仮にそのような傾向が確認される場合にも、一連の質問が生まれる。そのような傾向の原因や背景事由は、いったい何なのか？

③プーチン外交がアジア傾斜を示しつつあることは確かとしても、それは欧米志向をまったく放棄したわけではあるまい。欧米志向とアジア志向が互いに真っ向から矛盾したり両立不可能ではないのだとしたら、両者の関係をいったいどのように捉えればよいのだろうか？　プーチン外交が欧米志向を維持しつつ、アジア志向を深めつつあるという場合、そのアジア志向をどの程度のものとみるべきなのか？

④プーチン外交が「西欧」から離脱し、アジアへ接近中という場合、わが国日本は、いったい「西欧」「アジア」のどちらに分類されると考えるべきなのか？

⑤プーチン外交の方向性が、以前にも増してアジアへの接近を試みつつあるとすれば、そのような傾向に対し

て、われわれはどのように対処すべきなのであろうか？

研究プロジェクトと謝辞

ほぼ右に述べたような問題意識をもって、私たちは、「ロシアとアジア―新しい協力関係の構築」と題するプロジェクトを始めた。二〇〇四年秋のことである。メンバーは二種類のグループから構成されていた。一つは、いわゆる〝シニア・メンバー〟と綽名される五名。佐瀬昌盛、袴田茂樹、石井明、岩下明裕、木村汎（主査）である。二つは、〝ジュニア・メンバー〟と名づけられる三十歳台のロシア研究者八名。天野尚樹、安野正士、井手康仁、伊藤庄一、富山栄子、浜由樹子、湯浅剛、吉岡明子である。毎月一回研究会を開き、「ロシアとアジア」のテーマに関連する分野に携わっている外国人研究者を招いて、英語とロシア語で討論を行った。北海道大学スラブ研究センターの夏季集会、中・東欧研究振興学会（ＩＣＣＥＥＳ）世界大会、日本スラブ・東欧研究会（ＪＳＳＥＥＳ）、北太平洋学術会議（ＮＯＲＰＡＣ）（二回）に、メンバー全員または有志が積極的に参加し、英語で報告を行った。

その成果の一部をとりあえず日本語で公開しようとしてでき上がったのが、本書である。種々の理由で期限前までの論文提出が間にあわなかった四名を除き、右の参加者メンバーのほぼ全員の論文を収録することにした。執筆者の専攻分野にみられる若干の片寄りのために、アジア全地域がカバーされないことがあってはならないと考え、海外の講師や研究者からの寄稿二篇を受け入れた。

まる二年半の本研究プロジェクトは、笹川平和財団（ＳＰＦ）からの寛大な支援によって可能となった。最近のわが国においてはロシア研究が下火となっていること、とくに若い世代の人々がロシア研究の道へ進むことに躊躇しがちな傾向があること――これらの事情を憂慮した入山映・前ＳＰＦ理事長のイニシアティブで、本プロジェクトが発足した。同財団の「汎アジア基金」の李燦雨、小林香織、サイード・ローラホンさんは、本プロジェクトの実務を担当して下さった。とくにすべての研究会に出席しお世話くださった小林さんの熱意がなければ、本プロジェクトの成功はありえなかったであろう。これらの方々、そして折に触れて研究会のお手伝いをして下さったり傍聴して下さったSPFやNORPAC（松江昭夫専務）スタッフ、そしてルットランド論文を和訳して下さった皆川有香さん（ハーバード大学大学院博士課程）に、研究者一同を代表して心から感謝したい。また、出版事情がとみに厳しい折にもかかわらず、このような学術書の刊行を快く引き受けて下さった北海道大学出版会にたいしてお礼を申し上げる。とくに同出版会の前田次郎氏には編集、索引作成、その他の実務に関して親身のアドバイスならびに献身的なご協力を得た。

本書の刊行がきっかけとなって「ロシアとアジア」のテーマに関心をもつ読者や研究者が増えることを、期待しつつ。

二〇〇六年一一月一〇日

木村　汎

アジアに接近するロシア——目　次

第一部　ヨーロッパからの離脱、アジアへの傾斜

第一部　ヨーロッパからの離脱、アジアへの傾斜

第一章　大国主義の復活とロシアの対外政策の変化

袴田茂樹

はじめに

近年のロシアの対外政策には、いくつかの顕著な変化が見られる。その一つは、経済の好調に伴う大国としての自信の回復である。それは、第一に、「冷たい平和」と呼ばれる最近の欧米との関係にストレートに表れている。第二に、ロシアの大国としての自信の回復は、中央アジア、ウクライナ、カフカスなど独立国家共同体（CIS）諸国とロシアの関係にも顕著に表れている。

ロシアにとって、欧米先進国はいまや改革のお手本ではなくなりつつある。アメリカや北大西洋条約機構（NATO）は再び、警戒心や猜疑心をもって見られるようになった。また、ゴルバチョフ時代以来、ロシアはCIS諸国には大きな関心は向けてこなかった。しかし近年はCIS諸国との関係に顕著な変化が見られ、ロシアは

ＣＩＳの動向にきわめて敏感になっている。

本章では、経済の好調に支えられた大国主義の復活を見据えながら、第一に、ロシアと欧米諸国との関係の変化について、第二に、グルジア、ウクライナ、モルドバ、アゼルバイジャンなどＧＵＡＭ諸国の新たな動きについて、また、それらと関連してウクライナやグルジアのＮＡＴＯ加盟問題に対するロシアの対応や、ロシア国民の対外意識などについて、最近の新しい動きをフォローしてみたい。ロシアの対外政策においては、中国問題は、欧米とロシアの関係を考えるにあたっても、また中央アジア問題を考えるにあたっても、無視することはできない要因である。それと関連して上海協力機構（ＳＣＯ）の動向も見逃せない。また最近は、アフガニスタン、イラク問題に続いて、イラン問題も国際的な関心事となっている。ただ、本章ではスペースの関係もあって、中国問題、イラン、中近東問題は省略する。ロシアの対外政策に関しては、日ロ関係にもわれわれは大きな関心があるが、これも本章では割愛する。なお、本章は資料としてはもっぱらロシアの情報に依拠しており、ＣＩＳ諸国の文献にあたっていない。したがって、一定のバイアスは避けられないが、ＣＩＳ諸国の関係者からの直接情報などで、そのバイアスを修正する努力はしたつもりである。

一　欧米諸国との関係の変化

最近のロシアと欧米諸国との関係の変化について、ロシアのある国際問題の専門家は次のように指摘した。「ロシアの対外政策に根本的な変化が生じた。ロシアは最終的に欧米の軌道から離れ、〈自由軌道〉に乗った。ロシアの指導部は、ロシアのエネルギー資源がロシアを真の〈独立国〉にしたと信じている。そして、〈エネルギー大国〉という言葉のアクセントは、その後半に移されている。いまやロシア指導部の目標は、ロシアをグローバルな勢力として復活させることである(1)」。

ここで簡単に、ゴルバチョフ時代からのロシア外交を概観してみたい。ゴルバチョフのペレストロイカ路線は、社会主義の枠内での改革であったが、「人類共通の価値」「欧州共同の家」への復帰を目標として掲げて、「新思考外交」を推進した。欧米や日本を改革の手本と見る民主派、改革派知識人が熱心に支持した。それをさらに明確にしたのがエリツィンで、ソ連崩壊後エリツィン時代、とくに一九九六年までのロシアの対外政策は、基本的には西側の先進資本主義国との関係を強化することを最重要視した。その理由は、第一に、理念あるいは価値観として、社会主義を脱却して、西側の先進国と価値観を共有し、同じ民主主義、市場経済の国にできるだけ短期間に移行することを目標としたからである。ある政治学者も、次のように指摘している。「一五年前はアメリカによるロシアの評価は、教養のあるロシア人にとって規範的な意味をもっていた。アンドレイ・コズィレフ外相は文字どおり『ニューヨーク・タイムズ』の言葉で語ったものだ(2)」。第二に、現実主義的な立場から見ても、崩壊したロシア経済の復興には、資本面でも技術面でも、先進資本主義国との協力が最も重要だと考えたからである。ソ連崩壊後一九九〇年代のソ連経済は事実上崩壊して、国民の生活は発展途上国並みかそれ以下、政治的、社会的にも混乱した不安定な状況に陥った。日本を含めた西側諸国も、ロシアの民主化、市場化の支援を、国際社会安定にとって最も重要な課題と考えた。ロシア外交では、中国、インド、中近東諸国との関係は、欧米諸国ほど重視されなかった。やはり理由は二つある。一つは、これらの国々の政治体制や経済システムが改革の理念に合致していなかったからである。第二に、ロシアの経済発展のために密接な関係をもつ必要のある国とは思われなかったからだ。当時は、中国の経済力は限られていたし、中近東のエネルギー資源や市場としての価値も現在ほどの意味は有していなかった。

一九九六年にエフゲニー・プリマコフ外相が登場して、欧米一辺倒の対外政策は全方位外交に軌道修正された。プリマコフは共産党からも支持される穏健改革派で、急進的な民主化、市場化には常に距離を置いていた。二〇〇〇年にプーチン政権が成立した。プーチン大統領は、当初は社会主義国、旧社会主義国を積極的に訪問した。二〇〇〇年七月の沖縄サミットの際も、北京、平壌を経由して来日したパフォーマンスが世界に印象を与えた。しかし、プーチンは基本的にはプラグマチストであり、社会主義国、旧社会主義国歴訪の経験は、かえって対外政策面でそれらの国との関係を優先することへの限界を彼に感じさせた。ロシアの経済改革には無意味だし、先進国からの改革路線評価にも差し障るからだ。そのようなとき、二〇〇一年の九・一一事件が生じ、これを絶好のチャンスとして、国際テロという新たな共通の敵を前にアメリカとの親密な関係構築に乗り出した。中央アジア諸国への米軍駐留の容認というプーチンの譲歩はロシア軍や政府だけでなくプーチンの側近にとっても衝撃であった。このとき、プーチンとジョージ・ブッシュの個人的信頼関係は確立された。

ただ、この譲歩にもかかわらず、また、アフガニスタンでのタリバン政権攻撃に際しアメリカに協力したにもかかわらず、アメリカはロシアをもはや対等の相手とは見なさなかった。これらの譲歩、協力に対し、アメリカはほとんど対価を支払わなかったと多くのロシア人は感じ、屈辱的なプーチン外交に疑問をもった。軍や治安関係者はプーチンへの不満を強めた。アメリカとの接近で、特に中央アジアへの米軍基地の容認で、中国との関係も悪化した。面子を潰されたプーチンは、二〇〇二年以後対米政策の軌道修正の必要を感じ、二〇〇三年のイラク戦争の際にはドイツ、フランスとともにアメリカの軍事路線批判の立場を、中国以上に明確にした。このときは国連での拒否権行使もちらつかせたが、実際にはアメリカと決定的に対立することは慎重に避けた。それゆえ、アメリカ、イギリスなどが最終的に国連の承認を得ないで二〇〇三年三月二〇日にイラク攻撃を開始したとき、プーチン大統領は、公式的には国際法、国連憲章などに違反する暴挙と批判したが、拒否権を行使しないで済んだことに内心胸をなでおろしたのである。

これらの状況を通じて、ソ連崩壊以来の欧米の先進世界の一員となるという、ロシアの当初の改革の理想は大きく後退した。二〇〇〇年以後，エネルギーの国際価格の上昇が，ロシアの国際的な比重を大きく変え，それがその後のロシア人の自信回復と最近の大国主義の復活へとつながった。二〇〇三年のイラク戦争から〇五年にかけて，ロシアと西側諸国の間には不信感が一気に強まった。西側諸国のロシアへの不信感は，すでに一九九〇年代に高まっていた。

その理由としては，以下のようなことを指摘できる。①改革派，民主派の指導者も，ほとんどが個人の野心で動いており，政争と利権争いに明け暮れ，真剣に改革を目指す者はほとんどいない。②ロシアに対する外からの支援や投資のほぼすべてが腐敗・汚職構造，利権争奪のなかで消えてしまう。③国営企業・国有財産の民営化は事実上一部の者の略奪行為となっている。④海外への資本投資，個人の豪勢な別荘や高級乗用車が増えても，生産投資は進まず，国民の生活はほとんど向上しない。

さらに，二〇〇四年から〇六年にかけては，次のような要因が，対ロ不信をさらに強めた。①ユコス事件，ミハイル・ホドルコフスキーの逮捕と新興財閥の抑圧。②「シラヴィキ」(治安機関，軍などの出身者）の影響力拡大と強権主義の強まり。③知事の任命制など中央集権の強化と，マスコミ統制やNGO規制など民主化の後退。④CIS諸国への選挙介入，ウズベキスタンなどの権威主義政権の支持。⑤ウクライナへのガス供給停止やグルジア，モルドバからのワイン輸入禁止など，経済手段の政治的利用。⑥中国との軍事協力の強化や中国への武器輸出。⑦「サハリン2」事件による対ロへの不信。

一方，ロシアの西側諸国への不信感も急速に高まった。その理由は，ロシア人の意識や国民感情からすれば，以下の通りである。①ロシアを大国として扱わず，国際政治のプレーヤーとして無視するようになった。②民主化，市場化支援といっても，ロシアの状況を無視して欧米的な制度や改革の処方箋をロシアやCIS諸国に押しつけている。③冷戦体制は終わりワルシャワ条約機構は解消したのに，NATOは解消されず，ユーゴの内戦に介入し、東欧、バルト、さらにはウクライナやカフカスにまで拡大しようとしている。④西側の市場化支援といっても、実質はほとんど伴わず、本格的な対ロ投資も行われない。⑤中央アジアへの米軍駐留を恒久化しようとし、さらにカフカスなどにも軍事拠点を設けようとしている。⑥民主化基金、ＮＧＯなどを通じて、ＣＩＳ諸国で政権転覆活動を策動している。⑦アメリカは唯一の超大国として、力に物を言わせ世界各地で国益のために傍若無人の振る舞いをしている。⑧欧米諸国はロシアの民主化後退を非難しながら、他の国々にはダブルスタンダードで臨んでいる。たとえば、ウズベキスタンの権威主義を批判しながら石油利権のからむアゼルバイジャンではそれを黙認し、イラン、イラク、北朝鮮の核を批判しながら、イスラエルや最近ではインドでも核を容認している。⑨ロシアは先進国会議の仲間に入りＧ８となったが、従来のＧ７はロシアを仲間と見なしていない。

このような相互不信が強まった結果、欧米諸国にもロシア国内にも、「ロシアと先進諸国は結局異なる世界にいるのだ」という認識が最近二、三年の間に強まった。欧米との関係をめぐって、ロシア指導部のなかでも、復活した大国主義派と欧米からの孤立を懸念する勢力の間に対立があるが、最近は前者が勢いを得ている。Ｇ８サミットを前に欧米の評価を無視できないプーチン大統領は、そのバランスに配慮している。対外路線をめぐる欧米との距離の広がりに反比例して、ロシアと中国は近年急速に接近した。九・一一事件の後、中国はアメリカに接近したロシアへの不信を強めた。今日も両国の不信感は潜在的にはかなり強いのであるが、アメリカの一極支配に抵抗するという共通の国際戦略的利害があり、また実務・経済的にお互いが他を必要として、両国は急速に接近した。中国との関係強化に関しても、ロシア指導部やオピニオン・リーダーの間では、武器輸出やエネルギー・プロジェクトの利害もからんで、見解は微妙に対立している。対中関係については、あとで上海協力機構に関してもう少し触れる。

二　世論調査に見るロシア人の対外意識

欧米との距離が開いたといっても、ただ、ロシア経済の発展のためにも、欧米諸国との協力関係は不可欠だという認識は、ロシア側にもまだ残っている。西欧にとっても現在のロシアは大きな市場であり、エネルギー面でもロシアとの経済協力は不可欠との認識がある。ロシアにとっては、最も親ロ的だったドイツの関係が、今後も欧州との関係全般に決定的な意味をもつ。というのは、これまで伝統的にドイツがロシアと欧州との架け橋の役割を果たしたからだ。その路線でイニシアティブをとったのはヘルムート・コール元首相とゲアハルト・シュレーダー前首相であった。微妙な問題は、彼らに代って、二〇〇五年一〇月に東ドイツ育ちのアンゲラ・メルケル首相が登場したことである。当初彼女はロシアと西側は価値観が異なるとして、ロシアの民主化後退を批判するなど厳しい対ロ姿勢を示した。二〇〇六年一月にモスクワを訪問したときも、首脳会談はわずか六時間で、友好的な雰囲気ではなかったし、彼女はモスクワのドイツ大使館にロシアの人権活動家を招いて人権活動支援の姿勢を示した。しかし、彼女は二〇〇六年四月、トムスクにおけるプーチン大統領との首脳会談においては、当初の態度を変更して、現実主義の立場からロシアに妥協的態度を示した。ドイツとロシアの間には、ポーランドの強い反対にもかかわらず、海底を通る北欧パイプラインが建設中であり、独ロの経済的な関係はあまりにも大きいからだ。ドイツの専門家アレクサンドル・ラールも次のように述べている。「ドイツはワルシャワに配慮してロシアに対応するような贅沢は許されなかった。したがって、トムスクでのプーチンとの首脳会談の内容も雰囲気も、メルケルがコール、シュレーダーの敷いた路線を踏襲せざるを得ないということを示している。つまり、戦略面でのロシアとの緊密な関係と政治対話である。もし彼女が現実を無視し、懐疑主義者のままにとどまったとしたら、それが意味するものは、欧州がロシアを失い、ロシアをアジアに押しやるという危険である。というのは、ロシアはＥＵのなかに、（ロシアと欧州の架け橋の役割を果たした）これまでのドイツと同等のパートナーを見出すことはできないからである」(3)。

さらにメルケル首相は二〇〇七年にＥＵ議長国に立候補するし、その際には東方政策として、カスピ海周辺諸国との建設的な関係の構築を宣言する予定だ。そのためには、ロシアとの協力は不可欠である。また、ドイツはイラン問題でも、アメリカとロシアの仲介者になろうとしている。ただ、もともとロシアに批判的なメルケルは、前任者シュレーダーの過ち、つまりアメリカよりもロシアに接近するという轍を踏まないだろう。

ロシアはドイツを始めとする西欧を重視しており、また、プーチン大統領とブッシュ大統領の間には、個人的な信頼関係も存続している。その意味で、現在の状況は「冷たい平和」ではあるが、まだ「冷戦」へ後戻りしたとは言えない。

このように、西側諸国とロシアの関係は、近年大きく変化した。このことが、ロシア国民の意識にどのように反映しているか。対外意識に関する最近の世論調査を紹介したい。

問一　ロシアにとって最も友好的な国あるいは同盟国はどこか？

ベラルーシ一九％　ドイツ一四％　中国一〇％　フランス一〇％　カザフスタン八％

ウクライナ六％　インド五％　イタリア四％　アメリカ三％　イギリス三％　ＥＵ三％

問二　ロシアにとって、仮想（潜在的）敵国はどこか？

アメリカ四五％（理由：現在あるいは近い将来、ロシアにとっての脅威であるから）

中国一六％　イラク四％　日本四％

イギリス、中近東諸国、アラブ諸国、ウクライナ、チェチェン各三％

問三　移住せざるを得なくなったら、どの国(地域)に最も行きたいか？
ドイツ一五％　アメリカ五％　フランス四％　ウクライナ三％　スウェーデン三％
イギリス三％
問四　どの国に最も行きたくないか？
アメリカ一一％　アフリカ七％　中国七％
ВЦИОМ(全ロシア世論調査センター)(4)

この世論調査が示していることは何か。まず、「戦略的パートナー」であるはずのアメリカを最も友好的な国と見る者はわずか三％、逆に潜在的な敵国と見る者は四五％であり、最も移住したくない国としても第一位として挙げている。これが今のロシア国民の対米感情を端的に示している。「一人勝ちする傲慢なアメリカ」への苛立ちと妬みである。中国に対しては、矛盾した二重の心理が表れている。つまり、最も友好的と見る者が一〇％に対して、中国を潜在的敵国と見る者はアメリカに次いで多く一六％だ。ちなみに、「世論基金」による別の調査によると、ロシア人の四一％は、中国の強大化がロシアの国益にとって脅威であると考えている。(5)最も行きたくない国として、中国はアフリカと並んで二位である。移住するとなれば、やはりアメリカがドイツに次いで二位なのだ。なお、ペレストロイカ時代から一九九〇年代のエリツィン時代にかけては、中国を最も友好的な国と見るロシア人はほとんどいなかった。最も移住したくない国としてアフリカよりも先にアメリカを挙げる者も、同様にほとんどいなかった。アメリカを最大の仮想敵国、中国をアメリカよりも友好国と見ながら、多くのロシア人が経済的、軍事的に強大化する中国に脅威を感じてもいる。そして、移住するなら中国よりもアメリカ、というのが平均的なロシア人の意識だ。ＮＡＴＯを侵略的とかロシアの脅威と見ながら、同時に核拡散防止、平和維持活動での活動を肯定的に評価もしている。なお、日本の脅威がイラクの脅威と同等に見られているのも、気になる最近の新たな傾向だ。日本がアメリカのイラク攻撃など米軍の活動を積極的に支持したこと、またナショナリズムの強まりのなかで、日ロ間の領土問題などが反映しているのであろう。

三　ウクライナのNATO加盟問題

国際戦略の面でロシア政府が最も神経を尖らせている問題は、ウクライナやグルジアのNATO加入問題である。ブッシュ大統領は二〇〇九年一月の任期終了前にそれを実現したいと考えている。NATOについてのロシア国民の意識調査では、NATOをロシアの脅威と見ている者が四〇%(一五%は確信的)に対し、そうは思っていないのが三四%である。なお、中国に対してだけではなくNATOに対しても、ロシア人は矛盾した心理を有している。国民の四七%がNATOを侵略的な組織と見ながら、六二%が同時に肯定的な役割を果たしていると考えている(複数回答を可とする調査結果)。その理由は、大量破壊兵器の拡散防止に役立っている(二四%)、麻薬ビジネスや組織犯罪と闘争している(二一%)、平和維持活動を行っている(一七%)、といった理由だ。NATOを冷戦時代の過去の遺物と見ている者は一一%にすぎない。ちなみに、ロシアがすでにNATOのメンバーだと思っている者も九%いる。「ロシア-NATO理事会」がつくられたりしたからだろう。[6]

ウクライナのNATO加盟は、ロシアとの条約により二〇一七年まではセバストポリにロシア軍基地が存在するので、他国の基地がある場合NATOには加盟できないとされていた。しかしNATOのJ・アパチュライ事務局長は二〇〇六年四月末にワシントンで「ロシア海軍の存在は(一時的なものであり)ウクライナのNATO加盟の障害とみなさない。NATO加盟二六カ国はすべて、ウクライナの欧州大陸への統合を支持している」と記者会見で述べた。[7]二〇〇六年六月にブッシュ大統領のウクライナ訪問が予定されており、一一月にはラトビアのリガでNATO首脳会議が開かれる。ウクライナとNATOの関係にとってそれらは決定的な意味を有するだろう。なお、最近はアメリカの強い意志も働いて、グルジアのNATO加盟がウクライナよりも先行する雰囲気が生まれ、ロシアを苛立たせている。

G8サミット開催の前には、ロシア政府はNATOとの関係を調整する努力も行った。二〇〇六年九月にはNATOの特殊部隊とロシア軍の演習がプスコフで、また共同の催し「ロシア‐NATO……力を合わせて」が五月に行われた。ただ、これに対してはロシア全国で右翼ナショナリストの抗議集会が開かれ、「NATOは侵略者」「NATOはロシアから出てゆけ」「NATOはゲシュタポより悪い」といったスローガンが掲げられ、NATOやアメリカの旗が焼かれた。ただ、ロシアとNATOの関係についてロシアのマスメディアには「ロシア政府はウクライナとNATOの協力を批判しながら、自らは世論に反してウクライナ以上にNATOと友好関係を保っている。ロシア政府はNATOとの関係をもっとはっきりさせるべきだ」といった論も現れている。(8)

ちなみに、ユーシェンコ政権はNATO加盟を外交政策の最重要課題に掲げているが、ウクライナでも政府の政策と国民意識の間にはずれがあり、世論調査ではNATO加盟反対者は国民の六五〜八〇%とロシア紙は報じている。(9)二〇〇六年五月二六日にクリミアのフェオドシヤ港に米軍艦アドバンテージが入港した際、米軍やNATOへの反対運動が盛り上がり、六月一四日にクリミアで予定されていた英軍とウクライナ軍との共同演習は延期となった。七月一七日にはNATO軍との演習も予定されている。ただ、ウクライナ議会に二〇〇六年二月に提出された「二〇〇六年における合同演習参加のための外国軍のウクライナ領への入国許可」法案は、まだ(二〇〇六年六月半ば現在)可決されていない。二〇〇六年三月に改選された議会ではNATOへの加盟や緊密な協力に賛成しているのは、「ユリア・チモシェンコ・ブロック」(一二九議席)、与党「我らのウクライナ」(八一議席)だけで、ビクトル・ヤヌコビッチの「地域党」(一八六議席)、共産党(二一議席)は反対、それにオレンジ連合に加わっている「社会党」(三三議席)もこの件では反対の意向を示しており、NATO賛成は過半数の二二六議席には達しない[10]。憲法改正で議会の権限が強化されており、現在、ビクトル・ユーシェンコ大統領が議会を無視してそのような決定を行うのは困難である。

ＮＡＴＯに対するウクライナの対応を、ロシアは固唾を呑んで見守っている。ロシアのセルゲイ・ミロノフ上院議長は、ＮＡＴＯ加盟を牽制して、もし加盟したなら、それが意味することは「数十万人の失職であり、技術、貿易、輸出面での大きな損失だ。それらをすべて計算したうえで、決定を下すことを勧める」と脅した[11]。といっても、すでにウクライナの貿易相手は、その六〇％以上が欧州や近東であり、ロシアとの貿易はますます減少している。ウクライナの武器輸出でも、第三国向けが増えている。ロシアはすでに軍事技術面でのウクライナとの協力を停止し、軍事・輸送機An-70の共同生産も破棄した。二〇〇六年四月現在、ウクライナはAn-70の生産継続についてボーイング社と交渉している[12]。

四　大国としてのＣＩＳ諸国への関心の高まり

ロシアの大国としての自信の復活を、最近プーチン政権に接近しているオピニオン・リーダーのビタリー・トレチャコフは次のように述べている。「プーチン時代となって、ロシアは今やたんにユーラシアの地域大国ではなく、アメリカに次ぐ世界大国の一つとなった。つまり、ロシアはアメリカ、中国、ＥＵ、インドと並ぶ五つの超大国の一つに復帰した。再びロシア抜きでは、世界の、少なくとも欧州、アジア、アフリカの重要問題を解決することは不可能、あるいは極めて困難となった[13]」。

大国として復活したロシアにとって大きな不安定要因がある。それは、ロシアが「生存圏」とみている「近い外国」つまりＣＩＳ諸国にいわゆる「カラー革命」と呼ばれる政変ドミノが続き、ＣＩＳ諸国との関係が不安定化していることである。ソ連崩壊後も、ロシアは対外政策の優先度では公式的には「近い外国」を常に最優先してきた。しかし、実際には一九九〇年代には欧米との関係構築をより重視し、ＣＩＳ諸国には目を向けなかった。その理由としては次のようなものを挙げることができる。まず、先進国から評価されるような民主主義政治制度を確立して、崩壊したソ連経済から立ち直って市場経済を確立するために全精力を注がざるをえなかった。そして、このような民主化と経済復興のためには、経済的に強力な欧米の先進国や日本との関係強化がより重要とみなされた。旧ソ連諸国との関係強化から得られるものはほとんどないと考えられたからだ。さらに、ロシア経済の破綻により、経済的にも軍事面でもロシアはＣＩＳ諸国に対して影響力を行使できる状況にはなく、また国内状況の混乱で、そのような対外的な戦略ゲームを行う余裕をまったくもたなかった。

ＣＩＳ諸国の側にも、ロシアとの関係を希薄にする理由があった。第一に、ソ連からの独立と新たな国家建設にすべてのエネルギーを注がざるをえなかった。また、経済的に崩壊したロシアよりも欧米諸国や日本から投資や支援を得ることに期待を抱いた。さらに中央アジア諸国は、ゴルバチョフ、エリツィンの急激な民主化路線、市場化路線が破綻したと見て、ロシア的な急進改革路線に対する警戒心も抱いた。

しかし、ロシアとＣＩＳ諸国との関係は、ロシアにプーチン政権が成立して以来、とくにその第一期（二〇〇〇～〇四年）の後半から第二期にかけて、注目すべき変化が生まれた。それは、グルジア（二〇〇三年一一月）、ウクライナ（二〇〇四年一一月）、クルグズスタン（二〇〇五年三月）で議会選挙、大統領選挙をきっかけにして、その不正を糾弾する運動が政変に転じたことである。ウズベキスタンでも民衆の暴動と武力による弾圧事件（アンディジャン事件、二〇〇五年五月）が生じたことだ。とりわけ、グルジアとウクライナには親欧米政権が成立し、これらの国のＮＡＴＯ加盟も現実問題となってきた。

ロシアやベラルーシ、中央アジアの権威主義国家は、「カラー革命」の背後に民主化支援基金やＮＧＯを利用した欧米の陰謀があるとして、西側への猜疑心を著しく強めた。中央アジアにおける米軍の長期駐留の姿勢にもロシアは猜疑心を強めた。これらを契機に、また石油、ガス輸出で一気に強まった経済力、資金力を背景にして、ロシアはＣＩＳ諸国への関心を一挙に高め、この地域への影響力拡大に全力を注いでいる。アンディジャン事件の際は、欧米諸国が数百人の死者を出したカリモフ政権の強権的な対応を厳しく批判したのに対して、ロシアは中国とともにカリモフ政権を支持し、同政権と関係を深めた。

現在、ＣＩＳ諸国内では、ロシアからの遠心化のベクトルと、経済力をつけたロシアへの求心化のベクトルが混在し、ＣＩＳそのものが空中分解しかねない状況に陥っている。遠心化のベクトルとしては、トルクメニスタンが一九九〇年代からすでに中立路線を明確にした。また、一九九九年にはロシアからの自立傾向の強かったグルジア、ウクライナ、ウズベキスタン、アゼルバイジャン、モルドバがＧＵＵＡＭを形成した。二〇〇五年四月にはロシアに接近したウズベキスタンが脱退してＧＵＡＭとなった。同年八月にはグルジア、ウクライナが中心となり、ポーランドやバルト諸国も引き込んで「民主主義選択共同体」が創設された。その後、これとＧＵＡＭが統合あるいは重複する形で、二〇〇六年には民主主義経済発展機構：ＧＵＡＭ(ODED-GUAM：Organization for Democracy and Economic Development-GUAM)も組織され、バルト諸国やポーランド、ルーマニアなど旧東欧諸国との連携を強化しようとしている。石油資源の豊かなアゼルバイジャンはアメリカとロシア双方から利益を得るために、イリハム・アリエフ大統領は二〇〇六年に相次いでモスクワ、ワシントンを訪問して戦略的バランス政策をとっている。この状況に危機意識を抱いた、また経済力で自信を回復したロシアは、統一経済圏(Unified Economic Space：ロシア、ベラルーシ、カザフスタン)、ユーラシア経済共同体(ＥＥＣ：ロシア、カザフスタン、クルグズスタン、タジキスタン、ベラルーシ、ウズベキスタン)、集団安全保障条約機構(ＣＳＴＯ：ロシア、ベラルーシ、カザフスタン、アルメニア、クルグズスタン、タジキスタン、ウズベキスタン)、上海協力機構(ＳＣＯ：ロシア、中国、カザフスタン、ウズベキスタン、クルグズスタン、タジキスタン)、中央アジア協力機構（CACO：ロシア、カザフスタン、ウズベキスタン、クルグズスタン、タジキスタン）などを利用して、CIS諸国への影響力拡大と、この地域への欧米の影響力阻止に全力を注ぐようになったのである。なお、中央アジア協力機構は二〇〇五年一〇月にユーラシア経済共同体と合併した。

五　CIS内の二つのベクトル

遠心的ベクトル

二〇〇三年一一月から〇四年一月のグルジアにおける政変とサアカシビリ政権の成立（「バラ革命」）は、親欧米政権ということもあって、ロシア、CIS諸国に大きなインパクトを与えた。二〇〇四年一〇月から〇五年一月のウクライナにおける「オレンジ革命」とユーシェンコ政権の成立は、ロシアにさらに大きなショックを与えた。これらの二国は公然と、NATOやEU加盟を対外政策の最重要課題に掲げているからである。両国がNATOに加盟したら、「黒海はNATOの内海になる」[14]という恐怖心がロシアにはある。クルグズスタンでの政変（「チューリップ革命」）でアスカル・アカエフ政権が崩壊し、それに代って成立したクルマンベク・バキエフ政権は親欧米政権ではない。しかし、議会選挙を契機に下からの運動が中央アジアでも政変に転じたことは、ロシアや中央アジア、カフカス諸国に衝撃を与えた。これらの政変についてはすでにマスコミその他で詳しく報じられているので、ここではその意味と、その後の動きを考察したい。

ロシア人の多くは、いわゆる「カラー革命」は欧米諸国の陰謀と見ている。そして、ナショナリストが恐れているのは、将来的にはロシアそのものが、ユーゴスラビアが最終的に六つに分解したように、いくつかに分解することである。また、欧米諸国はそれを企んでいると信じている者も少なくない。ユーラシア主義者のアレクサンドル・ドゥーギン（地政学エキスパート・センター）は、次のように述べる。「アメリカと西側諸国は、カラー革命をライバルの崩壊のために概してうまく利用した。ユーゴの解体はソ連の解体と類似している。これは今後のロシアの解体のモデルでもある。新しい世界秩序の設計者にとって、それはすでに日程にのぼっている。ソ連でもユーゴでも、多民族、多宗教の国家は崩壊した。ロシア国家の主たる脅威である将来のオレンジ革命の主役となるのは（ロシア国内の）民族主義である[15]」。

ＣＩＳの形骸化が指摘されて久しい。これまで採択された首脳レベル、閣僚レベル、実務者レベルの数百の合意文書のほとんどは、実行されておらず空文と化している。ロシアでもＣＩＳは事実上崩壊したと公言されている[16]。ＣＩＳは任意の連合体であり、ＥＵと比べても、拘束力を有する共通の憲法や法制度もなく、その合意は何ら強制力を有していないからだ。もちろんその背後には、ＣＩＳ諸国の利害の不一致や対立がある。トルクメニスタンは二〇〇五年八月のＣＩＳ首脳会談で脱退の意向を示した。ウクライナ、グルジアはすでに脱退の可能性を表明し、両国はそのための協議を行った[17]。モルドバもそれに続く気配だ。アゼルバイジャンは、ＣＩＳ重視ではなく、欧米とロシアを両天秤にかけてバランスをとっている。つまり、ＣＩＳ一二カ国のうち、トルクメニスタン、ウクライナ、グルジア、モルドバ、アゼルバイジャンがすでにまともなメンバーではなくなっている。まともに機能していないＣＩＳになぜ残る必要があるのか、というのがＣＩＳ諸国の根本的な問題だ。ウクライナのビクトル・ユーシェンコ大統領は、ＣＩＳはたんなる「政治クラブ」であり、脱退しても失うものは何もない、と述べた[18]。グルジアのミハイル・サアカシビリ大統領は、「グルジアはＣＩＳからは侮辱を受けているだけだ。もしＣＩＳに残っても何もメリットがないなら、国民と議会は必要な措置をとるだろう」と述べ[19]、グルジア議会のニノ・ブルジャナゼ議長は、ロシアがグルジアにだけ査証制度を押しつけ、ワインや紅茶、ミネラル・ウォーターなどの輸入を禁止した以上（後述）、ＣＩＳにとどまる理由がどこにあるか、と問いかけている[20]。彼女は

「CIS合意は、グルジアとロシアの大統領が署名したものも含め、何一つ実行されていない」とも述べている。[21]ただ、大統領はメリットがあれば残るということもありうるとし、ロシアの財界から引き抜かれたK・ベンドゥキゼ経済相も、「すべてのCIS諸国と二国間条約を結べば、脱退しても何ら損害はない。しかし、グルジアの貿易高の半分以上はCIS諸国相手である。したがって、われわれはCISがまともに機能することを望んでいる」と微妙な表現をしている。[22]グルジアは米軍との軍事協力も積極的に推進し、武器もアメリカ基準の採用が検討されている。[23]

まともに機能せず形骸化してしまったCISに代って、CSTOがその役割を果たすべきだといった見解も出ているほどだ。CSTOのニコライ・ボルジュジャ書記長も、CISの必要性をまだ認めながらも、前述の五カ国がそれに距離をおいている以上、その再編は不可欠だと認めている。また、CSTOが軍事組織から多機能の組織に移行する必要があるし、将来的にはCSTOがCISのいくつかの課題や機能を引き受ける可能性があるとしている。[24]ちなみに、CSTOに加盟していたのは六カ国だったが、ロシアに急接近し軍事協力も強めていたウズベキスタンは、二〇〇六年六月に復帰した(脱退したのは一九九九年四月)。加入国をみると、CISはほぼCSTOと一致するのである。

CIS加盟各国がCISに求めたものは、税関でのチェックや課税のない自由貿易である。実はCISは一〇年前に加盟国を自由貿易地帯にすると制定しているが、ロシアの下院はそれを批准しておらず、[25]関税同盟その他の多くの条約と同様、これも実際には機能していない。ウクライナやモルドバがこれまでCISに残ったのも、自由貿易を期待したからである。これが実現しなかったことが、CIS分解の大きな要因の一つになっている。

二〇〇二年のヤルタにおけるCIS首脳会議で、貿易自由圏の実現を最も強く主張したのはモルドバのウラジーミル・ヴォロニン大統領であった。彼は共産党の指導者であったが、これが実現しなければ同国はCISを脱退すると宣言した。これがＣＩＳの瓦解に向かう最初の重大な宣言であり、二〇〇三年のグルジア政変の前年のことである[26]。

　前述のＧＵＡＭ諸国は、二〇〇六年五月にキエフで首脳会議を開催し、ＣＩＳにおいて機能していない自由貿易圏をＧＵＡＭ諸国の間で創設することを決めた。ＣＩＳは経済圏として機能していないことは、ロシア主導で統一経済圏が創設されたこと自体が示している。しかもこの統一経済圏創設に関して、二〇〇六年初めにミンスクで、次いでモスクワでロシア、カザフスタン、ベラルーシ、ウクライナの首脳が集まって、関税、貿易の共通システムを創設しようとしたが、結局合意できなかった。ベラルーシのアレクサンドル・ルカシェンコ大統領は、もはや統一経済圏は不要であり、ユーラシア経済共同体に統合すべきだ、とさえ述べている[27]。ウクライナが統一経済圏に加入するか否か、その条件をめぐってさんざん議論されてきたが、こうなるとＧＵＡＭが独自の自由貿易圏をつくるのも自然の成行きである。ロシア紙の報道によると、国境での税関を廃止するＧＵＡＭの自由貿易圏は、将来的にはＥＵ加盟国や加盟候補国を加えることを予定している。この新しい国際経済組織へは、すでにルーマニアが加入の意思を表明している。さらに、ポーランドとリトアニアが続く可能性がある。ロシアの専門家は、ロシア政府の対応の拙劣さを指摘し、次のように警告している。「これらの国のＧＵＡＭへの加入は（オブザーバーであっても）、ウクライナ、グルジア、モルドバのＣＩＳからの離脱を完成させ、ＥＵへの収斂に向かわせる。これらの諸国は、ＥＵに加盟しなくても、実際にはＥＵ市場へのアプローチを、さらにその一部となることを認められるだろう。そのプロセスはロシアの（強硬姿勢の）お蔭ですでに始まっている[28]」。

　ＧＵＡＭ諸国は、安全保障面でも、ロシアの軍事力に依存しない制度を創設しようとしている。ウクライナとモルドバの国境では、国境警備隊の協力が始まっており、ロシアとの紛争地帯であるプリドニエストル国境では、ウクライナ・モルドバ合同歩哨ポストがいくつも設けられ、ＥＵの監視員も駐在している。二〇〇六年五月末にバクーで第五〇回のＣＩＳ国防相会議が開かれた。その際、ウクライナ国防相の提案で彼とアゼルバイジャン国防相が個別に会い、ＧＵＡＭの枠内での平和維持軍創設について話し合われた。アゼルバイジャンの国防相は、「ＣＩＳが生き残るか否かは、ＣＩＳ諸国内部での紛争に対するＣＩＳの解決能力にある」と述べていた[29]。ＧＵＡＭが独自の平和維持軍創設に動いているということは、ＣＩＳ平和維持軍（実質はロシア軍）への不信を意味する。ＧＵＡＭの平和維持軍は国連あるいは欧州安全保障協力機構（ＯＳＣＥ）の委任の下に活動するという。ＧＵＡＭ平和維持軍の能力であるが、参加四カ国の軍はすべてこれまでコソボ、イラク、アフガニスタン、リベリアなどの国際平和維持軍に参加し、特にアゼルバイジャンの軍は、多くの紛争地帯の活動に参加しているという。ただ、これが政治的パフォーマンスにとどまらないで、どれだけ実効力のある合同軍を創設できるか、政治的、軍事戦略的にも経済的にも、まだ未確定要因は多い。この動きに対して、ロシアのセルゲイ・イワノフ国防相（当時）は、プリドニエストルとモルドバの紛争が解決しない間は、ロシア軍はプリドニエストルに残るし、近い将来、平和維持軍がナゴルノ・カラバフに駐留する可能性があると述べた[30]。

求心的ベクトル

二〇〇〇年以来の国際的エネルギー価格の上昇で、ロシアの経済力、資金力は大幅に向上した。経済力の向上は、軍事面での行動も拡大させる。ＣＩＳ諸国の側も、一九九〇年代とは異なり、経済力を強めたロシアに関心を向けるようになった。特に、中央アジア諸国は、エネルギー、機械生産などの工業部門の発展が不可欠である。しかし、腐敗、汚職が蔓延し、法よりもコネが重視され、信用を重んじるとか契約をきちんと履行するという習慣が社会に一般化していない、つまり投資環境が整っていない中央アジア諸国への西側先進国からの直接投資、特に生産面への投資は、一部のエネルギー資源関連を除いて、この一五年間ほとんど行われていない。結局、歴史的にも言語・文化的、技術的にも結びつきの深いロシアとの経済関係強化が、最も現実性が高いものであった。

さらに、権威主義的傾向の強い国は、政変のドミノ現象に敏感に反応して、国内の締めつけを強化し、西側からの厳しい批判も招いた。これがロシア寄りの姿勢を強めた。こうして、旧ソ連圏においては、ＣＩＳ崩壊の傾向と同時に、ロシアへの求心的な動きも強まった。その典型がウズベキスタンである。

エリツィン時代に欧米や国際通貨基金（ＩＭＦ）などの提言を容れて急進的な改革路線を進め、結果的に混乱を深めたロシアに対して、権威主義体制の保持と保守的な経済路線にこだわるウズベキスタンのイスラム・カリモフ大統領は警戒心を抱いた。一九九九年にＧＵＵＡＭの一員となる一方でＣＳＴＯから脱退したのも、また関税同盟や上海協力機構に加入しなかったのも、そのためである。二〇〇一年の九・一一事件の後は、米軍の基地も受け入れた。しかし、二〇〇一年頃から、ウズベキスタンの対ロ姿勢が変化し、同年六月には上海協力機構に加入、二〇〇四年のタシケントにおける上海協力機構首脳会議では、軍事面でもロシアと協力する姿勢を見せて国際的に注目された。二〇〇五年五月のアンディジャン事件で欧米から厳しい批判を浴びたあと、カリモフは八月にハナバードの米軍基地を一八〇日以内に撤去するようアメリカに通告し、米軍を撤退させた。二〇〇六年一月、ウズベキスタンはユーラシア経済共同体に参加し、それに合わせてロシアのガスプロム社もウズベキスタンのウズベクネフチェガス社とガス田の探索、ガス生産、ロシアへの輸出に関する契約に署名した(31)。米軍基地を国内に残しているクルグズスタンも、二〇〇二年にはカント空軍基地にロシア軍を受け入れている。二〇〇五年三月の政変によって成立したバキエフ政権も、政治基盤が弱く、ロシアの政治的、経済的な支援をあてにしている。ベラルーシのアレクサンドル・ルカシェンコ大統領が、プーチン大統領と対等の地位を要求してロシアを苛立たせながらも、連邦条約などでロシアと結びついていることは説明するまでもない。もちろん、ロシアへの接近といっても、ＣＩＳ諸国も戦略的、あるいは戦術的にロシアを利用しているだけである。「アメリカのＣＩＳ諸国への介入を非難しながら、われわれはＣＩＳ諸国が実はロシアも信用していないこと、そして彼らはロシアの支配を牽制するためにアメリカカードを利用しているのだということを忘れている」[32]。やがてベラルーシも、石油、天然ガスの価格をめぐって、ロシアとは対立するようになる。

中央アジア諸国のロシアへの接近の原因としては、中央アジア諸国側のものとして以下のようにまとめることができる。

①エネルギー資源に恵まれているカザフスタンを除き、経済建設が順調に進んでいない。

②欧米や日本の支援、投資が期待はずれに終わった。

③グルジアやウクライナの政変の背後に欧米諸国のてこ入れがあると見て、政変への警戒心から欧米に距離を置き、ロシアに接近した。アンディジャン事件も、ウズベキスタンとロシアを一挙に接近させた。

ロシア側の原因としては、次のようなことが考えられる。

①国際エネルギー価格の高騰により、ロシアの経済力、資金力が一挙に強まった。

②ロシアの中央アジア諸国のエネルギー、工業、航空産業その他の面における経済協力は、ソ連時代の関係が土台となっているために、欧米よりもスムーズに再開、強化できた。

③中央アジアにおけるアメリカの影響力拡大や米軍の長期駐留に対する強い警戒心が生まれた。

④上海協力機構の枠を利用しての中国の中央アジアへの影響力拡大に警戒心を抱いた。

六　大国主義の復活と遠心的ベクトルへの対応

ＣＩＳの遠心傾向や中央アジアのＣＩＳ求心傾向に対応する形で、ＣＩＳ内のロシアの大国主義が強まっている。前述のトレチャコフも対中央アジア政策について次のように述べる。

「今日のロシアの国境は、ロシアの安全を十分に保障しておらず不自然だ。この不備は、近隣諸国との強固な政治・軍事的同盟によって補われなくてはならない。中央アジアの地政学的な真空地帯への影響力をめぐって大国は競っている。もしそれにロシアが敗れるならば、ロシアは世界において対外政策上の立場(経済的、人口的、軍事的な)を悪化させるだろう」。

以上のことから、トレチャコフは中央アジアに対して次のような戦略をロシアは展開すべきだと言う。つまり、①この地域全体におけるロシアの影響力を(現代的な形で)最大限復活させ、他の大国をこの地域に入れない。②この地域における体制が民主主義的か権威主義的かを問わず、無統制な体制崩壊(政変)を許さない。③中央アジアに居住する数百万人のロシア人の利害と権利を保護する。④ロシアの経済的プレゼンスを強化し、将来的には中央アジアをルーブル圏にする。⑤この地域の国際語としてのロシア語を維持する。⑥この地域の特殊問題やそれと結びついた紛争(たとえば水をめぐる紛争)などに、ロシアとして最大限関与する。⑦この地域のロシアへの統合を意図するものではないが、公然かつ民主主義的に表明された民意に従う統合を排除する必要はない。⑧この地域に、自由参加の軍事・政治・経済的同盟を創設する。⑨この地域の現在の勢力均衡の維持に関心を抱く世界や地域のすべての政治主体と――それが他の地域でロシアと競争関係あるいは紛争関係にあるか否かを問わず――密接な協力関係をもつ[33]。

ここには、大国主義の本音が露骨なほどストレートに表現されているが、ちなみに、トレチャコフはかつては『独立新聞』の編集長として、改革派のオピニオン・リーダーと見なされていた。現在は、『モスコフスキエ・ノーヴォスチ』の編集長として、ロシアの政権に近い大国主義の雰囲気を代弁している。ロシアへの接近の動きが見られるとしても、中央アジア諸国が、ロシアのこのような大国主義に警戒心を抱いているのは間違いない(カザフスタン知識人の言)。カザフスタンはエネルギー資源に恵まれて、経済は好調であり、最近自信を強めている。したがって、ロシアの弟分に甘んじるつもりはない。ヌルスルタン・ナザルバーエフ大統領は「ユーラシア経済共同体、アジア相互信頼醸成協議会、上海協力機構が、将来のユーラシアの三本柱となる。これらの組織は将来統合され、最終的には大ユーラシアの理念、ユーラシア大陸の統一が勝利するだろう。そして、ユーラシアの精神的な首都つまり心臓は、アスタナになるだろう」と述べ[34]、ロシアへのライバル意識をあらわにしている。カザフスタンは輸出用石油パイプラインも、バクー、トルコ経由で地中海へ、あるいは中国向けなど、ロシアを通じないルートを確保している。

ロシア人のナショナリズムの背景は、大国としての自信の復活であると同時に、国家の崩壊による民族的なアイデンティティ危機の裏返しでもある。ソ連崩壊後、当初はナショナリズムの傾向は、ロシア内の少数民族に強く、一九九〇年代半ばまでは、エスニックなロシア人にはむしろ弱かったと言われる。しかしこの少数民族の民族主義の高まりに刺激されて、ロシア人の間でも遅ればせながらナショナリズムが強まった。そして最近は、危機意識は少数民族よりも、むしろロシア人の間のほうが大きいと社会学者のエミリ・パインは分析する[35]。

グルジア、ウクライナ、モルドバなどの親欧米政策やCIS脱退の動きに対して、あるいはCISに対抗する組織形成の動きに対して、ロシアがどのような対応をしているか概観しよう。ウクライナに対しては、いわゆる「ガス戦争」で二〇〇六年一月にロシアはガス供給をストップし、国際的な反響を生んだ。これについては、すでに多く報じられているし、筆者も他の場で論じているので[36]、ここでは言及しない。

二〇〇六年三月のウクライナ議会選挙では、ロシアは二〇〇四年の大統領選挙のときの露骨な介入が逆効果となったので、そのようなあからさまな介入を避けた。今、ロシアとグルジアやウクライナの間では、NATO加盟問題が最もセンシティブであるが、もしそれが実現したならば、そのときがロシアと西側との関係の分水嶺になるとセルゲイ・ロゴフ・アメリカ・カナダ研究所所長は見る。ロシアでの世論調査によると、遅かれ早かれロシアとウクライナの間では友好的な同盟関係が復活すると楽観的に考えている者が三二％に対して（ウクライナでは三七％）、ウクライナとの将来を悲観的に見ている者は六三％で二倍である[37]。

グルジアやモルドバに対しては、それらの国の主な輸出品であるワイン、ミネラル・ウォーター、果物、野菜などの輸入を禁止した。二〇〇六年三月にロシアの消費監督官庁の主任医師の名で、両国のワインに有害物質が含まれているとして、輸入が禁止された。四月にはワインだけでなくブランデーなど両国からのアルコール飲料がすべて禁止され、次いで果物と野菜の輸入が禁止された。グルジアやモルドバにとってこれがどれほどの打撃になるかは、ロシアへの輸出量を見ればわかる。二〇〇五年のグルジアからロシアへの年間ワイン輸出量は二億二〇〇〇万本で、ロシア向けが全輸出の七四・八％、モルドバの場合、それぞれ四五〇〇万本、七〇％である[38]。これらの諸国は急いで代替市場を見つける必要が生じ、モルドバのウラジーミル・ヴォロニン大統領とグルジアのミハイル・サアカシビリ大統領が四月に時を同じくして急遽北京を訪問して交渉を行ったが、中国がロシアの市場を代替することは、政治的にも食習慣や経済的見地からしても困難である。この状況を見て、タジキスタンが早速、ロシアに自国ワインの売込みを図るという動きにも出た。

両国の窮状を見て、ＥＵとＧＵＡＭ諸国が連携した動きを見せた。『独立新聞』はロシアの政策にきわめて批判的な記事を何回か載せたが、同紙によると五月にモルドバの首都キシニョフでＥＵ支援の下に農業生産者の国際会議が開かれ、この国をカシグルミの植林で覆うという決定がなされた。というのは、カシグルミは欧州が無制限に購入しているからである。ＥＵが両国のワインを大量輸入するには、品質の規格が異なるとか、欧州産のワインを圧迫するという問題もあり、簡単ではない。しかし、モルドバのワインは、ウクライナとルーマニアが積極的に購入を始めた。同時にルーマニアはモルドバのＥＵ加盟の推薦人に公式に名乗りを上げ、ポーランドはＥＵでウクライナの立場を代弁している。リトアニアはグルジアとの協力を申し出ている。ウクライナ、モルドバ、グルジアは協力を恒久的なものにするために、法制度や料金制度を欧州基準に統一するよう、各国の議会に法案が上げられている。GUAMを通じてEUのメンバーになるということは、CIS諸国にとってCISの伝統的な市場を維持するよりも現実的であり、それゆえより魅力的なのである。[39]

貿易関係を露骨に政治利用したこのロシアのアプローチは、ロシアの国際的な信頼、そしてロシアのビジネスへの信頼を容易には回復できないほど低下させたと言える。ロシアは世界貿易機関(WTO)への加盟を重要な課題としているが、ロシアの措置は自由貿易を原則とするWTOの精神を真っ向から否定するものだからである。溜飲ナショナリズムや大国主義が高揚するなかで、「反旗を翻した国」に対するロシア政府の「懲らしめ」に、溜飲を下げたロシア国民は少なくないだろう。しかし、国際関係を真剣に考える専門家からは、長期的に見れば、ロシアにとって「ブーメラン」であり、極めて愚かな行為であるとの批判があがっている。V・ミロフ・エネルギー政策研究所所長も、このロシアの行為によって、「ロシアと近い外国との関係は、絶望的なほど損なわれた。失われたロシアの信頼を回復するためには、将来にわたって困難な努力が強いられるだろう」と嘆いた。[40]

国内外のこのような反応を見て、ロシア政府もモルドバのワインの再輸入に動き出した。二〇〇六年五月末にこの問題を協議するために両国の関係者がモスクワで会合をもった。[41]

ただ、グルジアとの間では、南オセチア問題が最近とくに先鋭化しているため、解決にはより時間がかかるかもしれない。モルドバとの間にも、プリドニエストル問題が存在している。

七　「領土保全」から「自決権」へ

南オセチア問題に関連して、最近ロシア政府が国際的にも注目すべき政策を打ち出した。これまで、チェチェン問題などの絡みで強調していた「領土保全」の原則に代えて、「自決権」を正面に打ち出したのだ。つまり、南オセチアの住民が、ロシアへの併合を自ら決定する権利を有している、との論である。二〇〇六年六月一日、ロシア外務省の公式スポークスマン、ミハイル・カムィニンは南オセチア問題に関して次のように述べて、センセーションを生んだ。

「われわれは領土保全(統一性)の原則に敬意を払っている。しかし、グルジアに関しては、今のところ、この領土保全(統一性)については、可能性の状態にとどまっており、政治的、法的に現存する事実ではない。その統一性は、複雑な交渉の結果初めて生み出すことができるのだ。この交渉においては、南オセチアの基本的立場は、国際社会で領土保全に劣らず重要なものと認められている自決権に基礎を置いている[42]」。

トルコ滞在中のセルゲイ・ラブロフ外相も、「南オセチアは国際的に認められている紛争地域である。それゆえ、われわれは、グルジアを含むすべての国の領土保全の原則に敬意を払うということを強調しつつも、この地域がトビリシのコントロールの外にあるという状況を考慮せざるをえない」と述べた。

これらの発言が、二〇〇六年五月二一日に実施された、モンテネグロの国民投票に刺激されたものであることは、ロシアの当局者自身が認めている。モンテネグロは、この国民投票によってセルビアから完全に独立することになった。ロシア上院の憲法委員会委員長Yu・シャランディンも、モンテネグロの例を引きながら、「そのような国民投票を世界の別の地域で行うことを、国際法は禁じていない。したがって南オセチア国民も、国際法と自らの意思に従って、自決の問題を提起する権利を有している」と述べた。これに対して、グルジアの国務相は、アブハジアや南オセチアに駐留しているロシア軍は、グルジアの法律にも両国の合意にも違反した非合法の軍で、平和維持軍ではなく、そこで行われているのはロシア軍の実力作戦にすぎない、と反論した[43]。つまり、ロシアが軍事力で今の占領状況をつくっており、そのような状況下で国民投票など論外というものである。

このロシアの新たなアプローチは、ロシアと中国との関係にも微妙な影響を与えるだろう。というのは、中国はチベット、新疆ウイグル自治区、台湾問題などを抱え、これまで両国は「民族自決権」ではなく「領土保全」を正面に出して国際世論に対抗してきたからだ。ロシア政府のこの新たなアプローチに関して、ロシアのあるマスメディアは、「あらゆる毛色の分離主義者は、独立権を有している」との皮肉な題を掲げ、外務省の新しい姿勢を、カフカスの反応をみる観測気球と見ている。[44]

前に述べたように、トレチャコフは中央アジア諸国に関するロシアのアプローチに関して、ロシアへの統合を意図するものではないとしながらも、「公然かつ民主主義的に表明された民意に従う統合を排除する必要はない」と、すでにこの三月に述べている。大国としての自信を取り戻したロシアが、ＣＩＳ諸国に対して、新たな視点から関心を向けていることを直截に示す言葉である。同じ論者は、クリミアの領有などでもめているウクライナに関しても、「一九九一年にソ連から独立したとき、ウクライナは一六五四年（！）にロシアに入ったときの四、五倍の領土を得ている。その間に得た新たな土地は、すべてロシア帝国あるいはソ連時代に、もっぱら中央政府の意思のお蔭で得たものだ」とも述べている。[45]

「自決権」の問題は、チェチェン問題などを抱えるロシアにとって両刃の剣であろう。しかし現政府の新しいアプローチは、まだ観測気球の段階とはいえ、ロシア人の伝統的な大国意識をストレートに示すものであり、ロシアの今後の対ＣＩＳ諸国政策に、ひいてはロシアの対外政策一般にとっても、無視できないファクターであろう。

（１）　ドミトリー・トレーニン（カーネギー財団モスクワ・センター副所長）、«Независимая газета», 30 января 2006 года.
（２）　アレクセイ・ボガトゥロフ（モスクワ国際関係大学政治学部長）、«Независимая газета», 11 апреля 2006 года.
（３）　«Московские новости», №15, 28 апреля—4 мая 2006 года.

（4）«Новое время», №22, 4 июня 2006 года, стр.13.
（5）«Известия», 28 апреля 2006 года.
（6）«Новое время», №22, 4 июня 2006 года, стр.13.
（7）«Независимая газета», 16 мая 2006 года.
（8）«Независимая газета», 9 июня 2006 года.
（9）«Московские новости», №21, 9-15 июня 2006 года.
（10）Там же.
（11）«Независимая газета», 15 мая 2006 года.
（12）«Новое время», №16, 23 апреля 2006 года, стр.13.
（13）«Московские новости», №7, 3-9 марта 2006 года.
（14）«Аргументы и факты», №8, Февраль 2006 года.
（15）«Аргументы и факты», №6, Февраль 2006 года.
（16）«Независимая газета», 26 января 2006 года.
（17）«Независимая газета», 11 мая 2006 года.
（18）«Независимая газета», 16 мая 2006 года.
（19）«Известия», 4 мая 2006 года.
（20）«Независимая газета», 11 апреля 2006 года.
（21）«Известия», 4 мая 2006 года.
（22）«Аргументы и факты», №16, Апрель 2006 года.
（23）«Независимая газета», 12 апреля 2006 года.
（24）«Московские новости», №18, 19-25 мая 2006 года.
（25）«Московские новости», №17, 12-18 мая 2006 года.
（26）«Независимая газета», 29 мая 2006 года.
（27）«Известия», 24 апреля 2006 года.

(28) «Независимая газета», 29 мая 2006 года.
(29) «Известия», 1 июня 2006 года.
(30) Там же.
(31) «Независимая газета», 26 января 2006 года.
(32) ボガトゥロフ、前掲注(2)。
(33) «Независимая газета», №7, 3-9 марта 2006 года, 袴田による要約。
(34) «Независимая газета», 2 июня 2006 года.
(35) ロシア科学アカデミー社会学研究所付属過激主義・排外主義研究センター、«Аргументы и факты», №6, Февраль 2006 года.
(36) 袴田茂樹「ガス戦争　愚挙と甘え」(『信濃毎日新聞』(二〇〇六・一・九))、「自ら崩したロシア・エネルギーへの信頼」『情報交差点』(エース交易、二〇〇六年三月)六-七頁。
(37) «Новое время», №13, 2 апреля 2006 года, стр.10.
(38) «Аргументы и факты», №16, Апрель 2006 года.
(39) «Независимая газета», 29 мая 2006 года.
(40) «Независимая газета», 12 мая 2006 года.
(41) «Известия», 1 июня 2006 года.
(42) «Известия», 2 июня 2006 года.
(43) Там же.
(44) «Независимая газета», 2 июня 2006 года.
(45) «Московские новости», №21, 9-15 июня 2006 года.

第二章　ロシアのアジアにおける役割――統合と深化に向けて

ピーター・ルットランド

はじめに

　ロシアは、ヨーロッパにもアジアにも属している。この点において、非常にユニークな存在である。ロシア極東地域に暮らす人口は、全体の五％に当たる約八〇〇万人にすぎない。ロシアは面積においてアジアの実に五分の一を占めている。豊富な天然資源を有し、まさしく天然資源がアジアにおけるロシアの経済的、戦略的な重要性の根幹をなしている。

　ロシアにとってアジアは脅威でもあり、同時に将来有望な市場でもある。欧米の論評は、次のような極端なシナリオを描きがちである。ロシアの豊富な天然資源が、エネルギー資源の枯渇にあえぐ東アジア市場に流入する。人口希薄なロシア極東に、一三億人の中国人が大量に移住する。もしくは、ロシア‐中国関係がアメリカの全世界における覇権を揺るがすことになる、と。しかし、このようなシナリオは、少なくとも今後五年間は実現しそうにない。ロシア政府は、危険を伴うような劇的な政策の転換は意図しておらず、今後しばらくはアジア諸国との間でも慎重な政治的舵取りを継続するだろう。

ロシアは、欧州との統合という幻想を捨て去り、アメリカの影響を軽減する意味を含めて、アジアとの関係強化に向かい始めた。ドイツのロシア研究者アレクサンドル・ラールは、欧州はロシアとの間で「冷たい平和」状態にあり、「ロシアはヨーロッパから拒絶され、アジアに向かった」と指摘している。アメリカのカーネギー財団のアンドリュー・クチンズは、二〇〇五年がロシアがその外交政策の重点をアジアに移したという点で、旧ソ連の崩壊以来、もっとも深刻な戦略的転換を図った年となったと見ている。

ロシアの欧州離れの傾向は、ロシアのエネルギー政策に深く関係している。アレクサンドル・チュドジェーエフは述べる。「費用だけとってみても、中国とのエネルギー協力の深化がロシアにとってもっとも望ましい国家プロジェクトだと判断するだけの根拠がある」「アメリカは、エネルギー分野におけるロシア-中国関係強化が、世界のエネルギー安全保障に何らかの影響を与える、と考えている」。ロシアの天然ガス会社ガスプロムのアレクセイ・ミレル社長は、欧州連合(EU)諸国の大使たちに向かい述べた。「北米や中国などの新興市場にもロシアが関心をもっていることを忘れないでほしい。もしわれわれが輸送先をアジアに変更したら、どうなるだろうか。ヨーロッパへの供給量は、必然的に減少するだろう。手始めに三〇〇〇万トンの石油をアジア向けに輸送することになると、ヨーロッパ諸国が受けとる量は減り、価格上昇は避けられない」。

同時に、ロシアの政策が混乱していることもまた事実である。多くのロシア人は、中国の高まる存在感を脅威と見ている。エネルギー資源供給や最先端の武器輸出を行うことによって、台頭するアジアのライバル中国に手を差し伸べる。結果として、自らフライパンから火のなかに飛び込む。このようなまねはしたくないと考えている。カーネギー財団モスクワ・センター副所長のドミトリー・トレーニンは、「ロシアは、東アジアとの多面的な協力関係、そしてアジア諸国との二国間関係構築の基盤となるような、総合的な対アジア政策を欠いている」と指摘する。

本章では、まず、①ロシア経済の概況、そして世界経済、特にアジア経済との統合におけるロシアの役割について触れる。次に、②ロシアの対アジア貿易の概観を紹介し、アジア向け主要輸出品目であるエネルギー資源と兵器について詳細な考察を加えることとする。そのあと、③ロシアと地域協力組織との関係を検証し、特に中央アジアにおける安全保障協力の実現、およびアメリカの当該地域における影響力の低下に向けて、上海協力機構（ＳＣＯ）の機能をいかに強化しようとしてきたか、について考察する。最後に、④具体的なアジア諸国とロシアとの関係について触れ、アジアにおけるロシアの果たすべき役割についての私の結論を記す。

一　ロシア国家戦略における対外経済関係の役割

ロシアは、アジアとの新たな協力関係の構築を目指している。アメリカによる囲い込みやＥＵからのつまはじきなどの事態を避け、独立国家としてのロシアの威厳を保つためである。ロシアのヨーロッパとの統合に向けた試みはすでにピークを過ぎたとの見方もある。ロシアのＥＵ加盟といった構想は、「幻想」と化した。他方、成長を続けるアジア経済は、国内のエネルギー資源、兵器、機械・機器に対する需要の高まりと相まって、ロシアと利害が一致する。また、アジア諸国の政治体制は、よりロシアの「統制型民主主義」と似かよっている。アジア人は、政治的案件を貿易関係にもち込むことはない。

二　アジアとの経済統合

ロシアは、ヨーロッパとの間の貿易に依然として大きく依存している。だが、今後数年にわたってアジアとの貿易が急速に拡大することも見込まれている。ロシアの貿易額の大半（七五％以上）はヨーロッパ向けである。二八九〇億ドルに上る貿易総額のうち、アジア諸国は三六〇億ドル、中央アジアは一四〇億ドルを占めるにすぎない。

しかし、この数字は必ずしも驚くにあたらない。というのも、ロシア人口の大半はヨーロッパ部で生活している。鉄道や船舶設備はすべてヨーロッパ向けに敷設されているからである。モスクワ～北京間が飛行機で七時間であるのに対して、モスクワ～ブリュッセル間はわずか三時間の距離である。サンクトペテルブルクにいたっては、ヘルシンキから飛行機で一時間半しかかからない。

同時に、過去一〇年でアジアは世界経済で主要な地位を占めるようになり、今後もその存在感が増大し続けるとの共通認識もある。ロシアとアジアとの経済協力は、この現実を受け入れる意味でも加速させる必要がある。そこで重要な役割を果たすのは、エネルギー資源である。ロシアは資源に恵まれ、中国、韓国、日本には需要（資本力）があり、とくに日本には最先端技術がある。

では、ロシア国内でアジアとの協力関係確立の構図が広くゆきわたっているだろうか。明らかとはいえない。実際、ロシアの政治上層部のなかには、アジアを「市場」としてよりも、「脅威」の源泉と見なす傾向もある。ロシアはアジア向けの資源輸出が、今後、急拡大する可能性を感じている。と同時に、プロジェクト実施に伴うコスト、政治的意味合い、そしてそこから良い契約条件を引き出す必要性も認識している。

三　エネルギー――混迷するパイプライン構想

ロシアの対アジア新戦略の根幹は、シベリア産の石油を輸送する新規パイプラインの建設にある。シベリアでは、世界全体の石油埋蔵量の一七％に相当する多量のエネルギー資源が確認されている。現在、日量六〇万バーレルの石油（年八〇〇〇万トン）を、東シベリア～太平洋パイプラインを通じて東アジアに輸出する計画が検討されている。本計画とサハリンで進む資源開発プロジェクトによって、ロシアのアジア向け石油輸出量は二〇二〇年までに現在の三％から三〇％にまで拡大することが予想される。

中国および日本にとって、エネルギー資源の中東依存から脱することは、非常に大きな戦略的重要性をもっている。マラッカ海峡を通じて中東から輸入する海洋ルートは、アメリカとの関係次第で封鎖される可能性もある。そのために、中国は、ロシアやカザフスタンから大陸を通じる資源輸入に関心を示す。

中国とロシアは、一九九三年から石油パイプラインの建設を検討してきた。ここ数年は、ラインの敷設構想をめぐって二つの案が拮抗している。当初の計画では、東シベリアのアンガルスクから二五〇〇キロメートルのパイプラインを建設し、モンゴルを経由して低迷を続ける中国石油産業の中心地である大慶まで石油を輸送することになっていた。ロシアの石油企業「ユコス」のミハイル・ホドルコフスキー社長は、同計画の実行に関して中国側の了解を取りつけた。中国の胡錦濤国家主席は、モスクワを訪問した二〇〇三年五月、プーチン大統領との間で本パイプライン建設に関する合意文書を締結した。これは、ロシア初の民間石油パイプラインになるはずだった（他のラインはみな国有の「トランスネフチ」が所有している）。だが、最終的なルートは決定されなかった。ロシア側はモンゴルを経由するよりもむしろ、ロシア国境線に沿ったルートのほうが好ましいと考えたからである。

ところが、二〇〇三年七月、プーチン政権は脱税容疑でユコス幹部五名の逮捕に踏み切り、同年一〇月にはホドルコフスキー社長も逮捕された。ホドルコフスキーの姿が消えた後、ユコスの株式をめぐる熾烈な争いが勃発した。二〇〇四年一二月、「ロスネフチ」（株式の大半を国が所有する）が、ユコスの主要生産子会社を九五億ドルで獲得した（うち六〇億ドルは中国石油天然ガス集団公司〔ＣＮＰＣ〕の出資による）。この新たな企業形態は、外国人投資家にとってはこれまでにない挑戦を意味する。エネルギー資源に関する新法案が二〇〇六年になって制定され、それにより、国家にとって「戦略的」重要性をもつと見なされる開発プロジェクトにおいて、外資系企業の所有する株式が五〇％以下に限定されることとなったからだ。

一方、石油パイプラインのルートをめぐる論争は続いた。中国の予想に反して、二〇〇三年夏、ロシアはアンガルスク～大慶ルートに代えて、日本側が提案する極東沿岸のナホトカ港まで伸びる四〇〇〇キロメートルのルートの敷設を検討し始めた。多額の費用がかかるものの、この案によると日本だけでなく、その他の市場にまでタンカーで資源を輸送できるようになる。さらに、ロシアにとって中国が唯一の消費者になるという状況を避けられるという利点がある。中国、日本ともに、パイプライン建設に向けてロシアに対して多額の融資を申し出た。シベリアにおけるパイプラン起点は、アンガルスク（ユコスが権益をもつ石油鉱床）から、ロスネフチが石油精製工場を所有するタイシェトに移された。二〇〇六年七月時点における政府の公式見解によると、ロシアは日中両案に賛成している。タイシェトとスコボロジノを結ぶ東シベリア～太平洋パイプラインの第一段階の建設費用は、六五億ドルと見込まれる。スコボロジノ～ペレボズナヤ港（ナホトカに代る最終目的地、その後はコズミノ港）の第二段階には、さらに五〇億ドルが必要となる。中国は、スコボロジノ～大慶区間の建設費用を拠出する用意があるという。しかし両ルートの併設が、果たしてコスト面でペイするのか？　二つのパイプラインを満たすだけの石油が果たして発見されるのか？　これらの点については依然として不透明なままである。

ロシア国内には、日中両案に反対する意見もある。環境保護運動家たちは、世界一の透明度を誇るバイカル湖の自然環境に悪影響が出ることを懸念している。二〇〇五年九月、ロシアの天然資源省はバイカル湖北岸八〇〇メートルの地点をパイプラインが通過するというタトネフチの建設計画をしりぞけた。二〇〇六年三～四月にかけて、イルクーツクやモスクワで環境破壊の可能性を指摘する抗議運動が行われた。イルクーツク州のアレクサンドル・チシャニン知事、その他の州知事は、シベリアで採掘された資源が中国に販売され、そこから上がる収益が中央政府の手中に収まることよりも、むしろ地域の開発につながる資金投入を歓迎している(シベリア辺境部と天然ガスパイプラインの接続など)。また、バイカル湖北岸を通過するシベリア横断鉄道の延長線として、ブレジネフ時代に敷設されたバイカル〜アムール鉄道の発展計画への投資を実現させようとするロビー活動も盛んに行われている。当座の妥協案として、この鉄道を通じて石油を輸出することもできるという。ダイヤモンド資源に恵まれた、ロシア北部辺境に位置するサハ共和国(ヤクーチヤ)のミハイル・ニコラエフ大統領は、資源輸出の代りにシベリア開発を強く主張する地方政府関係者のうちの一人である。

依然として大企業の間ではパイプラインの覇権をめぐる争いが続いている。「トランスネフチ」社がその中心である。同時に、「ロスネフチ」、「ガスプロム」、「ルクオイル」各社も、しのぎを削っている。これらの大企業の背後には、天然資源省、経済発展貿易省、核エネルギー庁などが控えている。たとえば、ビクトル・フリステンコ・エネルギー産業相は、東シベリア〜太平洋パイプラインの建設を進めることよりも、二〇〇五年一二月に完成したカザフスタンと中国を結ぶ石油パイプラインを通じてのアジア向け輸出の実現を優先すべし、と主張している。他方、ガスプロムとルクオイルは、シベリア東部で生産されるエネルギー資源を、北海につながる欧州向けパイプラインを使って欧州市場に輸出する計画を支持していると見るアナリストたちもいる。また、今後五年でガスプロムの欧州向け輸出用天然ガスが底をつく。このような見方もある。というのも、ガスプロムの西シベリアに位置するガス鉱床の生産ピークは五年前にすぎ、バレンツ海中のシュトクマン鉱床は未だに開発されていないからだ。

プーチン大統領は、最終決定を二年間先送りにすることにした。これは、日本や中国関係者たちを非常に苛立たせた。二〇〇五年四月、ロシア政府はパイプラインをタイシェトからロシア-中国国境付近のスコボロジノまで建設することを記した決定書を出した。スコットランドのグレンイーグルスでG８サミットが行われた二〇〇五年七月九日、プーチン大統領は最初のパイプラインが中国に向かうと発表した。サミットに先駆けて行われた胡錦濤国家主席のモスクワ訪問の際、CNPC（中国石油天然ガス集団公司）とロスネフチは長期協力契約を締結した。だが、その契約文書のなかには大慶向けパイプライン建設に関する具体的な記述はなかった。二〇〇五年九月に欧米諸国のロシア専門家たちとの間で行ったバルダイ・フォーラムの席上でプーチン大統領は、スコボロジノから中国に向かう支線が最初に建設されることを再び表明した。しかし、北京を訪問した二〇〇六年三月二〇〜二一日、プーチン大統領はパイプライン敷設に関する最終決定は、フィージビリティー・スタディ（FS：実現可能性調査）や投融資に関する調査の結果を待ってからでないと下せない、と発表した。ロシアのメディアも、「パイプライン建設問題は、ある日の天気が曇り後晴れ、そして次の日は晴れ後曇りといったようなものだ。あるロシア政府関係者は最終決定が下りたと言ったかと思うと、別の人物が決定はまだされていないと言う」と報じた。また、大統領の北京訪問に合わせて、ガスプロムはCNPCとの間で、二〇一一年までに中国向けに八〇〇億立方メートルの天然ガスを輸出する、二本のパイプラインの建設計画を記した合意文書が締結された（そのうち一〇％は、サハリン産天然ガス）。

二〇〇六年四月二八日、ついにタイシェト〜スコボロジノ間のパイプライン第一段階工事が着工した。同年四月二六日、トムスクでシベリア各州の代表者と会談した際、プーチン大統領は環境破壊を防ぐために、パイプラインをバイカル湖北岸四〇キロメートルの地域に敷設するように指示した。また、五月二六日にプーチン大統領と会談したロスネフチのセミョーン・バインシュトク社長は、「通り抜けられない山々があるために、バイカル湖の北岸四〇〇キロメートルのところに追加費用を支払ってでも迂回路を建設するしかない」との見解を示した。

ロシア政府は、なぜパイプライン建設の最終決定を下せないのか？　建設費用が関係している。強引な商法で知られる中国人は、再三にわたって石油一バーレルあたり二五ドル、天然ガス一〇〇〇立方メートルあたり四〇ドルという低い販売価格を提示してきた。これは、ロシアが欧州市場に供給している石油価格の三分の一、天然ガス価格の五分の一でしかない。「ロシア産のガス価格を、石炭価格ではなく、中国における国際価格と合致した石油製品価格とリンクさせるようにすることを、中国側が了承したとき（二〇〇四年九月）に、初めて転機が訪れた」との報道もある。

ロシア政府関係者は、遠方に伸びるパイプラインから上がる収益を手中に収めるという自国の要望を通すために、ヨーロッパ諸国に対して、アジアへの資源輸送の可能性を切り札代りとして用いてきた。「ガスプロム」のミレル社長は、前にも引用したように述べた。「北米や中国などの新興市場にもロシアが関心をもっていることを忘れないでほしい。もしわれわれが輸送先をアジアに変更したら、どうなるだろうか。ヨーロッパへの供給量は、必然的に減少するだろう。手始めに三〇〇〇万トンの石油をアジア向けに輸送することになると、ヨーロッパ諸国が受けとる量は減り、価格上昇は避けられない」と。同月、プーチン大統領も記者団に対して「売り手市場を検討する必要がある」とし、「アジア・大洋州地域に重点をおく」との意向を表明した。

四　サハリン2

東シベリア～太平洋パイプラインをめぐる交渉が錯綜する一方、サハリンにおける石油・天然ガス開発のほうは着実に進んでいった。サハリン開発プロジェクトにおける一〇〇億ドルという投資額は、単独の外国投資案件としてはロシアにおいて過去最大規模である。最終的には五〇〇億ドルにまで拡大する可能性もある。

「エクソン」が開発を手がける「サハリン1」には、約三億トンの石油埋蔵量が確認されている。「サハリン2」では、二一億五〇〇〇万トンに上る。天然ガスの埋蔵量は、それぞれ五〇〇〇億立方メートルである。「サハリン1」における天然ガス採掘は、二〇〇五年から始まっている。「ロイヤル・ダッチ・シェル」が手がける海洋の「サハリン2」プロジェクトは、すでに六〇%まで開発が進められている。しかし、環境破壊の懸念、地理的困難性、そして事業ライセンスの取り消しなどが重なり、プロジェクトの進行は数年の遅れを見せている。ここで採掘されたエネルギー資源は八〇〇キロメートルのパイプラインを経てサハリン島南部の不凍港に運ばれる。そこで年一〇〇億立方メートルを処理できる液化天然ガス(LNG)工場が建設される予定である(これは世界需要の八%に相当する)。

二〇〇四年一月、ロシア政府は、一九九三年に「エクソンモービル」が取得した「サハリン3」プロジェクト開発にかかるライセンス取り消しを発表した。現在、同プロジェクトにおいてはロスネフチが七五%の権益を有している。

一方、シェルはガスプロムを「サハリン2」プロジェクトに参加させるようにとの圧力を受けている。いずれにせよ日本および韓国向けの海底パイプライン建設を取り巻く政治的、そして環境問題に関する不透明さのために、LNGが最も有望なサハリンからの天然ガス輸出の形となるだろう。

五　中国、インドへの武器輸出

ロシアの武器輸出は、中国、インドが主要輸出相手国である。これは、ロシア国家予算の重要な財源となっている。ロシアの武器輸出額は、一九九八年の二九億ドルから二〇〇四年には五六億ドルにまで増大している。二〇〇一～〇五年では、武器輸出全体の四三%が中国向けである。インドは二五%を占めている。なお、二〇〇五年にはロシアは総額六一億三〇〇〇万ドルに及ぶ武器を輸出し、うち中国とインドだけで全体の七〇%を占め、二三億ドルに上る追加購入が予定されている。一九九〇年代を通じて、武器輸出は輸出額全体の五%を占めていたにすぎず、原油価格の高騰が始まってからは、そのシェアはさらに減少した。このことを、念頭におく必要がある。しかし、資金不足に苦しむロシア軍が新規装備を購入することができなかった九〇年代を通じ、外国向けの武器輸出から得られる収益は、かつて栄えたロシアの軍需産業を支えるという意味で死活的重要性をもっていた。一九九〇年代の武器の対中国輸出は、個々の武器製造工場だけでなく、軍需産業全体を救うことになった。

二〇〇〇年以来ロシア軍による武器調達量が増加傾向にあり、二〇〇五年には六五億ドルに達し、二〇〇六年は八〇億ドルにも上ると見られる。しかし、二〇〇六年春時点で軍需産業設備の稼働率は四〇%にとどまっている。したがって、同産業は依然として輸出拡大を必要としており、時代の要求に適した武器の開発が求められている(現在に至るまで、ロシアは一九八〇年代の技術に基づく武器を販売している)。

ロシア軍需産業では汚職が蔓延している。この分野においては、プーチン大統領による中央集権化政策は実績を挙げていない。二〇〇〇年一一月、プーチン大統領は武器製造過程を一元化するために「ロスオボロネクスポルト」社を設立した。同社は、武器輸出全体の約八五%を取り仕切っている。その他にも約二〇社が、海外との武器の部品やサービスの直接販売の権利を有している。

中国は、約三〇年間の中断を経て、一九九二年からロシアからの武器購入を再開した。それ以来、中国が購入している主な兵器は以下の通り。キロ級潜水艦(一二隻)、SS-N22対艦巡航ミサイルを装備したソブレメンヌイ級ミサイル駆逐艦(四隻)、S-300戦闘機(一二機)、地対空ミサイル・システムのトーポリ-M1(二七機)、さらに第四世代戦闘機のスホイ27およびスホイ30(二〇〇機)と、国内におけるその製造(四五〇機)に関するライセンス。潜水艦二隻は、極東のコムソモーリスク・ナ・アムーレで製造されることになっている。これは、「アムーレ造船所」にとり非常に重要な収入源となる。

中国の温家宝国務院総理(首相)は二〇〇五年、ロシアからの完成品輸入よりも、むしろ製造過程の協力関係を構築する必要があると述べた。これまでは、武器輸出全体の約六〇%を航空機が占めていた。二〇〇五年には、四億五〇〇〇万ドル相当のキロ級潜水艦(二隻)の対中国輸出により、海洋船舶が武器輸出全体の四五%を占めた。対中国武器輸出の将来契約としては、総額一二億に上るIL76MD軍事輸送機(三四機)、IL78燃料補給タンカー(四隻)の売却が見込まれている。

インドとの間では、七〇億ドルに上る契約がある。とくに高額な契約は、フリゲート艦(三隻、一五億六〇〇〇万ドル)、インドの空母ヴィクラマディティチャ用の艦載用戦闘機ミグ29K(三〇機、一五億ドル)、アムール1650潜水艦(六隻、二〇億ドル)など。ロシアは二〇〇四年以来、インドでのスホイ30MKI多目的戦闘機(一四〇機)の製造に必要な部品輸送も行っている。総額は、三五億ドルに上る。

六　東南アジアへの武器輸出

ロシアは、中国およびインド以外のアジア諸国への市場開拓も進めている。二〇〇三年、プーチン大統領は、マレーシア政府との間でスホイ30MKI多目的戦闘機(一八機)の輸出に関する合意文書を締結した。二〇〇五年には、韓国に対してもKa32型ヘリコプター(一〇機)を販売した。ベトナムに二億五〇〇〇万ドル相当のS300PMU1地対空ミサイル・システム(二機)を輸出した。しかし、二〇〇四年一二月末に起きた津波の影響を大きく受けたインドネシアやタイ政府の逼迫した財政状態が影響し、二〇〇五年のロシア武器輸出額は減少している。とはいえ、インドネシアは一九億ドル相当のキロ級潜水艦(六隻)を二〇一〇年までに購入することを検討している。

ロシアはアメリカ国防省のブラックリストに載っているスーダンやベネズエラといった国々にも、積極的に武器供給を行っている。三年間にわたる武器輸出の中断後、ロシアは、二〇〇六年四月、ミャンマーの代表団を迎え入れた。これは、ロシアが石油・天然ガスの見返りとして武器購入をミャンマーに求めていることを意味している。なお、中国はミャンマーの主要貿易相手国であり、武器供給も行っている。

一九九五年、ロシアはアメリカとの間で、今後イランとは武器輸出に関する新規契約を結ばないことを約束した合意文書を秘密裏に締結している(「ゴア・チェルノムイルジン合意」)。二〇〇〇年に、ロシアはこの合意から脱退した。もっとも、その後五年間でイランに販売された武器の総額は、三〜四億ドルにとどまっている。二〇〇五年一二月にはイランとの間で、地対空ミサイル・システムTOR-M1(二九機)およびペチョーラーA2地対空ミサイル・システム(二機、S300ほどは性能が良くない)を、七億ドルで販売する合意文書を結んだ。地対空ミサイル・システムTORが製造されている、ロシア極東イジェフスクに位置するクポール製造所の二〇〇四年の総売上高は、三〇〇〇万ドルにとどまっている。

ロシアは、自国にとって脅威となるような戦略的均衡状態の破綻を危惧している。そのために、最先端技術の製品(空挺レーダー機や海象計測器、早期空中警戒管制機AWACなど)を中国やインドに輸出することに関しては、慎重な姿勢をとってきた。軍事評論家ビクトル・バラネッツは、「ロシアが供給した武器がロシア攻撃用に使用されないという保証はどこにあるのか」との疑問を投げかける。たとえば、二〇〇五年一一月にツェニマシ-エクスポルトのイーゴリ・レシェチン社長が、同社幹部とともに、中国向けの不正な武器輸出の容疑で逮捕された。諸外国に最先端の武器を販売することについて訊かれた「ロスオボロネクスポルト」社のセルゲイ・チェメゾフ総裁は「われわれが販売しなければ、どこかで他の誰かが売るだけだ。これが現実であり、向かい合うしかない」と答えている。二〇〇六年四月、セルゲイ・イワノフ国防相(当時)は次のように述べた。「スホイ34戦闘機を将来、中国向けに輸出する可能性も排除しない。ただし、そのような交渉はまだ行われていない。同じことは、第五世代戦闘機にもあてはまる。交渉を始めるにあたっては、知的財産の保護に関する重要な問題を解決する必要がある」。しかし、実際には対艦巡航ミサイルを始めとする武器が中国向けに輸出されている。これは、台湾にとっては脅威の増大につながる。

ロシアの武器輸出は、中国やインドとの間で多角的な関係を構築する作戦の一環であるというよりは、むしろ自国の軍需産業向けの資金調達手段としての意味合いが大きい。多くのアナリストたちは、このように見ている。武器輸出に関して経済的効果と戦略的意味の二つを区別して考えることは、非常に難しい。たとえば、二〇〇五年八月に実施された大規模な「ロシア-中国合同軍事演習」について、イワノフ国防相は「本演習は、ロシア製武器の実際の威力を測るためのものであり、かつ諸外国に対して絶好の宣伝のチャンスとなる」と述べた。

七　ロシアの国内における論争

ロシアの外交政策決定過程には、明確な「アジア・ロビー」といったものは存在しない。それに近いものとしては、中国やインド向け武器輸出関係者たちくらいのものだろう。また、プーチン大統領周辺の保安機関関係者からなる「シラヴィキ」(武闘派)が、欧米に対峙して、中国との関係緊密化を主張することを通じて、国内政治における影響力を強化することも考えられる。しかし、これはあくまでも推論にすぎない。

貿易と投資に関するかぎり、主要な立役者はガスプロム、トランスネフチ、そしてロシア鉄道といった大手国有企業、ルクオイルといった大規模民間企業である。これらの企業は、このところヨーロッパ市場にかかりきりになっている。ユコスの解体やガスプロムによるシブネフチの吸収・合併をめぐる熾烈な政治的闘争から立ち直る段階にある。同時に、世界市場における存在感を高めることも積極的に行っており、結果としてアジア諸国への関与を強化しつつある。

「中国との関係強化が果たしてロシアの長期的利害関心に合致するのか」——この問いをめぐって、ロシアの地政学者の間では意見が真っ二つに分かれている。明らかに、中国はアメリカと並んで、ソ連崩壊の恩恵にあずかった国である。そして、一九九〇年代のいわゆるアメリカに同調する「バンドワゴン」としてのロシアの役割の継続を望む声がある。他方、ロシアは中国と連携することで、アメリカとの間で「バランス」を保つべきだとの見方もある。

ただし、中国に対する警戒感は、ロシア国内の左派でも右派でも見ることができる。リベラル派「ヤブロコ」のヴャチェスラフ・イグルノフ元議員はこう述べる。「欧米は中国を、民主主義を抑圧する卑劣な共産主義国家と見なしているために、ロシアに対しても石油を中国でなく日本に販売するよう求めている」と。コンスタンチン・シモーノフとヴィタリー・イワノフは、アメリカのシンクタンク外交問題評議会(CFR)が出した「ロシアは誤った方向に進んでいる」とのレポートに対して、次のようなコメントを行った。「中国は、アメリカにとり中期的に敵対国となっている。アンクル・サム(アメリカ)にドラゴン(中国)を打ち負かすことができるだろうか。そのためには簡単なやり方がある。ドラゴンからエネルギー資源を奪いとることだ」。次いで、アメリカが東シベリア〜太平洋パイプライン構想を阻止しようとしていると指摘する。

他方、拡大する経済力、若い世代を中心とする世界最大の人口、そして軍事力の増強、これらの理由で長期的に見る場合、アメリカよりも中国をより大きな脅威と考えるロシアの戦略家たちもいる。彼らは、ロシアの人種差別的な「黄禍」論を共有している。また、一八〜一九世紀に中国がロシア極東の一部を支配下に治めたことに由来する、歴史的わだかまりもある。

中国政府の関係者たちは領土問題については口を閉ざしているが、沈黙によってロシア側を納得させることはできない。「統一ロシア」党のニコライ・ベズボロドフ下院議員は、ロシアがバイカル湖周辺地域に一師団しか配備していないのに対して、中国は一九師団を有していると述べる。また、とくにリベラル派はアメリカとの関係強化を正当化しようとして、「中国脅威論」をことさら強調する傾向にもある。あるレポーターが、ニコライ・ボルジュジャ集団安全保障条約機構（CSTO）書記に向かって、「中国はロシアにとって戦略的パートナーなのか、それとも脅威なのか」と尋ねたところ、同氏は「この世に永遠に続くものなどない」と答えた。同様にウラジーミル・ポルチャコフは、現状を大きく変えるような危機的状態でも発生しないかぎり、ロシア−インド−中国という連携の青写真は、「ほこりをかぶった状態であり続ける」と指摘している。

さらに悪いことに、ロシア国民の多くは自国をアジアよりも、むしろヨーロッパの一部ととらえている。とはいえ、中国を深刻な脅威として見る向きは少ない。二〇〇五年一一月の「全ロシア世論調査センター」の調査結果によると、回答者の五八％がロシアをその文化、生活様式において欧州に近いと見ている。アジアに近いと答えたのは一三％にすぎず、アメリカと答えたのはわずか七％だった。なお、アメリカが脅威だと答えたのは三〇％、それに中国が一七％、日本が六％と続いた。二〇〇四年時点の同センターの調査では、回答者の四〇％が対中国関係を正常、三四％が友好的と見ている。中国を敵対国と答えたのはわずか四％だった。アメリカ・中国紛争が起きた際には、三六％が中国を支援すると答えた。アメリカと答えたのは、二一％にとどまった。アメリカ系のある調査機関による同様の調査では、中国の経済システムに賛成と答えたのは全体の六七％（反対一二％）。政治システムについては、賛成五六％、反対一四％であった。

一九九〇年代には欧米でも、ロシアの外交政策が地方政府関係者によって決定されているとの見方があった。たとえば、中国との関係強化を望む連邦中央政府と、アメリカ、日本、韓国との協力を望む極東の政府関係者との間には意見の対立がある、と言われていた。そしてこのことは、外国政府や企業が中央政府を介することなく、極東の地方政府と直接交渉することができるという希望的観測にもつながった。しかし、プーチン大統領が敢行した中央集権化改革、連邦管区の創設、連邦議会の改革、そして連邦下院に対する影響力強化などを経て、中央政府の地方に対する権限が強化された。もっとも、サハ共和国（ヤクーチヤ）やクラスノヤルスク地方などのエネルギー資源の豊富な地域では、未だに政治・経済的な権力をもつ州政府関係者が存在し、中央政府もその意向を無視できない状態にある。

おわりに

ここ数年間の経済的、戦略的潮流によって、ロシアはアジア諸国との統合と深化に向かっている。しかしこれは、依然として欧州の大国としての自負をもっているロシアにとっては、政治的、心理的に一つの賭けである。ロシアは、アジアや欧州との経済統合を通じて国家安全保障問題を解決しようとは考えていない。ロシアは、むしろ巧みにバランスをとることで欧州・アジアとの経済関係を強化し、結果的にロシア経済の成長につなげようとしている。

ロシアがシベリア産石油を中国や日本に輸送するパイプラインを建設し、より一層統合・深化に向かったとしても、契約が実行されるまでにはなお数多くの経済・政治的障壁が残されている。ロシアと中国はともに、破綻した国家経済からの移行期にある。両国の政治・経済的安定は、未だに不透明である。とくにロシアではプーチン大統領の後継を決める「二〇〇八年問題」が残されている。大統領職をめぐる政治的争いが、政権内部の分裂につながる恐れもある。旧KGBを中心とする保安機関の「国家統制主義」ロビーや国有企業関係者たちの影響力が強まっている。これが、大統領の後継者選びに大きな影響を与えることが予想される。これらの派閥の関係者たちは、中国との経済的、戦略的な関係強化を進める現在の政策執行を支持すると見られる。しかし同時に、ロシアの貿易の約四分の三をヨーロッパ諸国が占めている現状を考慮に入れる必要がある。同じことは、中国とインドにもあてはまる。中・印両国にとっても、欧米諸国が主要な貿易相手国となっている。

ロシアは欧米に背を向けている。欧米の識者の間では、このような批評が散見される。それにもかかわらず、楽観論にも根拠がある。プーチン大統領の登場でロシアの国内政治、そして外交に一定の安定がもたらされた。これは、欧米諸国の期待に合致するものではないにしろ、ロシアにとっては十分なものである。そして、ロシアがアジア諸国との間で協力を深化させたとしても、それは必ずしも欧米諸国との関係悪化につながるわけではないのである。

（皆川有香訳）

第三章　プーチン政権下の「ユーラシア」概念

浜　由樹子

はじめに

今日、プーチン政権の下で、ロシアとアジアを結ぶ協力関係の構築は着実に進みつつある。本章の目的は、文字通りヨーロッパとアジアの中間を意味する「ユーラシア」概念が、外交議論のなかでどのように論じられてきたかを分析することにある。とくに、「ユーラシア」がロシアが属する地域概念として言及される際、それはどのような文脈で用いられているのか。それを明らかにすることで、「ユーラシア」概念のインプリケーションを考察することを試みたい。

ソ連崩壊と体制転換、冷戦の終焉と「超大国」の地位からの転落という、質的にも規模的にも未曾有の変動を経験したロシアは、現在にいたるまで、現代世界における自らの存在意義を模索し続けてきたように見える。とりわけ、かつてソ連の構成国であったバルト三国や、冷戦時代には「東側」であった中・東欧諸国が、拡大する欧州連合(EU)や北大西洋条約機構(NATO)に加盟するという段階を迎えるにいたって、ロシアはヨーロッパとの関係の再検討を迫られた。そのなかで、本章でもみるように、統合を進めるアジアとの関係の深化を図りつつ、独立国家共同体(CIS)内での求心力を保とうと試みる方向性も現れてきている。このような状況下で、ロシアの外交をめぐる議論では、ロシアを「ヨーロッパ」だとする主張と、「ユーラシア」であると考える立場の双方が、一見せめぎ合っているかのような印象がある。

ロシアを「ヨーロッパ国家」だとする表現は、EU加盟や世界貿易機関(WTO)加盟による、欧州(欧米)先進国グループへの仲間入りを主張する際に用いられることが多い。これに対し、ロシアが「ユーラシア国家」であると称する文脈は必ずしも一様ではない。それでは、それぞれの「ユーラシア」概念には、ロシア自身と他にどこが、どのような目的をもって含まれるのか？　ロシアが、アジア諸国やCIS諸国を意識して、「ユーラシアの国家」あるいは「ユーラシア」地域の一部と自称するとき、いわばこの「ユーラシア」アイデンティティには、どのような性格づけがなされているのだろうか？　そして、ロシアは「ユーラシアの国家」であることによって、国際関係のなかでいかなる位置を占めようと構想しているのか？——これらの疑問に対する答えの一例を引き出すことが、ここでの目的である。

本章の方法としては、二〇〇〇年から二〇〇五年までのロシア外務省の刊行物(1)を資料に、政策担当者あるいはそれに近い(影響を及ぼしうる位置にある)知識人・研究者の議論を考察対象とする。彼らの言説からロシア内部にある外交構想を汲み取るという手法は、これまでにも採られてきた(2)。こうした方法論は、知識人たちがもつ認識が——因果関係の実証こそ困難とはいえ——、外交に一定の反映を及ぼすという前提に立っている。研究者であると同時に、専門家としてときに政策決定過程にかかわる提言を行うこともある知識人たちの議論は、それぞれの政策の根底に横たわる思想、認識を表すものと考えられる。つまり、彼らの見解を読み解くことは、国際関係においてロシアが求めているものを明らかにすることにつながるのである。

分析対象となる政策担当者や知識人たちの議論のなかでも、とくにロシアが属するとされる地域概念をキーワードに据えることの意味は、彼らが誰と連帯し、どのような関係を結ぶのが望ましいと考えているかを解明する点にある。しかし、ロシアにおける「ユーラシア」論を扱ったこれまでの研究は[3]、これを「ロシア・ナショナリズム」の観点から論じたもの、あるいは、地政学的側面に着目したものが大半であった。そのために、「ユーラシア」概念に含まれるロシアの「覇権主義的」「大国志向的」側面ばかりが強調されることとなった。そうした発想に従えば、ロシアが「ヨーロッパの一部」であると主張することは、「ヨーロッパへの追従」と捉えられることになる。しかし、「ヨーロッパ」か「ユーラシア」か、「追従」か「域内での覇権」か、という極端な二分法では、それぞれのなかに表されている多面的な認識を十分に見ることはできない。

本章では、このような視点から、ロシアとアジアの双方を内に抱える「ユーラシア」概念の使われ方に注目し、その多様な文脈を分析することによって、ロシアが「アジア」との間に築こうと構想している国際関係の性格を明らかにする一助としたい。

一　「ユーラシア」概念の現在

プーチン政権下における「ユーラシア」概念の特徴

プーチン政権下の外交議論における「ユーラシア」概念の用いられ方には、二つの特徴がある。一つは、これが主に多国間の国境を越えた地域協力の文脈で使用されるということ。もう一つは、「ユーラシア」が指し示す領域が必ずしも一定ではなく、可変的で流動的だということである[4]。

これまでにも用いられた「ユーラシア」地域の名称といえば、一九九四年にヌルスルタン・ナザルバーエフ(カザフスタン大統領)によって提唱された中央アジア諸国の地域統合構想「ユーラシア同盟」[5]が想起される。ところで、近年ではこれが、ロシアから中央アジア諸国に対して、両者が属する共通の空間を表す用語として用いられることも多い[6]。つまり、九〇年代には中央アジア諸国の地域統合構想のスローガンとして用いられていたものが、今日ではロシアの側から、中央アジアとロシアの「友好」関係をアピールする概念として利用されているということである。ここでの「ユーラシア」は、中央アジア諸国とロシアを含む空間を指し、そのなかでの協力関係を提唱するスローガン的役割を負っているのである。

この例が示すように、一九九〇年代からの連続性を部分的に保ちながらも、先の二つの特徴を備え、プーチン政権下で新たに展開されている「ユーラシア」概念の用いられ方には、この他に次の四つの方向性が挙げられる。

アジア太平洋地域への参画

第一に、ロシア、とくに極東およびシベリア地方の開発を、いわゆるアジア太平洋地域とのつながりを契機に進めるべきであると論じる際に、あるパターンが現れる。そこではロシアが、「アジア」の枠組みのなかに国土の一部を有する「ユーラシア」として描かれる。「ユーラシア」たるロシアは、「アジア」の一部でもあるという、いわば自己規定として用いられているのである。

ロシアを「経済地理的、地政学的な利益をヨーロッパとアジアにもつユーラシア国家」と位置づけるミハイル・ティタレンコ(ロシア科学アカデミー極東研究所所長)とワシリー・ミヘーエフ(ロシア科学アカデミー極東研究所副所長)は、ロシアのアジア太平洋地域に対する近年のアプローチの変遷を捉え、こう論じる。ロシアには、アジア太平洋地域のなかで然るべき政治的、経済的地位を獲得する必要がある。そして、「今日の世界において……そしてさらに重要なことに、ハイテクと経済のグローバル化と地域化の(進む)未来の世界において、ロシアのヴィジョンはユーラシアの文脈にこそ見出される[7]」と結ぶ。これは、ロシア国内でも「取り残された」地方である極東とシベリアを、地域統合の進むアジア太平洋経済に組み入れることで、その発展を促すべきだという提言に支えられたものである。

そのアジア太平洋地域とロシアとの関係について、「シベリアと極東に依拠してこの(アジア太平洋)地域での影響力を増すべき」[8]であるとするアレクサンドル・ロシュコフ外務次官(その後一時駐日大使)の主張も、力点のおき方こそ異なるが、同じ方向性を有している。ロシュコフの主張は、こうだ。ロシアは、経済的利益だけでなく、ＷＴＯ加盟への後押しや「対テロ」をめぐる協調をも見越して、アジア太平洋経済協力会議(ＡＰＥＣ)における存在感を増すべきであり、会議を通じて国際的な影響力を行使できる機会を逃すべきではない。ここでのシベリアと極東地方は、右の目的のための足場になると考えられている。地方の発展を目的とするのか、それとも、ロシアが地域内で影響力を増すための手段とするのか。地方と地域のつながり方に関するこの強調点は、先のミヘーエフ／ティタレンコ論文と全く同じではないものの、ここでもロシアは「ユーラシア国家としてのロシア連邦」と表現されているのである。

このような議論の背景に、ロシアにおける中央と地方の経済格差が存在することは論をまたない。しかし同時に、統合の拡大と深化を進めるヨーロッパからロシアがはじき出されたこと、中国との「戦略的パートナーシップ」の下での関係改善という要因も、そこにはともに働いている。彼らのアジア太平洋地域への参画に対する積極姿勢は、このような状況への一つの反応である。そしてロシアが、東アジアや東南アジア諸国からなるアジア太平洋地域の一端を占める国家だというアピールとして、「ユーラシア」という自称が用いられるのである。

重層的地域協力

第二に、上海協力機構(ＳＣＯ)のような地域協力の「成功例」を足がかりに、最終的にはＣＩＳ全域へと協力関係の拡大を計ろうとするとき、この地域を「ユーラシア」と同一視して論じる傾向がある。

ソ連崩壊後、国境画定と国境地域の信頼醸成を目的に掲げ、ロシア、中国、カザフスタン、クルグズスタン、タジキスタンから発足し、後にウズベキスタンを加えて機構となったＳＣＯは、兵力削減や国境協定の締結など、着実にその成果を積み上げてきている。交渉の場を提供した地域協力機構としては，「成功例」と言って差し支えないだろう。さらに，国境画定交渉が進む一方で，ＳＣＯは経済協力や「対テロ」へとその協力範囲を広げていった。これを一つの「模範」として発想すると，このような地域協力のチャネルを利用した協力関係の拡大を提唱する場合に，加盟国の広がるその地域が「ユーラシア」と形容されるのである。

たとえば，ロシア，ベラルーシ，カザフスタン，クルグズスタン，タジキスタン，アルメニアが調印した集団安全保障条約を例にとってみよう。ワレリー・ニコラエンコ（集団安全保障評議会事務局長）は，これを「空間的，地理的な意味だけでなく，政治的，法律的な意味でユーラシアのものである」と特徴づける。その論拠となるのは，「メンバー国が，ヨーロッパとアジアの諸機構，とくに欧州安全保障協力機構（ＯＳＣＥ）とＳＣＯのメンバーに同時になっている事実」であり，そこに当該条約の「実際的な目的と，原理の普遍的性格を看取」[9]するのである。ヨーロッパとアジアを結ぶ「ユーラシア」イメージが，ここでも採用されていることがわかる。また，アルメニア以外の加盟国で形成されるユーラシア経済共同体についても，集団安全保障条約と「直接つながる」ものとして言及されており，これら複数の主体を相互に関連させるかたちで，協力分野を拡張することが期待されている。

第三のパターンは，中国やインドとの協力関係の構築を提唱するなかで現れる。前にも挙げたティタレンコは，ロシア，中国，インドを「三つの偉大なユーラシア国家」と形容し，これらの国家間協力を強化することが，「アジアだけでなく世界の安定にとって重要な要件である」[10]という。ここで彼が提示するのは，ＳＣＯ加盟国間の経済交流の発展が，ロシア・中国間の接着要素であると同時に，インドやＡＰＥＣとの交流にもプラスに働くであろうとの展望である。つまり，安全保障と国境地域をめぐる信頼醸成が当初の目的であったＳＣＯの協力分野を経済に拡げることで，肯定的な影響が波及することを期待しているのである。

また、複数の地域協力を重層的に組み合わせ、協力体制を築き上げることも同時に構想されている。多国間協力の拡大を提言する際に「ユーラシア」概念が登場する点は、前述の第二の傾向とも重複するが、「ユーラシア」地域が指す地理的範囲はそれぞれにかなり異なっている。前者がCIS全域を指すのに対し、後者はロシアに中国、ないしはインドを加えた広がりのことを指すからである。これは、象徴させる内容が類似していても、それだけ「ユーラシア」が可変的な地域概念として作用していることの証左であろう。

「九・一一」以降

第四の傾向は、「ユーラシア」に民族的、文化的多様性の意味をもたせることである。

興味深いことに、前述の論文中でティタレンコは、「ユーラシア」概念に別の意味を含ませている。彼は、ロシア、中国、インドという「三つの偉大なユーラシア文明の豊かな交流は、実りある文明間の対話にとっても、グローバル化の条件下における文化的多様性の保持にとっても、多大な重要性をもつ[11]」と述べる。彼は「ユーラシア」に、文化的多様性を保つ多民族地域を表現しているのである。ここでの「ユーラシア」とは、文化を均質化するようにさえ見えるグローバル化の下でも、文明間の豊かな対話と文化的多様性が実現される地域なのである。

セルゲイ・コルトゥノフ（外交政策企画委員会委員長、軍事科学アカデミー教授）が、アメリカ一極化に基づいた世界秩序形成を否定する論文のなかで用いている「ユーラシア」概念は、ロシアとイスラムの「同盟」、両者が共有する「共通の文化」を表す。彼はこう論じる。「ロシアには、共通の「ユーラシア文化」をもち、戦略的、文明的、地政学的な目的を共有する盟友が、イスラム世界に、ロシアそのもののなかに、CISのなかに、諸外国に（彼らが大多数であるが）いる。……ロシアにはユーラシアのイスラムと対立している余裕はない。ロシア-イスラムのユーラシア同盟を目指すべきなのである。そこで志向される「複雑性」は、あらゆるものの均一化や、文明的特質を除去しようとする試みに対抗するであろう[12]」。

こうした議論は、ここだけを切り取ると一見文化論であるかのような印象を与えがちだが、「九・一一」同時多発テロ以降の情勢を如実に反映した政策志向の議論であることに留意されたい。「対テロ」の名の下で高まった「反イスラム」の流れは、多くのムスリムをそのなかに内包するロシアにとってどのような意味をもつか。コルトゥノフの見解は、こうした疑問に対する一つの回答であり、批判である。

チェチェンという「脅威」を抱えるロシアにとって、「九・一一」以降、「対テロ」はある意味で便利な大義となった。プーチン政権がアメリカへの同調を見せるなかで、チェチェンへの攻撃を強めたのみならず、チェチェンへの協力を理由にグルジアに圧力をかけるようになったことは周知の通りである。このような状況に対してコルトゥノフは、「ユーラシア」概念のなかに、この地域が本来もつはずの民族的、文化的多様性を見出し、これがアメリカ主導のグローバル化という「均一化」に対抗する術となる可能性を提示する。

しかしながら、政治的に、そして恣意的に定義することが可能な「宗教的過激主義」を「脅威」と定めた場合には、当然、先のような文化的多様性の主張には限界が生じる。

「九・一一」よりも数カ月先立って書かれたワシリー・クリヴォヒジャ(ロシア戦略研究所副所長)の論考は、同じ「ユーラシア」概念に、コルトゥノフとは逆に、もっぱら否定的な意味を込めて用いている。戦略的、地政学的外交政策の重要性を主張する彼は、こう訴える。「地理的な意味での南の要因、あるいは文明的意味でのイスラム要因を、(ロシアの)東の要因から切り離すべきときがきた。……(人類の)世界共同体(мировое сообщество)との関係を発展させるために、ロシアはそのユーラシア的性質を、安定した、世界が理解可能な統合性をもつものへと変えなくてはならない[13]」。このように、ここでのロシアの「ユーラシア」的性質とは、不安定で統合性を欠くものとして理解されている。

ロシアは、「九・一一」よりもかなり早い段階で、チェチェン戦争から波及した都市部におけるテロリズムの脅威をすでに擁していた。イスラムを切り離そうというこの種の主張が、「九・一一」を境に一定の力を獲得したであろうことは想像に難くない。このような主張は、イスラムとの共存よりも、イスラムを排除したかたちで秩序形成を進めるべきだとする提案へとつながる。

「九・一一」以降のこの文脈における「ユーラシア」概念は、ロシアの「イスラム要因」をどう考えるかという問題に対する二つの対極的な姿勢をそれぞれに反映し、正反対の意味を付与されているのである。

プーチン政権の全方位外交

ここまでで見てきたように、「ユーラシア」概念は、プーチン政権下の外交政策の変遷を背景に、実に様々な文脈で使用されてきた。

まず、シベリアや極東の地方経済をアジア太平洋地域の枠組みのなかに据えて、その発展を促そうという主張は、プーチン政権下で進められてきた中国や東南アジア諸国との関係強化を背景にしている。その根底にあるのは、第一には地方経済への梃子入れによって国内の一体性を保つ必要性、第二には、統合を進めるヨーロッパとアジアの間で、ともすれば孤立しかねないロシアの危機感である。

その中国、あるいはインドへの接近は、台頭めざましいこれら二国との関係強化への政策上の重点移行があったことをうかがわせる。この点に関しては、アメリカによる一極化に対抗するための措置であるとする解釈や、二国間の諸問題への実利的な対処の蓄積の結果であるという見方などがあるものの、大局的に見れば、懸案事項であった東方拡大を終えたEU、NATOとの関係が、一応の政治的決着をみたという判断を機に行われたことが推測できる。

次に、ロシアを中心としたCIS内の関係強化の試みであるが、これは一九九〇年代より継続的に行われてきたことである。ただし、ＣＩＳ内では近年目立って各国のロシア離れが進みつつある。「反ロシア」を軸にしているともいえるＧＵＡＭ（グルジア、ウクライナ、ウズベキスタン、アゼルバイジャン、モルドバからなる「連合」、加盟国の頭文字を取った名称であるため、ウズベキスタンが脱退した後はＧＵＡＭ）のようなグループ形成の動きがその一例である。また、二〇〇三年のグルジアにおける「バラ革命」や、〇四年のウクライナの「オレンジ革命」に象徴されるように、「反ロシア」への政権交代の動向も見られる。加えて、とくに「九・一一」同時多発テロ以降、アメリカがそこにプレゼンスを増しており、ＣＩＳの凝集力を高めることはロシアにとって焦眉の課題である。このような状況下で、「ユーラシア」の名の下で、ロシアが主導権をとって「協力」「統合」を訴えることは、当然各国に警戒心を抱かせるであろう。しかしそれでも、今日のＳＣＯのような成功例をもったことが、新たな局面を切り開く可能性も否定はできない。

最後に、様々な反目をも含む広大な多民族地域であるロシア、ないしはＣＩＳにおけるロシアとイスラムとの関係は、チェチェン戦争とともにプーチン政権がエリツィン政権より引き継いだ課題でもあった。ここで「ユーラシア」は、一方では「九・一一」同時多発テロ以降のアメリカへの同調を反映している。しかし他方では、ロシアが西ヨーロッパ諸国とともにイラク戦争時に見せたような、アメリカを中心とした一極化に対抗する姿勢を映し出してもいるのである。

このように考えると、「ユーラシア」概念はある意味で、プーチン政権がこれまで展開してきた全方位外交を反映した特徴的な表現であるとも解釈できる。しかし、今ひとつ強調すべき点は、いずれの文脈においても、「ユーラシア」概念が、ロシアを含む多国間、あるいは地域における協力関係の文脈で捉えられていることである。

外交方針として改めて「ユーラシア」概念を捉えるとするならば、次のようにまとめられるだろう。現政権は、一九九〇年代前半に展開された「欧米追随か」「アジア重視か」という論議のように[14]、どこか一方面とだけ太いパイプでつながることを志向しているのではない。いくつもの地域協力をグラデーション状に積み上げることで、複数の方面との関係構築を同時進行的に行おうとする路線を採っているのである。

二　「ユーラシア主義」の教訓

「ユーラシア」の意味

前節で論じたように、外交関係の議論だけを取っても、「ユーラシア」という概念は多様な文脈で、指し示す地理的範囲も様々に用いられている。それぞれに含ませる意味も多面的である。しかし、これはただ単に、旧ソ連地域あるいはロシアを含む広大な領域をカバーできる概念として便宜的に使われているにとどまらない。本来そこには、便宜性以上の、より積極的な意味が見出されるのではないだろうか。

ロシアで代表的な「地域学（регионоведение）」の教科書は、旧ソ連地域を「ユーラシア」と呼ぶ発想には、これを初めて「ユーラシア」と定義した一九二〇年代のユーラシア主義との結びつきがあることを指摘する[15]。そこで本節では、そもそも一九二〇年代のユーラシア主義者たちが「ユーラシア」という地域概念にどのような意味を付与していたのかを今一度振り返ることで、「ユーラシア」概念がもちえる今日的意義を考察してみたい。

一九二〇年代、ロシア亡命知識人によって担われたユーラシア主義の中核的テーゼは、ロシアは「ヨーロッパでもアジアでもないユーラシア」であるとする定義であった[16]。それまでロシア知識人たちは、西欧主義であれスラブ主義であれ、ロシアのもつ「アジア的要素」を自己と同一視することはなかったといわれる。しかし、ユーラシア主義はこれを改めて問い直し、「アジア」がロシアの文化や国家形成に少なからず影響を及ぼしたこと、それが「ユーラシア」たるロシアの不可分の一部となっていることを提示した。とくにその運動の代表的な人物たちは、「ユーラシア」概念に、今日の文脈でもその指摘が生きる二つの意義をもたせていた。

多様性への注目

第一は、「ユーラシア」のもつ民族的、文化的多様性をこの地域の独自性と位置づけたことである。たとえば、「ユーラシア」の文化的、歴史的特徴は次のように記されている。

「「ユーラシア」は、多様な文化の諸要素がロシア文化の部分部分に入り込んでいることを示している。……南からはビザンチン文化の影響があり、……東からは、たとえばモンゴル・タタールの国家統治が……ロシアの統治をつくりあげるにあたって重要な役割を果たした。ステップの生活習慣もまた、ロシアに影響を及ぼした。……(その後)ヨーロッパ文化の影響が流れ込んだ。……旧世界の文化における「ヨーロッパ」「アジア」というカテゴリーにおいて、ロシア文化はそのどちらにも属さない。それは、前者と後者の要素を結びつけ、ある種の総合へと導く文化である[17]」。

また、この多様性については、次のようにも考えられた。

「概して、この(ロシア)文化は、独自の文化圏を構成しており、そのなかには、ロシア人の他、ウゴル・フィン語系民族と、ボルガ川沿岸のトルコ語系民族を含んでいる。東と南東に進めば、アジア文化と結びついているステップのトルコ・モンゴルの文化と混ざり合い、西では(ベラルーシとウクライナを経由して)ロマンス・ゲルマンや「バルカン」文化との境界をもつ西スラブの文化へと移行する(様子が見られる)。しかし、他のスラブ文化とのつながりはそれ程強くはなく、東方との強力な結びつきによって均衡を保っているのである[18]」。

ロシアは「ヨーロッパ」でもなければ「スラブ」への属性だけで理解されるものでもない。そこでは、「アジア」を含む多方面から流れ込む諸文化が混ざり合い、しかし決して均質化されることなく、多様性を残して存在しており、これがロシアの特徴であり、独自性になっていると考えられたのである。

第一節で取り上げた例のなかでは、ティタレンコやコルトゥノフが着目したのがこの点である。グローバル化という、物資・人・資本の世界規模の移動だけでなく、特定の価値観の伝播と浸透に特徴づけられる今日の現象を前に、ロシアが現代世界において意味のある存在となるためには、どうしたら良いか。この問いに対する答えとして、グローバル化がもたらす均質化、画一化に対し、ロシアが多様性の内包者としてあることを、彼らは一つの道であると見なしている。そして、それは同時に、アメリカ主導の一極化に対する抵抗ともなりえる、と読み替えているのである。

「統合」への視点

今日の「ユーラシア」概念には、おそらくは無意識のうちに前提となってはいても、明確に打ち出されていない点が一つある。それが、経済交流、交易に象徴される「統合」の場として「ユーラシア」地域を捉える観点である。

あるユーラシア主義者はこれを、こう論じた。

「ユーラシア世界の自然は、政治的、文化的、経済的な「分離志向」にとってもっとも適していない。……ヨーロッパとアジアではときとして、自分の居住地のみで生活することが可能であった。しかし、ユーラシアでそれが可能だったとすれば、歴史的には極めて短い期間である。……ユーラシアの自然は、ヨーロッパ、アジアよりも多く、人々に政治的、経済的統合の必要性を教えてくれる(19)」。

このようなユーラシア主義の主張は、「民族」や「国家」の名の下で世界が分断されていく第一次世界大戦後の国際状況を背景にして形成された。帝国崩壊後の中・東欧では、「一民族(一言語)一国家」のイデオロギーが力をもち、少数民族問題を始めとする様々な対立を内包したまま国家形成が進められた。西欧列強からの独立を志向する中東や南アジアの植民地諸地域においても、「民族」や「宗教」を単位とした国家建設のなかで、争いが生み出され、再生産されたことに変わりはなかった。ユーラシア主義が、多様性をもつ「統合」の場としてロシアを概念化した理由の一つは、まさにそのような国際状況に対する異議にあったのである。

今日、「ユーラシア」概念に地域協力の可能性を表象させることには、複雑化する国際関係のなかで、対立を再生産し続ける世界の分断化傾向への一批判としての意味が期待できるといえる。それは、ソ連崩壊後、それぞれに国家形成の進むＣＩＳ地域にも、あるいは、冷戦終焉後も冷戦構造をいびつな形で残す東アジア地域に対しても、あてはまる。

しかし、「ユーラシア」の名称を冠した地域協力構想や、今日の「ユーラシア」概念に、この観点を体現したものは少ない。考えうる理由としては、地域内でロシアが「統合」を主導することに対し、「統合される」側の反発を招きかねないということが挙げられる。ロシアによる支配に抵抗するＣＩＳ諸国も、さらには、「分離」を掲げる諸民族集団も、地域におけるロシアの「覇権主義」としてこれを警戒するであろうことは想像に難くない。もしも「ユーラシア」概念をもって「秩序」形成者の側から「統合」を訴えれば、これが将来的に問題化されることもあるだろう。

それにもかかわらず、今日の「ユーラシア」概念に積極的な意味があるとすれば、これが地域を結びつけ、「統合」することで、対立をもグローバル化してしまう国際関係のあり方に問題提起することにある。近代以降の国際関係の歴史は、地域が「国家」や「民族」「宗教」の名の下で分断される過程でもあった。グローバル化の到来で「国家の後退」が喧伝されても、国家が生んだ対立が消失したわけではない。むしろ、人々の禍根はそのままに、物資や人の移動、情報技術の発達が、現代世界における暴力の連鎖に加担してきたともいえる。「九・一一」同時多発テロがその最たる例であったことは言うまでもない。それだけに、地域の統合と再生によって、国家がもたらした分断性を克服することの意味は大きい。

かつて、ディアスポラとなり、アイデンティティの揺らぎを感じるなかで亡命者たちが思索した、ロシアという地域の独自性に関する思想には、統治者・為政者のそれとはまた異なる位相がある。地域における協力や協調を、中央政府や為政者の側からだけでなく、地方や「下から」の視点で捉え返す契機を得れば、ユーラシア主義者たちが提起した前記の要素が意味をもつ可能性もあろう。たとえば、カルムィクにおけるユーラシア論の展開は、モスクワ中央の動向に反応しつつ、それを自国の存在意義と結びつけて提唱した例である。[20] このような動きを再び中央が掬い上げるという中央-地方の相互関係が、新しい地域形成を促すわけである。ときには、分断ばかりではなく、国家が主導することによって、人々の生活世界と重なる地域枠組みが明確になる場合もあるだろう。そのうえで、もし「ユーラシア」概念が一理念として実を結ぶとすれば、それは地域協力の分野をおいて他にない。

おわりに

ロシアとアジアをともに含む地域概念である「ユーラシア」は、プーチン政権が展開してきた外交政策を背景に、とりわけ地域協力の文脈で頻繁に用いられてきた。指し示す地理的範囲も、そこで行われる協力の内容も多様な規定をされている。しかし、いずれにしても、プーチン政権下の「ユーラシア」概念が示すことは、経済的、あるいは安全保障上の地域協力を通じて、ロシアがアジアとの連帯を志向し、協力関係を着実に築きつつあるということである。それは、アジア太平洋地域とのつながり、中国やインドとの国家間関係の蓄積、ＣＩＳ諸国やイスラムとの協調の呼びかけとして、「ユーラシア」概念に反映されている。

そして、このような「ユーラシア」概念にとって、かつてロシアを「ユーラシア」と定義した人々の思想的営為から学べることがあるとすれば、それは二つの点にある。一つは、彼らが、通常地域協力の阻害要因と見なされる民族的多様性をこの地域の特徴として捉え直し、再評価したこと。そしてもう一つは、そこに、諸地域を結びつける「統合」の場としての価値を付与したことである。

前記のような「ユーラシア」はたんなるレトリックにすぎないと捉える向きもあるだろう。また、ユーラシア主義の主張は「民族主義的」で、ロシアの「大国願望」であると理解される場合もあるかもしれない。

しかし、それだけでは見落としてしまいかねないものもある。為政者が、統治、ときには操作の目的をもって特定の用語を使うことは、往々にして行われる。そのような「便利な」概念を再検討することの意味は、まずは観察者の側がこれに振り回されないようにすることにある。けれども逆に、それぞれの局面で変化する概念を固定的に捉えてしまっては、こうした概念に含まれる様々な可能性を看過しかねない。ときには、同一の概念に、為政者の政治的基盤を「下から」揺るがすような要素が含まれていることさえある。そして、今日の「ユーラシア」概念には、「秩序」形成者の利益に見合ったかたちでの「上から」の地域形成と、生活世界に根ざした「下から」の地域形成という、両方の契機が含まれている。「下から」の視点は、日常における経済交流や、グローバル化に抵抗する民族的多様性の主張にも潜在している。

確かに、実態としての「ユーラシア」地域の有無については賛否両論があり、依然として議論の余地があると思われる。協力関係の蓄積こそあれ、この地域において共通の「ユーラシア」アイデンティティが生み出されるにはまだいたらないかもしれない。しかし、かつて「アジア太平洋」という概念がトップ・ダウンでつくられ、今日のような定着をみたことを考慮すれば、[21] 地域概念が「上から」浸透する過程で、実態を伴うようになる可能性は否定できない。本章では、「上から」のロシアとアジアの関係構築の動向を、「ユーラシア」概念から読み取ることを試みた。「下から」の地域形成の動きについては、筆者の今後の課題としたい。

（1）資料は主に«Международная жизнь»と«Дипломатический вестник»を用いた。

（2）たとえば、伊東孝之「ロシア外交のスペクトラム――自己認識と世界認識のあいだで」伊東孝之・林忠行編『ポスト冷戦時代のロシア外交』(有信堂、一九九九年)、岩下明裕「ＣＩＳとロシア――選択的重層アプローチの形成と展開」田畑伸一郎・末澤恵美編『ＣＩＳ：旧ソ連空間の再構成』(国際書院、二〇〇四年)。

（3）Mark Bassin, "Russia between Europe and Asia : The Ideological Construction of Geographical Space," *Slavic Review*, Vol.50, No.1 (1991) ; David Kerr, "The New Eurasianism : The Rise of Geopolitics in Russia's Foreign Policy," *Europe-Asia Studies*, Vol.47, No.6 (1995) ; 廣岡正久「「ユーラシア主義」とロシア国家像の転換――スラブ国家からユーラシア国家へ」『ロシアナショナリズムの政治文化――「双頭の鷲」とイコン』(創文社、二〇〇〇年)、堀江則雄「ユーラシア主義の系譜とプーチン」『ユーラシア研究』第二七号(二〇〇二年)。

（4）このことは、地域概念一般についての議論にもあてはまる。当然、「地域」の捉え方は論者によって異なるが、本章では、国境にとらわれない「地域(region)」／国家の領域と一致する「地域(area)」／国家の枠組みのなかの(行政区分に基づいた)「地方(region)」と訳し分けることとする。地域概念については、たとえば、百瀬宏『国際関係学原論』(岩波書店、二〇〇三年)、一二一－一三八頁 ; Lothar Honnighausen et al., *Regionalism in the Age of Globalism*, Vol.1 (Madison, University of Wisconsin, 2005) など。

また、「ユーラシア」同様に、「アジア」も可変的概念である。これらは、実際に「どこ」というような固定的実態ではない。特定の領域範囲というよりはむしろ、一種の発想の型と言えよう。そこに通底する構図は、「ヨーロッパ／非ヨーロッパ世界＝アジア」というコントラストである。これを、一九世紀以来のロシアの知的伝統と捉えることも可能である。となると、「ユーラシア」の特色は、必ずしもこの構図のなかに収まりきらない点にある。

（5）中央アジア諸国間で模索されてきた地域協力については、たとえば、小松久男「試練のなかの中央アジア五カ国」百瀬宏編『下位地域協力と転換期国際関係』(有信堂、一九九六年) ; Timur Dadabaev, *Towards Post-Soviet Central Asian Regional Integration* (Tokyo, Akashi Shoten, 2004).

（6）例として、二〇〇三年四月二六日にタジキスタン大統領との会談後に出されたプーチン大統領の声明、http://www.kremlin.ru/text/appears/2003/04/43747.shtml(二〇〇五年九月一五日筆者閲覧)、二〇〇四年一月九日「カザフスタンにおけるロシア年」に寄せられた演説、http://www.kremlin.ru/text/appears/2004/01/58863.shtml(二〇〇五年三月三〇日筆者閲覧）など。

（7）Михаил Титаренко и Василий Михеев. Стратегия соразвития России и АТР, «Международная жизнь», №4, 2001, стр.78.

（8）Александр Лосюков. Россия и Шанхайский саммит, «Международная жизнь», №11, 2001, стр.26.

（9）Валерий Николаенко. Мир и стабильность в Евро-Азиацком регионе, «Международная жизнь», №2, 2001, стр.32.

（10）Михаил Титаренко. Россия, Китай, Индия в глобальном мире, «Международная жизнь», №6, 2002, стр.61.
　ロシアとインドが共有する空間を「ユーラシア大陸」と置き換える例は、二〇〇五年五月二四日に行われたアブドゥル・カラム・インド大統領との会談後のプーチン大統領の声明などにも見られる。http://www.kremlin.ru/text/appears/2005/05/88536.shtml（二〇〇五年九月一五日筆者閲覧）。

（11）Титаренко. Указ. соч., стр.60.

（12）Сергей Кортунов. Становление нового мирового порядка, «Международная жизнь», №6, 2002, стр.86.

（13）Василий Кривохижа. На пороге изменении в миропорядке, «Международная жизнь», №4, 2001, стр.37-39.

（14）一九九〇年代前半のロシアの外交理念をめぐる分析では、欧米を発展モデルと見なす志向を「大西洋主義」、「アジア重視」あるいはアジア諸国に加えて途上国とのつながりを重視する志向を「ユーラシア主義」と呼び、これを二項対立的に考えていた。一九九〇年代の議論に関しては、木村汎「ロシアと世界――「冷戦終焉」後におけるアイデンティティーの模索」伊東孝之・木村汎・林忠行責任編集『スラブの国際関係』（弘文堂、一九九五年）、小町恭士「新たなロシア外交の理念確立に向けての試み――一九九一～九三年の間の動きを中心として」『ロシア研究』第二一号（一九九五年）参照。

（15）Ю. И. Гладкий и А. И. Чистобаев. Регионоведение, Москва：Гардарики, 2003, стр.187.

（16）ユーラシア主義とその歴史的意義については、拙稿「N・S・トゥルベツコイのユーラシア主義――「国民国家」批判の視点に注目して」『スラヴ研究』（第五一号、二〇〇四年）、「P・N・サヴィツキーのユーラシア主義」『ロシア・東欧研究』（第三四号、二〇〇六年）。

（17）Пётр Савицкий. Евразийство (1925)//Континент Евразия, Москва：Аграф, 1997, стр.82-83.

（18）Николай Трубецкой. Верхи и низы русской культуры (1921)//Наследие Чингисхана, Москва：Аграф, 2000, стр.129.

（19）Пётр Савицкий. Географические и геополитические основы евразийства (1933)//Континент Евразия, стр.301.

（20）Caroline Humphrey, "'Eurasia': Ideology and the Political Imagination in Provincial Russia," in C.M.Hann ed., *Postsocialism : Ideals, Ideologies and Practices in Eurasia* (London, Routledge, 2002).

(21)　大庭三枝『アジア太平洋地域形成への道程——境界国家日豪のアイデンティティ模索と地域主義』(ミネルヴァ書房、二〇〇四年)。

第二部　中国との「戦略的パートナーシップ」の実相

第四章　中ソ関係正常化交渉に関する一考察——カンボジア問題をめぐる協議を中心に

石井　明

はじめに

二〇〇六年は中ロ間で「戦略協力パートナーシップ」というキャッチフレーズが使われるようになって一〇年になる。この言葉は、一九九六年四月、ボリス・エリツィン前大統領訪中時に中ロ両国間で初めて使われた。この言葉には軍事的なインプリケーションはない、非同盟、非対決、第三国に対抗するものではない、世界の勢力均衡を維持し、平和で安定した国際秩序を確立するためのもの——という説明がなされてきた。

中ロ間では、一九八〇年に中ソ友好同盟相互援助条約(一九五〇年代末には有名無実になっていたのだが)が三〇年の有効期間の終了時に廃棄されて以来、国家関係を規定する条約がなかった。二〇〇一年七月一六日、中ロ善隣友好協力条約が結ばれ、両国関係発展のための法的基盤が築かれた。両国とも、この条約を「戦略協力パートナーシップ」を新たな段階へと押し上げた、と評価している。

その後も中ロ両国は二国間関係の増進に努めるだけでなく、国際社会においても、国連安全保障理事会の常任理事国として、たとえばイランや北朝鮮の核開発問題等で共同歩調をとるなど、連携を強めている。しかし、中華人民共和国建国以来の中ソ・中ロ関係を振り返ってみると、緊張をはらんだ同盟関係から、面従腹背関係（中国からみて）、公然たる対立、そして長いにらみあいの期間を経て、関係修復が図られてきたことに気づく。

一九七九年四月三日、中国側は中ソ友好同盟相互援助条約の不延長通告をした際、同時に両国間で懸案となっている未解決の問題を解決し、両国関係改善のための交渉を開きたい、と提案した。筆者は、それ以来の中ソ関係の改善への歩みについて、一九八七年に検討したことがある。(1)両国が、決定的な相互不信の状況から抜け出すため、相手の出してくるシグナルを的確に読み取り、コミュニケーションを成立させ、関係改善に向かっていった過程を跡づけようとした。しかし、中ソ外務次官級協議の際に出された短いコミュニケなど数少ない材料を手がかりとしたもので、しかも一九八七年春までの状況しか分析していなかった。

本章はこの旧稿に手を入れ、分析のスパンを中ソ関係正常化が実現した一九八九年まで延ばし、旧稿発表後に公開された銭其琛《せんきしん》中国外相の回想録なども使って考察することとする。一九八二年以降の外務次官級の政治協議の解析を中心とするが、両国間でどんな問題について議論がなされ、それがどのように決着がつけられていったのかを明らかにしていきたい。この次官級協議の場で最大の争点となったのはカンボジア問題であったので、考察の重点はカンボジア問題に置かれる。一定の関係改善が進んだ後に再開された、同じく外務次官級の国境問題をめぐる協議は考察の対象としない。

なお、国際政治の世界では、冷戦的状況から抜け出し、緊張緩和を実現するために、「段階的交互的緊張緩和措置（ＧＲＩＴ：Graduated and Reciprocal Initiatives in Tension Reduction）」という方法が考案されている。一方が相手に対して一方的に小規模の友好的なジェスチャーを送り、相手が友好的な反応を示せば、やや規模を大きくしたジェスチャーを送り、その積み重ねで、相手とのコミュニケーションの回路をつくり、信頼関係を構築していくというものである。冷戦下、中華人民共和国と厳しい対立を続けてきたアメリカが対中関係を改善するのにこの方式を応用したといわれる。本章はある意味で、この「段階的交互的緊張緩和措置」のケース・スタディとも考えられよう。ただし、当時、中ソ両国の指導者はともに内心では相手方との関係改善を望んでいたのであり、どちらが先に和解のためのシグナルを送ったか、判断は難しいのだが。

一　三大障害の除去要求――「歴史問題」優先から「現実問題」優先へのシフト

一九八二年の外務次官級の政治協議に触れる前に、それまでの中国の対ソ・スタンスについて確認しておきたい。中国はかつて、国境問題の解決を中ソ関係正常化のための最優先課題であるとして執拗に要求していた。一九七八年二月二六日、華国鋒中国共産党主席(当時)は、第五期全国人民代表大会第一回会議での政府活動報告のなかで、中ソの国家関係改善のために、次の二点を要求していた[2]。

①なによりもまず、一九六九年の中ソ両国総理間の了解事項に従って、境界線の現状維持、武力衝突の防止、係争地区からの双方武装力の引離しについての取決めに調印したうえで、境界問題解決の交渉に入るべきである。

②モンゴル人民共和国と中ソ境界地帯から軍隊を撤退させ、一九六〇年代初期の状態に戻すべきである。

国境交渉は、かねてより中国側がソ連に対して両国が領有権を主張する「係争地区」の存在を認めるよう要求したのに対し、ソ連側が「係争地区」の存在自体を否定し続けたため、暗礁に乗り上げていた。このような中国側の主張は「歴史問題」優先論と名づけてよいであろう。一九世紀後半、不平等条約によって領土を奪われたとする中国側の主張と、不平等条約は存在せず、国境問題は解決済みというソ連の主張は大きく隔たっており、中国側がこうした「歴史問題」に固執するかぎり、中ソ関係の打開は極めて難しい状況にあった。

当時、中ソ関係の改善に向けて熱心にシグナルを送り続けたのはソ連側であったといってよいだろう。一九八〇年三月二五日、北京滞在中のミハイル・カピツァ(ソ連外務省第一極東部長)が中国外務省の于洪亮《うこうりょう》(ソ連・東欧局長)を表敬訪問した。カピツァの訪中は、当時はソ連大使館での内部協議のためと発表されたが、実は「ソ連がイニシアティブをとる」とのソ連共産党中央委員会決定(一九七九年一一月)に基づき(3)、関係改善のための糸口をつかむための訪中であった。

ソ連が次々に送った、関係改善に向けてのシグナルのなかで、特別な位置を占めるのがやはりレオニード・ブレジネフ(ソ連書記長)自ら発表したタシケント提案である。一九八二年三月二四日、ブレジネフ書記長兼最高会議幹部会議長は、タシケントでの演説で、いかなる前提条件もつけずに、互いの利益の相互尊重、相互内政不干渉、互恵に基づいて、そして第三国に損失を与えることなく、ソ中双方に受け入れられる改善措置について合意する用意がある、と述べた(4)。

この演説に対し、二日後の二六日、中国外務省スポークスマン銭其琛(後の中国外相、副首相)が、ブレジネフ最高会議幹部会議長のタシケントでの中ソ関係についての発言に留意する、と述べた。銭其琛は続けて、われわれは発言中の、中国に対する攻撃に関しては断固として拒否する、中ソ両国関係および国際的なことがらにおいてわれわれが重視するのはソ連の実際の行動である、と述べた(5)。ブレジネフの肩書きについては書記長を外し、共産党レベルでの接触の意思はないことを明らかにしつつも、それまでの同様の呼びかけに対する拒否、あるいは黙殺を避け、「留意」という言葉を使って、メッセージを受け取ったことを、ソ連側に伝えたのである。

銭其琛は後に、外務省スポークスマンとしての声明が鄧小平直々の指示に基づくものであったことを明らかにしている。鄧小平が外交部に電話をかけてきて、ブレジネフの演説に反応を示すよう指示してきた、というのである(6)。この声明は翌二七日の『人民日報』の第一面の中段に載った。短いけれども重要な声明であることを示す

ためであった。(7)

銭其琛の回想によると、一九八二年夏、鄧小平は、数名の中央の指導者および外務省の主要な指導者を自宅に招いて、会議を開いた。陳雲、李先念ら古参の中央の指導者が参加し、銭其琛も外務省のソ連・東欧を主管する次官として列席した。その際、鄧小平は「大きな行動をとって、ソ連にシグナルを送り、中ソ関係の大きな改善を勝ち取らねばならない。しかし、中ソ関係の改善には原則がなければならず、その条件とはソ連がことを成し遂げることだ。そこでソ連が自発的に「三大障害」を解決するよう提起する、すなわち、中ソ国境地区およびモンゴル人民共和国からの撤兵、アフガニスタンからの撤兵、ベトナムに勧告してカンボジアから撤兵させることだ」と述べ、皆、鄧小平の考えに同意した。(8)

この内部的な会議で、ソ連に対する「三大障害」の除去要求を提起することが決まったと考えてよいが、このことは中国指導部が「歴史問題」――国境問題解決要求の優先順位を下げたことを意味している。短期間の交渉では解決が難しい「歴史問題」を交渉の議題から切り離し、中国の安全保障に脅威を与えていると中国が認識している問題、すなわち「現実問題」を中心に交渉するという「知恵」がどこから出てきたのか、よくわからないのだが、いずれにせよ、それ以後、両国は国境・領土をめぐる不毛な応酬から解放されて、国家関係の正常化に取り組めるようになるのである。

そうすると、次の課題は、この新要求をソ連に伝達することであり、陳雲がどのような方式でシグナルを送るか、という問題を出した。鄧小平は外部世界の故なき憶測を引き起こさないようにするため、外務省のソ連・東欧局長を大使館の活動視察という名目でモスクワに派遣し、同時にワルシャワにも行かせるのが良い、と提案した。(9)

八月一〇日、于洪亮ソ連・東欧局長がモスクワに出発した。それに先立ち、銭其琛らは、鄧小平の指示に基づいて口上書を起草した。モスクワに着くと、于洪亮局長は中国大使館でレオニード・イリイチョフ外務次官に対し、次のような中国語で一〇〇〇字余りの口上書を暗誦した。中国関係を主管するカピツァ第一極東部長が同席していた。

「中ソ両国関係が不正常な状況になってすでに長い年月が経ったが、中ソ両国人民はこのような状況が長く続くのを見ることを望んでいない。今や中ソ関係を改善するためにことを成すべきときである。むろん問題を一朝にして解決することは不可能だが、中国側は、中ソ双方がともに関係改善の誠意をもちさえすれば、完全に協議を通じて、一歩一歩、公正で合理的な解決を実現することができると考えている。中国側は、まずソ連がベトナムに勧告してカンボジアから撤兵させることから始めるよう提案するが、両国関係に影響を与えるその他の問題、たとえば中ソ国境地区の武装力を減らすことから始めてもかまわない。それと同時に、双方は関係各方面がともに受け入れることのできる解決方法を探し出して、モンゴル人民共和国からソ連が撤兵する問題を解決することを考慮すべきである。中国側はアフガニスタン問題に関しても合理的な解決方法を探し出すよう望んでいる。総じていえば、双方が高い見地に立ち、長期的な見通しをもち、二大隣国に善隣関係を回復させるという誠意をもち、一つか二つの重要な問題の解決から着手しさえすれば、両国関係に新たな局面を開くことができる。意見交換の形式については、双方が協議すればよい(10)」。

「三大障害」について、まずカンボジア問題から言及を始めていることに気づく。一九七八年一二月、ベトナム軍はカンボジアに侵攻し、翌七九年一月、カンボジア人民共和国（ヘン・サムリン政権）の樹立を支援した。中国はベトナムが「大覇権主義」（ソ連）の支援の下で「小覇権主義」を実行している、と捉えた。ベトナムの背後にはソ連がいる、というわけである。

それはともかく、銭其琛によると、イリイチョフは中国側のシグナルの意味を察知できなかったようだが、

「中国通」のカピツァは口上書のなかに新味が含まれていることに気づき、このような重大な問題はわれわれでは解決できないので、政治局と最高指導部に報告すると述べた、という。(11)

この会見の後、于洪亮はワルシャワに向かい、今回の出張の目的がモスクワに来ることではないことを示した。これはソ連に回答を準備する時間を与えるためでもあった。八月一八日、于洪亮がモスクワに戻り、再度、イリイチョフに会うと、イリイチョフは中国側の考え方は中央に伝えてあり、ソ連側は正式回答をするであろう、と伝えた。正式回答は八月二〇日、ソ連の第一外務次官ビクトル・マリツェフから中国大使館の馬叙生《ばじょせい》臨時代理大使に伝えられた。馬叙生に手渡された覚書には、いかなるとき、いかなるところ、いかなるレベルであっても、「関係正常化の障害を除去するために」、ソ中のバイラテラルな関係の問題を討論したい、と記されていた。(12)

「バイラテラルな問題を討論したい」ということは、第三国が関係する問題を討議する意思はない、という趣旨に受け取れるが、中国側は、ソ連側も「障害を除去する」という同じ文言を使っており、中国側が送ったシグナルに対する反応は積極的である、と判断した。鄧小平は銭其琛と帰国した于洪亮を自宅に招き、報告を受けると、直ちに中ソ交渉の再開に同意するとの決定を下した。(13)

その直後、九月一日、中国共産党第一二回大会の政治報告で、胡耀邦は中ソ関係に触れ、アジアの平和と中国の安全に対する脅威となっているソ連の覇権主義政策について、次の三項目を挙げた。(14)

①ここ二〇年近く、ソ連は中ソ国境と中国・モンゴル国境にずっと大軍を集結してきた。

②ソ連はベトナムを支持して、カンボジアを侵略・占領させ、インドシナと東南アジアで拡張を行わせ、わが国の国境地帯で絶えず挑発を行わせてきた。

③ソ連はまた中国の隣国アフガニスタンを武力侵略した。

そのうえで、胡耀邦は中ソ関係改善の可能性を示唆して、次のように述べた。「われわれは、ソ連の指導者が一再ならず中国との関係を改善したいと表明していることに留意している。だが、重要なのは言葉ではなく、行動である。もしもソ連当局が確かに中国との関係を改善したいという誠意をもち、しかもわが国の安全への脅威を取り除く実際的措置を取るなら、中ソ両国の関係は正常化に向かう可能性がある」[15]。

この胡耀邦報告によって、外部世界は初めて中国がソ連に対して三大障害の除去要求を提起したことを知った。胡耀邦報告が世界に報じられているとき、中ソ間ではすでに、関係正常化交渉を再開することで合意ができていたのである。来るべき正常化交渉での議題はもはや「歴史問題」ではなく、アジアの平和と中国の安全に対する脅威となっていると中国が見なしている問題――「現実問題」にシフトしていたことは確認しておかねばならないだろう。

二　第一回次官級協議

中ソ次官級協議(中ソ双方とも「交渉」という言葉は使わず、「協議」と呼んだ)のソ連側代表イリイチョフ外務次官は一九八二年一〇月四日、北京入りした(中国側代表は銭其琛外務次官)。協議は一〇月五日に始まり、二一日に終了している。その間、六回、会談が行われた。この協議内容については漏らさないという合意ができていたが、翌一九八三年二月二四日北京発共同電は、同年二月、第二回中ソ次官級協議の直前、中国側が第一回協議の席上、銭其琛がカンボジア問題解決のための五項目提案をしたことを明らかにした[16]。

①ソ連はベトナム支持をやめ、ベトナム軍のカンボジア地域からの自主的撤退を促す。

②ベトナム軍の撤退期間については、カンボジア駐留の現状などから多少の余裕は認める。しかしあまり長期は認められない。

③ベトナム軍の撤退が実現すれば、中国は進んでベトナムとの間に話し合いの場を設け、関係改善に最大限取

り組む。あわせて中ソ関係改善にも前進的態度をとる。

④ベトナム軍撤退後のカンボジアの政治体制、社会体制はカンボジア自身の民族自決権に任せるべきだ。

⑤カンボジアに関係する各国は以下の五項目の保障を確認すべきだ。(i)内政干渉はしない。(ii)自主独立・中立・非同盟の立場を尊重する。(iii)カンボジアを侵略の対象としない。(iv)国連軍監視下で行われる選挙結果を尊重する。(v)これらの保障は国際的に認めるべきだが、とくに中国、ソ連、ベトナムはこの保障に積極的に加わる。

中国当局者はこれら五項目のうち、③の「ベトナム軍の撤退」については、「必ずしも撤退完了を指すものではなく、撤退の動きが確実になればよい」との柔軟な姿勢を示したといわれ、また④の「ベトナム軍撤退後の政治体制」については、中国としてはカンボジアが「自主独立・非同盟の国となり、選ばれる政府は各級各層を代表する勢力を吸収した連合政府を期待する」と説明した、といわれる。[17] この中国側提案に対し、ソ連はいちおうもち帰って検討するとは答えたものの、カンボジア問題は第三国がからむ問題で、中ソ二国間協議で取り上げるのは適当ではないとの原則的立場を強く主張した、といわれる。[18] 共同電は、中国がカンボジア問題についてこうした具体的な提案をしていたことは、中ソ間の障害のうち、カンボジア問題の解決を中国が当面最も重視していることを示している、というコメントを付していたが、[19] 的確な指摘であった。

銭其琛の回想によれば、協議に臨む中国側の方針は次の通りであった。すなわち戦略全局に立脚し、原則的立場を堅持し、とくに力を入れてソ連が真剣にことを行い、ベトナムのカンボジア侵略に対する支持を停止し、ベトナムのカンボジアからの撤兵を促すという要求を提起する、というものだった。[20] 中国側が三大障害の除去要求、とりわけカンボジア問題の解決を最重要課題としてもち出したことは疑いない。

これに対し、イリイチョフはできるだけ三大障害の議論を回避しようとし、反論してきたが、その主要な論点は次の三点であった。[21]

①中国側が協議に「先決条件」をもち出してきた。

②中ソ関係正常化は「第三国の利益を損なうべきではない」。

③ソ連側は「これまで中国に脅威を与えたことはない」。

そのうえで、中ソ関係の基礎となる文書をつくり、まず経済貿易、科学技術、文化などの領域での関係改善と発展を促すことについて協議をまとめたい、とイリイチョフは主張した。

銭其琛は、三大障害の提起は「先決条件」を出したことになる、という主張に対しては、次のように反駁した。[22]中国側が提起したのは、討論を希望する問題を出したのであって、先決条件などではない。もしも事前にこれこれの問題は討論できるが、他の問題は討論できないと決めるなら、それは客観的には先決条件をおいたことに等しい。協議の過程においてすべての問題について制限することなく討論するのであり、これはまさしく先決条件がないことの現れである。

「第三国の利益を損なわない正常化」という主張に対しては、銭其琛は次のように反論した。[23]ソ連の特使（イリイチョフ）は最初の発言で、中国とソ連はともに大国であり、中ソ両国の関係はアジアと世界の情勢に影響を及ぼす。そうだとすれば、協議において第三国にかかわることが必ずあるだろう。問題は、これらの国家の利益を損ない、これらの国家との関係改善に不利となるのか、それともこれらの国家の利益に有利となり、これらの国家との関係改善に有利となるかだ。中ソ関係の改善は第三国に損害を与えるべきではないという言い方は全面的ではない。われわれは原則としては、すべての第三国の利益に損害を与えない、ということを主張する。

中国に「脅威を与えてはいない」という論点に対しては、銭其琛は次のように反撃した。[24]ソ連は、中ソ国境、共通の隣国モンゴル人民共和国およびアフガニスタンに大軍を駐屯させており、多くの現代化した武器を装備した軍隊がわれわれの前に配置されており、実際に威嚇を感じている、と。

銭其琛はここで、三大障害の除去はどこから手をつけるべきか、という問題について重点的に述べる。まずベトナムがカンボジアから軍隊を撤退させる問題の解決から始めるべきで、これは必要であり、可能だと指摘したうえで、その理由について述べる。(25)

①なぜ重要か。ベトナムがソ連の支持の下で軍隊を派遣してカンボジアを占領していることは、カンボジア人民に重大な災難をもたらし、ベトナム人民にも苦しみと犠牲をもたらし、東南アジア地域の平和と安寧が戦火によって破壊されているだけでなく、中国の「不安全感」を増やし、悪化している中ソ関係をさらに緊張させ、先鋭化させ、複雑にしており、中ソ関係正常化にとって新たな重大な障害となっている。できるだけ早くベトナムがカンボジアから軍隊を撤退させる問題を解決することは、東南アジアの平和と安全を守るうえで差し迫って必要であり、中ソ関係正常化を実現させるうえでの鍵となる段取りである。

②なぜ現実的に可能なのか。周知のようにインドシナ地域でソ連が行っているのはベトナムのカンボジア出兵を支持していることだけではない。ソ連側は注意を払うべきだ――われわれはソ連側に苛酷なことを求めているわけではなく、今、われわれが提起しているのはソ連が自己の影響力を行使してベトナムがカンボジアから軍隊を撤退させるのを促すということだけだ。ここには、ソ連自身が一兵卒をも撤兵させるという問題は存在しないし、別の問題にかかわることもない――われわれはソ連側に別のことをするよう求めることもできるのだが。中国側によるこのように情にかなない、合理的な主張に、ソ連側は積極的な反応をすべきだ。ソ連が、ベトナムにカンボジアからの軍隊撤退を促すうえで、能力と手段を擁していることは皆、わかっている。ソ連側が冷静に利害得失を考え、遠い見通しをもって政治的決断をするとともに、必要な措置をとれば、問題を解決することは難しくない。

中ソの相互関係の原則を定めた文書を作成すべきだとの主張に対しては、銭其琛は次のように中国の主張を説明した。現段階の双方の最も差し迫った任務、言い換えれば双方の主要なエネルギーは両国関係発展の障害を除去するという実際の活動を着実に行うことにおかれるべきであり、将来、両国関係についての文書をつくるための条件を創出することである。(26)

結局、第一回協議は三大障害の除去問題に関しては実質的な進展を見ず、協議を継続することに合意して終了した。その後、一九八三年二月一〇日、呉学謙外相は内外記者会見の席上、次官級協議では大きな問題では意見の一致をみることができなかった、と述べた。(27)「大きな問題」とはカンボジア問題を含めた三大障害の除去要求を指しているとみてよいであろう。なお、呉学謙は、討論の雰囲気はよく、冷静で、理性的であった、と言い添えている。(28)

なお、カンボジア問題に関しては、第一回協議が終了してしばらく経った一九八二年一一月一〇日、『プラウダ』がフセボロード・オフチンニコフ評論員の「ぶざまな立場」と題する論評を掲げ、中国の立場を批判している。この記事は、中国の新聞記事がカンボジア情勢とカンボジアとソ連・ベトナムの関係をゆがめることにより、挑発的な陰謀を正当化していると指摘するとともに、中国の指導者が帝国主義的反動と結託して、カンボジア人民の利益を考慮しないのは理解に苦しむ、と指摘していた。短い論評だが、れっきとした『プラウダ』評論員の署名入り記事であり、ソ連側がカンボジア問題に関して、中国の主張に批判的であったことを改めて印象づけている。

三　第二回次官級協議

前述の通り、一九八二年、中国指導部は中ソ関係の正常化実現のために、「歴史問題」優先の立場から「現実問題」優先の立場にシフトし、領土・国境問題の解決要求の優先順位を下げた。しかし、ソ連側は当初、中国側の政策変更のもつ意味を測りかねていたようである。

一九八三年に入り、ソ連の『新時代』(第三号)が「観察者(オブザーバー)」という署名の「これは何のためか」と題する論文を掲載し、中国の国境問題についての主張に批判を加えた。この論文は、中国では以前からロシアおよびソ連による土地の「占拠」とかロ中(現在のソ中)国境を画定した条約の「不平等性」という、現実にはふさわしくない見解を出した論文などが系統的に広められており、そのような見解の「科学的論証」を試みていると指摘し、これらすべては、ソ連に対する領土的要求の表明というより他に言いようがない、と述べている。

この論文はさらに、ソ中両国は一九六九年以来、国境交渉を行ってきており、交渉の相手方に属する領土に関するこじつけの「歴史的調査」を広めるよりは、この交渉の継続に専念する方が論理的ではないだろうかと述べ、ソ連側は変わることなく国境交渉の継続に賛成している、と指摘している。そのうえでこの論文は、遺憾なことに中国の立場は異なっていると指摘し、中国側は最近にいたるまで多年、国境問題の解決はこれからのソ中関係の発展がかかっている鍵となる問題であると見なしてきたが、今や国境交渉は差し迫った問題ではなく、別の問題に優先順位を譲っていると見なしていると述べ、「全体としてみると、中国側は正常化の過程を遅らせるための「確実な」便法として、国境問題を「留保している」ように見える。このため国境問題の解決は、ソ連に対する領土要求にとって代られたのである」という見方を示している。要するに、中国側は国境問題の解決要求を後ろに下げ、領土要求を前面に出してきている、という見方である。

これに対して、中国の『世界知識』(一九八三年第三号)が、巻頭に「『世界知識』評論員」という署名の「『新時代』誌の「観察者」に答える」と題する評論を載せて、反論した。この評論の内容は、「中国政府は再三、次のように声明している。中国はソ連にいかなる領土要求ももっておらず、一連の不平等条約によりツァー・ロシアに奪い取られた領土の返還を要求してはいない。現実の状況に照らし、これらの条約を基礎に、平和的交渉により国境問題の平和的解決を図るべきだ」というものであった。この評論はさらに、中ソという二つの偉大な隣国は仲睦まじくしなければならないと述べ、双方の努力によって次官級の協議が始まったことを取り上げ、これは良いことだ、と評価し、このような時期に『新時代』誌が、中国政府の国境問題における原則的立場をいわれなく攻撃したことについて「これは何のためか」と問わざるをえない、と記している。

『新時代』誌はソ連外務省の要員が、『世界知識』誌は中国外務省の要員が、それぞれ執筆陣に加わっていると伝えられる国際問題専門誌であり、この論戦は両国の外務省関係者の国境問題をめぐる応酬であった、と考えられる。『世界知識』誌だけでなく、『新時代』誌も前年一〇月の次官級協議を評価し、中ソ関係改善の希望を表明しており、好転してきた両国間の雰囲気をこわさないよう言葉使いに配慮したうえでの論争であった、と考えられる。(29)

さて、第二回中ソ次官級協議に参加する中国政府代表団(団長は銭其琛次官)は、一九八三年二月二七日、北京を発ってモスクワに到着した(三月二日、北京に帰着)。協議は三月一日より一五日まで行われた(ソ連側カウンター・パートは前回同様イリイチョフ次官)。

前述した通り、第二回協議が開始される一週間前、北京での第一回協議の際、銭其琛がカンボジア問題解決のための五項目提案を出していたことが明らかにされた。中国側は、これとほぼ同趣旨の五項目提案を、第二回協議の初日にあたる三月一日に中国外務省声明として提出している。(30)

第二回次官級協議でどのような議論がなされたか。銭其琛も明らかにしておらず、詳細はわからないのだが、協議終了から一カ月経った四月一五日、呉学謙外相がウェリントンでニュージーランドのテレビ記者と会見した際、中ソ関係に触れ、中ソ間の各種の障害を取り除く問題を双方で協議するにあたって、中国としてはまず、べトナムのカンボジア侵略に対する支持をやめるようソ連側に求めたことを明らかにした。[31] 第二回協議でも中国は三大障害のなかで、まず第一にカンボジア問題の解決を求めるという姿勢をとっていたのである。

なお、この記者会見で呉学謙は、全般的に両国の話し合いの雰囲気は良く、話し合いは有益であり、続けていく用意がある旨、およびこれまでのところ双方の間に大きな意見の食い違いがある旨、述べている。[32]

四　第三回〜第一二回次官級協議

その後も毎年二回(春と秋に)、両国の首都で交互に次官級協議が開かれた。第三回以降は短いながらも共同コミュニケが出されるようになった。協議の評価、雰囲気などについての表現は次のように変わってきた(ソ連側代表は第八回まではイリイチョフ次官、第九回以降はイーゴリ・ロガチョフ次官。中国側は銭其琛次官が長く代表を務め、第一二回は田曾佩《でんそうはい》次官)。

第三回(一九八三年一〇月六〜二〇日、北京)[33]

「穏やかで率直な雰囲気」「協議は有益」

第四回(一九八四年三月一二〜二六日、モスクワ)[34]

「率直かつ穏やかな雰囲気」「協議開始以来、互恵の基礎のうえに経済、貿易、科学、文化、スポーツの分野における関係、往来が増加している」「協議は有益」

第五回(一九八四年一〇月一八日〜一一月二日、北京)[35]

「率直かつ穏やかで実務的な雰囲気」「平等互恵の基礎のうえに経済、貿易、科学、技術、文化、スポーツおよびその他の分野における関係、往来をいっそう拡大させることを希望」「協議と対話は有益」

第六回(一九八五年四月九〜二二日、モスクワ)[36]

「率直かつ穏やかで実務的な雰囲気」「政治、経済、貿易、科学技術、文化などの分野における関係、往来を拡大させることを希望」「協議と対話は有益」

第七回（一九八五年一〇月四～一八日、北京）[37]

「率直かつ穏やかで実務的な雰囲気」「両国間の多方面にわたる関係と接触が拡大された」「政治、経済、科学技術、文化およびその他の分野における関係をいっそう改善し、発展させることを希望」「協議と対話は有益」

第八回（一九八六年四月七～一四日、モスクワ）[38]

次回協議に関する文言（一九八六年一〇月、北京で開催）以外は、第七回協議コミュニケと同文。

第九回（一九八六年一〇月六～一四日、北京）[39]

「実務的かつ率直な雰囲気」「政治、経済貿易、科学技術、文化などの分野の関係、およびともに関心を寄せる重要な国際問題と地域問題について意見を交換」「双方は両国関係をさらに改善、発展させたいとの心からの願いを重ねて表明」「協議と対話は有益」

第一〇回（一九八七年四月一四～二〇日、モスクワ）[40]

「実務的かつ率直な雰囲気」「両国関係の正常化、地域衝突およびともに関心を寄せるその他の問題について、突っ込んだ討議をした」「政治、経済貿易、科学技術、文化、およびその他の分野の接触状況について意見を交換」「両国関係をさらに改善し、発展させるために努力する意向を重ねて表明」「協議と対話は有益」

第一一回（一九八七年一〇月五～一六日、北京）[41]

「率直かつ穏やかで実務的な雰囲気」「ここ五年来の各分野における連携、交流の状況を総括し、この面における協議の有効な役割を指摘」「全世界およびアジア・太平洋地域の安全を保障するという差し迫った問題についての意見を交換」「カンボジア問題の政治解決の方途について、それぞれの立場を詳しく述べ合った」

第一二回(一九八八年六月一三〜二〇日、モスクワ)[42]

「実務的かつ率直な雰囲気」「前回の協議以来、両国は多くの分野の交流と連携において発展をみたが、この面ではなお少なからぬ可能性がある」「カンボジア問題について重点的に討議し、それぞれの立場を詳しく述べ合った」「アジア・太平洋地域の情勢の問題を含め、一連の国際問題について意見を交換した」

これらのコミュニケ上の表現の変化から、中ソ間の各分野における接触・交流が次第に拡大していったことがうかがえる。「率直」とは、双方の主張の食い違いが比較的多いという外交用語であり、第一二回協議のコミュニケにいたるまで毎回、登場する。しかし、第五回協議のコミュニケからは、「友好的」というほどではないが、懸案を前向きに処理しようとする「実務的」という言葉が加わり、第九回協議のコミュニケでは「率直」が後退し、「実務的」が前に出た。これをもって中ソ間の食い違いが幾分か減少し、関係が良好になってきたことの反映と見なすことができよう。また、第六回協議のコミュニケからは「政治」についての言及が加わっており、政治関係も密接にしていこうということで合意ができていることがわかる。第六回協議のコミュニケから「スポーツ」が見えなくなったのは、スポーツ交流が日常茶飯事となったからであろう。

ところで、この一連の次官級協議で、中ソ関係の正常化を推し進めるうえで転機となったのが第九回協議(一九八六年一〇月)であった。同協議のコミュニケに「ともに関心を寄せる重要な国際問題と地域問題について意見を交換」という文言が含まれていることに注目しなければならない。ソ連側が態度を変更し、カンボジア問題を含めた三大障害についての討議に同意したことを示しているのである。協議終了直後の一〇月一五日、ロガチョフ次官は北京空港で記者団の質問に答え、「双方はインドシナ問題について討議した」と述べ、さらにカンボジア問題は解決されたかという質問に対しては「この問題は一ラウンドの会談で解決するのは難しい」と答えている[43]。また、銭其琛も記者団からカンボジア問題討議の状況について尋ねられたのに対して、「ソ連側は現在カンボジア問題の討議に同意しているが、彼らの立場に何らかの実質的変化があったとは見られない」と答えている。[44] 双方は同じテーブルでカンボジア問題について討議したにとどまり、実質的な歩み寄りがあったとは見られない。しかし、この第九回協議が膠着状況にあった関係正常化交渉に「突破」をもたらしたことは疑いない。

後に銭其琛は、「両国関係を根本的に改善するうえでの基礎である三大障害を取り除くことを堅持したが、ソ連の三指導者——ブレジネフ、アンドロポフ、チェルネンコ——はともに肝心な点を避け、「三大障害」を回避し、経済貿易の発展・相互往来の増加を通じて、いわゆる両国関係の正常化を実現しようとした。ゴルバチョフも登場した初期は、「三大障害」問題の克服へと足を踏み出す考えはなかった」と回想している。[45]

では、どのような経緯を経て、ソ連側はカンボジア問題についての討議に同意したのだろうか。中国側は、一九八五年にソ連共産党書記長となったゴルバチョフへの働きかけを強めていた。一九八五年一〇月九日、鄧小平はルーマニアのニコラエ・チャウシェスク大統領と会談した際、中ソ関係正常化問題を解決し、三大障害を除去するにはまず、ベトナムがカンボジアから軍隊を撤退させる問題から始めねばならず、この問題が解決しさえすれば、他の問題は解決できる、と述べた。鄧小平は、中ソ関係の「突破」を図るため、中ソ首脳会談を開くという構想を初めて提起し、チャウシェスクにゴルバチョフに次のようなメッセージを伝えるよう依頼した——もし、ソ連がわれわれとの間で、ベトナムにカンボジアから軍隊を撤退させることで諒解ができ、しかも実現できれば、ゴルバチョフに会いたい、と。鄧小平はこのとき、自分の外国訪問の使命は終わっているが、この問題のため慣例を破る、とも述べている。[46] 中ソ関係の正常化のためなら、老軀に鞭打ってでも訪ソする、というのである。

銭其琛によると、ソ連側の返事を一一月六日に受け取り、二三日にはソ連側は、ソ中が首脳会談を開き、党関係を回復させる時期は成熟しているとして、両国の最高指導者がソ連の極東地区あるいは中国領内で会談し、ソ中関係正常化問題を討論するよう提案してきた。[47]

すでにソ連側では、一九八二年三月二四日、ブレジネフがタシケント演説のなかで、「われわれは、中国における社会主義体制の存在を否定してこなかったし、今も否定していない」と述べていた(48)。この一節は、ソ連国内での中国の社会体制をめぐる議論(中国は社会主義から逸脱しているか否か)に決着をつけ、改めて中国が社会主義国であると認定したものであった。一方、中国側も一九八五年三月一三日、コンスタンチン・チェルネンコ書記長の葬儀参列のため訪ソ中の李鵬副首相(当時)がゴルバチョフ新書記長と会談した際、ソ連が「社会主義建設事業」において勝ち取った巨大な成果に祝意を表し(49)、以後、中国は公式にソ連を社会主義国と呼ぶようになった。中ソともに相手国を同じ社会体制の国と認めあうようになっており、確かに党関係を回復させるべき時期にきていたことは疑いなかろう。

しかし、中ソ首脳会談がすぐに実現したわけではなかった。一九八六年七月二八日、ゴルバチョフはウラジオストク市で行われた、同市へのレーニン勲章授与式典での演説で、ソ連はいかなるとき、いかなるレベルであっても、中国と善隣関係を築くため「一歩進んだ措置」をとることを討論したい、と述べた。ゴルバチョフは中ソ・中蒙国境のソ連軍については「ソ連軍部隊のかなりの部分をモンゴルから撤退させる問題をモンゴル指導部と検討中である」と述べ、アフガニスタンのソ連軍に関しては「アフガニスタン政府と協議してソ連指導部は、一九八六年末までにアフガニスタンから六個連隊を本国に帰還させるとの決定を採択した」と述べた。カンボジア問題に関しては、ベトナム・カンボジア問題は中国とベトナムの関係正常化の過程で解決が図られるべきものであり、中越双方の問題であるから、ソ連としては中越が対話を回復するのを希望するだけだ、という立場を表明した。さらに、中ソ国境の問題に関してゴルバチョフは、「遠くない将来、われわれを隔てている(結びつけているといいたい)国境が平和と友好の地帯となることを希望している」「公式に国境は主要航路を通ることとなろう」と述べた(50)。中国側の川岸が国境だというそれまでの立場を放棄し、川の主要航路の中心線が国境となるという中国の主張を受け入れ、ソ連側から国境問題解決のためのイニシアティブをとったのである。

中国側は、ソ連側の立場には重要な変化があると判断し、国境交渉の再開に同意した。一九八六年一〇月の第九回次官級協議の際、モスクワで外務次官級の国境交渉を再開し、交渉を両国の首都で交互に行うことで合意した(51)。中ソ関係の一定の改善のうえに立ち、政治協議とは切り離した形で国境交渉を進めることにしたのである。実際、再開された中ソ国境交渉は一九八七年二月九〜二三日、モスクワで行われ、以後、両国の首都で交互に開かれ、国境の画定交渉を進めていった。

しかし、中国側はゴルバチョフのウラジオストク演説の積極面は評価しつつも、三大障害の除去要求とはなお距離があり、とりわけベトナムのカンボジアからの撤兵に言及していないことが不満であった。それこそが鄧小平がチャウシェスクを通じて伝えた伝言の核心であったからである。

そこで、鄧小平は一九八六年九月二日、アメリカのＣＢＳテレビとのインタビューに応じた際、次のように自らの主張を改めて明確に述べた(52)。

「三大障害の中心はベトナムのカンボジア侵略である。中ソ両国は現実に紛争と対立の状態にあるからだ。ただこれはベトナム軍と中国が対立するという形をとっている。もしソ連がベトナム軍のカンボジア撤退を援助できるなら、中ソ関係の主要な障害は除かれる。この問題が除かれれば、私はゴルバチョフ氏と会う用意がある」。

このような経緯を経て、前述の通り一九八六年一〇月の第九回協議の際、ソ連側がカンボジア問題の討議に同意したのである。

五　政治協議の最終段階——カンボジア問題の解決へ

ソ連はアフガニスタンからの撤兵を決定後、一九八七年四月よりモンゴル駐留ソ連軍の一部撤兵を始めた。以後、ソ連は三大障害のうち、残されたカンボジア問題の解決に以前より積極的となった。第一〇回協議のコミュニケの「地域衝突」にはカンボジア問題だけでなく、アフガニスタン問題も含まれており、同協議終了後、一九八七年四月二一日、北京空港に帰着した銭其琛は記者会見で、カンボジア、アフガニスタン問題についても詳細に話し合ったことを明らかにしている(53)。

次の第一一回協議のコミュニケで初めて「カンボジア問題」という言葉が明記された。一九八七年一〇月一六日、銭其琛は北京空港でロガチョフを見送った際、記者団の質問に答え、「今回、双方はカンボジア問題を詳細に討議し、ソ連側はカンボジア問題の政治解決のために自らの努力を払いたいと表明した。しかし、どのようになるかは今後をみなければならない」と述べた(54)。コミュニケのなかの、カンボジア問題の政治解決の方途について「それぞれの立場を詳しく述べ合った」という表現は、双方の見解になお大きな食い違いがあることを示す外交用語である。鄧小平のCBSテレビとのインタビューでの発言に見られるように、中国側は、ベトナム軍のカンボジアからの撤退を首脳会談の前提としていたのに対し、ソ連側は首脳会談を通じて解決すべき問題の一つと見なしていたのである。

翌年、一九八八年六月の第一二回次官級協議のコミュニケは、カンボジア問題について重点的に討議し、それぞれの立場を詳しく述べ合った、と記している。実は、ソ連側が協議の席上、カンボジア問題に絞った協議を行いたいと提案したのである。中国側はソ連がベトナムに対してよりいっそうの影響力を行使するのを推進させるために、ソ連の提案を受諾することを決めた(55)。

第一二回次官級協議終了直後、七月一日、中国外務省はカンボジア問題についての声明を出した。この声明は、カンボジア問題解決の鍵は、ベトナムができるだけ早く、カンボジアから全面的に撤兵し、カンボジア人民が外からの干渉を受けないという状況下で、自らの命運を自ら決めることである、という従来の主張を繰り返している。そのうえで、ベトナム軍撤兵のタイムテーブル（時間表）の提出、ノロドム・シアヌーク殿下の主宰する四派臨時連合政府の樹立、自由選挙の実施などを提起している。[56]

一九八八年八月二七日～九月一日、北京で田曾佩次官とロガチョフ次官がカンボジア問題についての協議を行った。この協議で食い違いが解消されたわけではなかったが、一定の内部了解に達した。銭其琛は、ソ連側は当時、確かに内政・外交の必要性から、カンボジア問題という重荷を早くおろし、中ソ関係の改善を進めて首脳会談を実現したいと願っていた、という見方を記している。[57]

なお、第一二回協議のコミュニケは最後に、第一三回協議は一九八九年四月か五月に北京で行われる、と記していた。[58] しかし、第一三回協議が開かれることはなかった。開く必要がなかったのである。関係正常化問題は交渉者のレベルを上げて、外相レベルで話し合われるようになった。

一九八八年一二月一～三日、銭其琛外相が中国外相としては実に三一年ぶりにソ連を正式訪問した。一二月二日、銭其琛は、ゴルバチョフに会い、一九八九年の訪中を招請した。エドゥアルド・シェワルナゼ外相とは三回、計六時間半、会談した。首脳会談の準備のための訪中であったが、むろん重点はカンボジア問題であった。双方は、一九八八年八月の両次官の協議および九月の外相会談で一致した意見を確認した。その会談のなかで銭其琛は、ベトナム軍が一九八九年六月末までに全部、カンボジアから撤退すべきであり、中ソはベトナム軍を撤退させる時間表問題で一致した主張をもち、その実現を促すべきだと述べている。これに対し、ソ連側は「ベトナムに命令はできない」と言ったが、ベトナムに対し、中国と直接、時間表問題で議論するよう希望する旨、伝えると言った。双方の見解が近づいたので、中国側は一九八九年六月末～一二月末の間にベトナムがカンボジアから軍隊を撤退させるという時間表を確定する、という案を出し、双方が合意に達した。[59]

二カ月後、一九八九年二月一～四日、今度はシェワルナゼ外相が北京を訪れた。一二月の銭其琛外相訪ソの際、原則的な了解ができていた中ソ首脳会談の具体的な日程を詰めるためであった。銭其琛との会談の重点はやはりカンボジア問題であり、双方はカンボジア問題についての中ソ共同声明と首脳会談の日程を同時に発表することで合意が成立した。

しかし、首脳会談の期日を決めると、ソ連側は態度を変更した。首脳会談の期日だけを発表するように求め、合意済みのカンボジア問題についての共同声明を発表するのに同意しない、と伝えてきた。二月三日夜のことであり、翌四日、シェワルナゼは鄧小平と会談予定であった。四日早朝、中国側はソ連側に通知し、双方の食い違いが大きいので、カンボジア問題についての共同声明は暫時、発表しないこととし、五月中旬に行うと決めた首脳会談の日程もしばらくの間公表しないと伝えた。銭其琛によると、四日午前の鄧小平との会談でシェワルナゼは、「ゴルバチョフは五月一五～一八日の訪中を提案しており、昨日、私は銭其琛外相との会談でこの問題を話し合った」と述べたが、シェワルナゼの狙いは先に鄧小平に首脳会談の日程を確認してもらい、それを既成事実として、カンボジア問題を避け、再度中国側を譲歩させようとしたものだ、という見方を記している。(60)

事前に、カンボジア問題でソ連側の立場が後退したと伝えられていた鄧小平は、「外相の話し合いは終わっていない。日時はあなた方が決めてほしい。私は皆さんの指揮に従う」と答えて、首脳会談の日程が確定したという言い方を避けた。協議がまとまらないまま、四日、シェワルナゼは二人の局長に残って引き続き中国側と協議するよう指示して北京を離れ、予定されていたパキスタン訪問に向かった。

中ソ間のカンボジア問題をめぐる協議は、最終段階でこのようなトラブルがあったが、二月五日、北京で「カンボジア問題解決についての中ソ両国外相の声明」が公表された。(61)この声明は、カンボジア問題に関し、中ソ間で九項目の合意ができたとして、列挙している。その第二項では、ベトナムのカンボジアからの撤兵はカンボジア問題を政治的に解決していくうえでの重要な構成部分である、と指摘し、ベトナムが遅くとも一九八九年九月末までにカンボジアから全面撤兵すると決定を下していることに注意を向けている。第四項ではカンボジアの政体について、中ソ双方の主張を併記している。すなわち、中国側は「シアヌーク親王を頭とし、四派の代表が参加するカンボジア臨時連合政府の樹立を支持する」と記されており、ソ連側は「カンボジアの四派が、シアヌークが主宰し四派の代表が参加する臨時機構の樹立について一致をみるのを支持する。この機構はカンボジアのいかなる一派にも従属してはならず、その任務はカンボジアの各派が達成した様々な合意および自由選挙を実施することにある」と記されている。

中ソ双方の見解を併記したのは、主張が異なっていたためである。ソ連側の文章は、ノロドム・シアヌークを呼び捨てにしていて、特に敬意を払う意思がなく、さらに特定の政治勢力がカンボジアの政治を牛耳ることに対する警戒心が強いことなどの特色がうかがえる。ソ連側は、中国案では、ポル・ポト政権の復活を阻止する防壁の役割を果たしてきたカンボジアの国家機構を解体することになってしまう、と見なしてきた。しかし、ソ連は、カンボジアの各派勢力間の対話の活発化は歓迎し、そこでまとまった合意は支持する、という態度をとるようになった。中ソ両国外相の声明は、この両論併記の文言の後で、中ソ両国はカンボジアの将来の自由選挙の結果を尊重する、と記している。中ソ両国が長い協議を経て、カンボジア問題の解決に関し、ようやく共通の文書の作成にまで漕ぎつけたことは高く評価されるべきであろう。

これまで考察してきたように、中国側は中ソ関係の正常化を進めるにあたり、「歴史問題」の優先順位を下げ、「歴史問題」を関係正常化交渉から切り離し、関係正常化交渉では「現実問題」、すなわち中国の安全に脅威を与える三大障害の除去、とりわけカンボジア問題の解決を最優先で求めてきた。こうして、カンボジア問題の解決の目途がつき、正常化の障害はなくなった。二月五日、「カンボジア問題解決についての中ソ両国外相の声明」が公表されたのと時を同じくして、新華社は次のような短いニュースを流した。「中華人民共和国主席楊尚昆の招請により、ソ連最高会議幹部会議長、ソ連共産党書記長ゴルバチョフが、今年五月一五日から一八日まで中国を正式訪問する」[62]。ゴルバチョフが訪中し、鄧小平との間で中ソ首脳会談を開き、中ソ間の国家関係および党関係が正常化したことを内外に明らかにする「儀式」が三カ月後に予定されていたのである。

「現実問題」の解決を受けて、中ソ間の「歴史問題」、すなわち国境問題の解決への動きも加速された。一九九一年五月一六日に中ソ東部国境協定が結ばれ、ソ連崩壊後、一九九四年九月三日には中ロ西部国境協定が結ばれ、国境問題は解決の方向に向かった。二〇〇四年一〇月一四日、北京で開かれた中ロ首脳会談では中ロ東部国境補足協定が結ばれ、これまで未解決であった東部国境の三島の帰属問題が解決した。これで中ロ間のすべての国境問題が解決したことになる。以上述べてきた、中ソ関係正常化のプロセスは、隣国との紛争を抱え、その解決に悩んでいる国々に様々な示唆を与えるものではあるまいか。

(1) 石井明「一九八〇年代の中ソ政治関係——改善の歩み」山極晃・毛里和子編『現代中国とソ連』(日本国際問題研究所、一九八七年)。
(2)『人民日報』(一九八七・二・二七)。
(3) 丹藤佳紀「素顔のソ連」(四)『読売新聞』(一九八〇・四・二〇)。
(4) «Правда», 25 марта 1982 года.
(5)『人民日報』(一九八二・三・二七)。
(6) 銭其琛『外交十記』(世界知識出版社、二〇〇三年)、四頁。なお、銭其琛は当時、中国外務省には記者会見の制度がなく、このときが最初の記者会見となったことを明らかにしている。座る椅子もなく、七、八十名の記者が立ったまま、銭其琛の声明を聞いた。声明を読み上げると、質問が出て、それに回答するというようなこともなく、会見は終わった。通訳を担当したのが、現外交部長李肇星《りちょうせい》であった。
(7) 同右、五頁。

(8) 同右、六頁。
(9) 同右、六‐七頁。
(10) 同右、八頁。
(11) 同右、九頁。
(12) 同右、一〇頁。
(13) 同右。
(14) 『人民日報』(一九八二・九・八)。
(15) 同右。
(16) 『朝日新聞』(一九八三・二・二五)。
(17) 同右。
(18) 同右。
(19) 同右。
(20) 銭其琛、前掲書、一一頁。
(21) 同右。
(22) 同右、一一‐一二頁。
(23) 同右、一二頁。
(24) 同右。
(25) 同右、一二‐一三頁。
(26) 同右、一四頁。
(27) 『人民日報』(一九八三・二・一一)。
(28) 同右。
(29) 一九八三年以降も中ソ間で、他にも領土論争がなかったわけではない。一例を挙げると、同年、新疆とカザフ共和国の歴史学者の間でも領土論争が交わされた。ツァー・ロシアがカザフスタンを侵略したのか、それともカザフスタンは進んでツァー・ロシアに帰属していったのかをめぐる論争であった。口火を切ったのが新疆の歴史学者蘇北海《そほっかい》で、『新疆大学学報』(一九八三年第一期、第二期、第三期）にツァー・ロシアのカザフスタン侵略についての論文を載せた。これに対しカザフスタンの歴史学者サドバカソフらが『カザフ共和国科学アカデミー紀要』（一九八三年第四期）に「史実に対する無知」と題する論文を載せ、蘇北海論文が全カザフスタンに対する領土要求を出している、として反論し、ソ連のカザフ共和国に対する中華人民共和国の領土要求がますます拡大してきたことは明確である、と主張していた。一九八三年六月七、九、一一、一三日、ソ連の「平和と進歩」放送はこの論文の要約を中国語で中国向けに放送した。しかし、蘇北海論文はツァー・ロシアが二七〇万平方キロメートルものカザフスタンの土地を併呑したとは書いているが、現実にカザフスタン全域の返還を要求していたわけではない。この蘇北海論文を含め、一九八三年から八四年初めにかけて、中国の新聞雑誌・学術刊行物に掲載された「近隣諸国のかなりの領土は中国に帰属していた」「ツァー・ロシアは中国の広大な領土を強奪した」といった主張に総括的な反論を加えたのが、『新時代』（一九八四年第一五号）に掲載されたヤスネフ「なぜこのような「歴史研究」が必要なのか？」である。ソ連側は当時、時折、領土問題に関する中国側の論文・記事に反論を加えていたが、ヤスネフ論文を最後として、総括的な反論は消えた。中国が広大な領土の返還要求を出してきているわけではないことを理解するようになったからであろう。

(30)『人民日報』（一九八三・三・二）。
(31)『人民日報』（一九八三・四・一六）。
(32)同右。
(33)『人民日報』（一九八三・一〇・三〇）。
(34)『人民日報』（一九八四・三・二七）。
(35)『人民日報』（一九八四・一一・四）。
(36)『人民日報』（一九八五・四・二三）。
(37)『人民日報』（一九八五・一〇・二一）。
(38)『人民日報』（一九八六・四・一五）。
(39)『人民日報』（一九八六・一〇・一六）。
(40)『人民日報』（一九八七・四・二一）。
(41)『人民日報』（一九八七・一〇・一七）。
(42)『人民日報』（一九八八・六・二二）。

(43) 一九八六年一〇月一五日北京発新華社電。『日刊中国通信』(一九八六・一〇・一七)。
(44) 同右。
(45) 銭其琛、前掲書、二二一-二二三頁。
(46) 同右、二二三頁。
(47) 同右。
(48) 注(4)に同じ。
(49) 『人民日報』(一九八五・三・一四)。
(50) «Правда», 29 июля 1986 года.
(51) 『人民日報』(一九八六・一〇・一五)。
(52) 『人民日報』(一九八六・九・三)。
(53) 一九八七年四月二一日北京発新華社電。『日刊中国通信』(一九八七・四・二八)。
(54) 『人民日報』(一九八七・一〇・一七)。
(55) 銭其琛、前掲書、二八頁。
(56) 『人民日報』(一九八八・七・二)。
(57) 銭其琛、前掲書、二八頁。
(58) 『人民日報』(一九八八・六・二二)。
(59) 銭其琛、前掲書、三三頁。
(60) 銭其琛、前掲書、三四頁。
(61) この声明の全文は『人民日報』(一九八九・二・六)参照。
(62) 『人民日報』(一九八九・二・六)。

第五章　中ロエネルギー協力関係——戦略的パートナーシップと相互不信のジレンマ

伊藤庄一

はじめに

二〇〇六年三月二一～二二日、北京で同年最初の中ロ首脳会談が開催され、胡錦濤国家主席とプーチン大統領は合計一四文書に調印した[1]。中ロ間の協力関係は、一見したところ、深化しつつあるようだ。両国は、二〇〇一年七月に中ロ善隣友好協力条約を結び、二〇〇四年一〇月には中ロ東部国境補足協定(翌年六月に批准書交換)によって国境線未画定部分についても法的な決着をみた。中ロ首脳会談の終わりには、毎回決まったように「両国関係が歴史上最高の段階に達した」旨繰り返されている。中国とロシアは、二〇〇五年だけでも四回の首脳会談を開いた。果たして、同年八月にウラジオストク近郊および山東半島近郊で展開された両国関係史上最大の軍事演習が少なくとも表面的には示しているように、両国の関係は成熟期に入ったと評価すべきものなのであろうか。

それとも、今日の中ロ関係は、首脳会談のたびに国内外に向かって「蜜月ぶり」を大きくアピールしなければならないほどに実は深刻な矛盾をはらんでいるのか。また、国境画定問題という歴史上両国間で最大のイシューが解決したにもかかわらず、双方において相互不信感が根強く残されているのだろうか。

本章では、昨今注目を最も浴びつつある中ロ間のエネルギー協力関係の進展状況に着目する。それが地政学的思考様式の強いプーチン外交のなかでいかなる意味をもっており、両国の戦略的パートナーシップの強化にどの程度実質的な寄与をしているのか検討したい。

まず第一に、中ロがエネルギー分野での協力関係の強化をお互いに必要としている背景を整理する。第二に、一九九〇年代末より徐々にクローズアップされてきたエネルギー関係の進展状況を概略的に振り返り、同関係が協力と呼ぶにふさわしい実態を伴う形で発展しつつあるのか再検討する。第三に、両国のエネルギー関係が必ずしも額面通りには進展していない背景として、モスクワの対中政策に有形無形の影響を及ぼしているロシア国内のいわゆる「中国脅威論」に着目し、その要素となっている中国経済のプレゼンス拡大と人口圧力の問題を取り上げる。第四に、今度は反対に中国側の視点からロシアの対中政策がどのように評価されているのかを考察する。最後に、今後の中ロエネルギー協力関係の展望を描き、それが日本の対ロ・エネルギー政策上いかなる意味を有しているのか考えてみたい。

一　中ロ関係におけるエネルギー協力の潜在性

中国とロシアの関係においては、政治面での関係発展のテンポに比べて、経済関係の遅れがかねてより指摘されてきた(2)。確かに、中ロ貿易総額は日中貿易や中米貿易の総額と比べた場合八分の一以下(二〇〇四年段階)でしかなく、中国の対外投資総額においてロシアに向けられた割合を見てもわずか五%程度、中国が利用する外国投資総額のうちロシアが占める割合も〇・〇八%にすぎない(3)。他方、ロシアは経済成長を維持していくためにもエネルギー資源の輸出増大を図りたい。エネルギー消費量が急増しつつある中国との間には高度な相互補完性が認められる。エネルギー関連プロジェクトがもたらす巨額な投資・貿易規模を鑑みるならば、本来、エネルギー協力こそが中ロの経済関係を加速度的に強化する最大要因となり、ひいては両国の政治関係を補強する近道であっても何ら不思議はない。前記の首脳会談の成果として発表された共同宣言のなかでも、エネルギー部門における協力関係が両国間の戦略的パートナーシップにおける一つの重大要素と位置づけられ、両国関係を質的に新たな段階に導くものである旨謳われた。(4)

ロシアにしてみれば、最大の外貨獲得源である石油と天然ガスの輸出増大およびそのための安定した消費者市場の確保を目指すうえで、エネルギー需要が急増する中国への販路拡大は魅力的だ。国際エネルギー機関(IEA)の発表(二〇〇四年)によれば、二〇三〇年までに中国の需要は石油が年率三・四%、天然ガスが年率五・四%で増大(各々二〇〇二年以降の平均値)する。つまり、二〇三〇年までに石油需要は二倍以上、天然ガス需要は四倍以上に増加することが予測されている。(5)さらに中国国家発展改革委員会の試算によれば、同国の原油純輸入量は二〇二〇年までに倍増する。(6)ロシアは二〇〇三年八月に公表した『二〇二〇年までのロシア・エネルギー戦略』(以下、『エネルギー戦略』と略)において、同国の石油輸出全体のなかでアジア太平洋が占める割合を現在の三%から三〇%、天然ガスについては一五%まで増加させることを目標とする旨明記した。その際、なかんずく、二〇二〇年代(IEA試算)には北米のエネルギー需要を追い越すとさえ予測される中国のエネルギー市場への進出が最大の鍵を握るであろう。

さらに、ロシア側にとり中国とのエネルギー協力関係を推進する必要性の背景は、後者におけるエネルギー需要の急増だけにとどまらない。中国は、ロシアのエネルギー政策において、今後ますます地理的な重要性が高まらざるをえないロシア東部地域(東シベリアと極東地域)と隣接する。同地域の経済開発を推進するうえで、中国は単に無視しえないどころか、一つの大きな鍵を握っている。

今日、ロシアの国家歳入の約六割が、石油・天然ガスの生産と輸出およびそれら関連産業に偏重している。経済構造の多様化に向けた構造改革が遅々として進まないなか、経済成長を維持していくためには、最大の外貨獲得源である石油や天然ガスの生産力を増強(少なくとも維持)することは死活問題である。ところが前記の『エネルギー戦略』によれば、現在ロシア産原油と天然ガスそれぞれの約七割以上を占めてきた西シベリアに位置する鉱床の生産力は、二〇一〇年あたりをピークとして、減産段階に入ることが予測されている。このことは同時に、西シベリアの減産分を補ううえで東シベリアと極東における油田・ガス田を増産させていく必要性が否応なしに出てくることを意味している。同戦略で描かれた楽観的シナリオによれば、二〇一〇年から二〇二〇年の間にロシアのエネルギー総生産高において東部シベリアおよび極東が占める割合は、原油が二%から二〇%、天然ガスが八%から一五%へと増大することが期待されている。

他方、中国側にとってみても、自国のエネルギー需要を長期的に満たす条件づくりが最大かつ喫緊の国家課題である。現在、中国政府は、石油の戦略的国家備蓄制度の導入やLNG(液化天然ガス)基地の建設を急ぐ一方、ロシアのみならず、中央アジア、中東、アフリカ、南米などグローバルな規模でエネルギー資源へのアクセスを加速化している。しかし、国際舞台でのエネルギー権益の獲得をめぐっては、欧米メジャーとの厳しい競争にさらされている。さらにアメリカを中心として「中国脅威論」が再び高まりつつあるなか、海路による石油や天然ガスの輸入は、いざという場合の海上封鎖の可能性を含め、軍事的利害衝突に左右される危険性を究極的に秘めている。これらの条件を鑑みる場合、地理的に隣接し、原油や天然ガスの埋蔵量が豊富な(採算性の問題は別次元の議論であるが)ロシアから陸路のパイプラインを確保することは一つの対策となる。それによって安定的なエネルギー供給システムが長期にわたり構築されるならば、少なくとも理論上、中国のエネルギー安全保障に大きく寄与することになる。ひるがえって、両国は供給国と消費国間の協力関係に基づく相互信頼関係を深め、すなわち戦略的パートナーシップを強化することにもなりえよう。

二　揺れ動く中ロエネルギー協力関係

中ロ間におけるエネルギー協力関係の進捗状況は、前節で見たような高度の相互補完性にもかかわらず、紆余曲折を続けている。それはむしろ両国の相互不信の根深さを示す典型例とさえなっている。本節では、両国間協力の目玉として注目されてきた天然ガスと石油のパイプライン計画を時系列的に概観しながら、その進捗状況と問題点を指摘する。

天然ガスプロジェクトの進捗状況

一九九九年二月、朱鎔基首相がモスクワを訪問した際、イルクーツク州のコヴィクタ・ガス田およびアンガルスクから中国に向かうそれぞれガスパイプラインと原油パイプラインの建設を目指した実現可能性調査（ＦＳ）を開始する協定が結ばれた。それ以降、中ロ間のエネルギー協力が具体的なプロジェクトの実現に向けて本格化し始めた。

バイカル湖の北約四〇〇キロメートルの地点に位置するコヴィクタ・ガス田のプロジェクトは、元来、一九九〇年代半ばに中ロ間でエネルギー協力に向けた対話を開始して以降、実現性の高いプロジェクトの象徴として最も内外の注目を浴びたものであった。二〇〇三年一一月、コヴィクタ・ガス田の開発ライセンスを有するルシアペトロリアム、ＣＮＰＣ（中国石油天然ガス集団公司）、Ｋｏｇａｓ（韓国ガス公社）――三社によるそれぞれのＦＳ結果がもち寄られた。その結果、これら三社は、コヴィクタ・ガス田から中国内を経て韓国の平沢にいたる、総延長約四九〇〇キロメートルのパイプラインを建設すること、そして中国に対しては二〇〇八年以降に年間二〇〇億立方メートルのガスを供給することに、合意した[7]。

ところがロシア政府は、二〇〇二年七月の時点で、コヴィクタ鉱床に何ら権益をもたなかった国営独占企業ガスプロムに対抗案の起草を命じていた。同案は後に、「中国市場を含むアジア太平洋諸国への輸出を視野に入れた東シベリア・極東における天然ガス生産・輸送・供給をめぐる包括的プログラム」(以下、「東方プログラム」と略)となった。

現在、近いうちにロシア政府によって正式承認の見込みとされる「東方プログラム」の概要は、公表されつつある。それによれば、コヴィクタ鉱床の天然ガスは国内供給が最優先とされ、少なくとも近未来に同ガス田から中国へ向けたパイプラインが建設される案は現時点で具体的に盛り込まれていない[8]。

二〇〇四年一〇月にプーチン大統領が北京を訪問した際に採択された「二〇〇五年から二〇〇八年までの中ロ善隣友好協力条約の実現に関する行動計画」(以下、「中ロ行動計画」と略)では、ルシアペトロリアム社が中心となった前述のFS結果に基づき、コヴィクタ・プロジェクトの実現見通しについて両国政府が評価することを確認した。しかし、事実上、ガスプロムがからまない形で行われた同FSは、ロシア側によって一方的に白紙撤回されることになった。

コヴィクタ・ガス田から中国への天然ガス輸出に関しては、同ガス田に六二%強の権益をもつTNK-BP(チュメニ石油とブリティッシュ・ペトロリアムが二〇〇三年に資本比率五〇：五〇で設立した合併企業)が粘り強くガスプロムに対し翻意を促している(後者の協力なしに対中ガスパイプラインの建設は不可能)が、これまでに後者は一顧だにしていない。なお、コヴィクタ鉱床から生産される天然ガスはソ連時代から戦略的物資と位置づけられ、軍事目的への転用も可能なヘリウムの含有率が高いために、ロシア国内には軍関係者を含めコヴィクタのガスを中国向けに輸出することを懸念する声もある。

二〇〇四年一〇月、ガスプロムとCNPCの間で戦略的パートナーシップ協定が結ばれ、さらに〇六年三月のプーチン訪中に同伴した前者のアレクセイ・ミレル社長は、後者と「ロシアから中国に対する天然ガス供給に関する覚書」に署名した。しかしながら、コヴィクタ・プロジェクトについては一切具体的な言及がなされていないばかりか、東シベリアからの対中ガス供給計画については、最大合計供給量八〇〇億立方メートルのパイプライン（そのうち西シベリアから二〇一一年までに三〇〇～四〇〇億立方メートル）を東西シベリアから建設するという表現のなかに曖昧な形で含まれたのみであった。プーチン大統領は、中ロ西部国境を通じて新疆ウイグル自治区にいたる「アルタイ」パイプラインを建設する構想を発表した。しかしこれは、ロシアの天然ガス輸出における過度な対欧州依存度を軽減することが、第一目的である。つまり、決して中ロ間のエネルギー・パートナーシップが原動力なのではない。[9]換言すれば、欧州向け天然ガス価格の引き上げを図りたいロシアが、二〇〇六年一月の対ウクライナ天然ガス供給の一時停止をめぐり緊迫化しつつある欧米を牽制する意味で、「中国カード」をちらつかせていると解釈できよう。

第二に、西シベリアからの天然ガス対中輸出に関しては、鉱床開発・生産が遅れがちな東シベリアと異なり、すでに欧州向けに輸出されている分の一部を中国に仕向けることが物理的には可能であろう。ところが、価格交渉面についてはまったく未知数である。コヴィクタ・プロジェクトが「塩漬け」状態になっている理由の一つには、既述の要素の他、中ロ間に希望価格面で大きな隔たりがあることは周知の事実である。[10]中国では第一〇次五カ年計画の下で推進された西部大開発計画によって、ある程度天然ガスの生産が増産基調にある。当面は国内需要を満たしえる状況にあることを鑑みれば、コヴィクタのガス価格をめぐり、折れることができなかった以上の妥協点を、近い将来に中ロ間で見出すことは容易でなかろう。

石油プロジェクトの進捗状況

一九九八年以来ロシアの民間石油企業ユコスとCNPCは、イルクーツク州アンガルスクから中国黒龍江省の大慶にいたる原油パイプライン（いわゆる「大慶ルート」）の建設についての話し合いを進めていた。二〇〇一年七月に江沢民国家主席が中ロ善隣友好協力条約締結のためにモスクワを訪問した際、両国政府は大慶ルートの敷設、ならびにロシアから中国に対し二〇〇五年から二〇〇〇万トン、二〇一〇年以降は三〇〇〇万トンの原油を輸出することで基本的合意に達した。また同年九月に開かれた第六回中ロ首相定期会談では、同ルートのFS開始についての協定が結ばれていた。ところが、時期を同じくしてトランスネフチ社がアンガルスクから沿海地方のナホトカにいたる、いわゆる「太平洋ルート」を積極的に提唱し始めた。さらに二〇〇三年一月に小泉首相が訪ロした際に「日ロ行動計画」が発表された。日本とロシアは、極東およびシベリア地域におけるエネルギー資源開発・輸送のためのパイプラインの整備に向けて協力関係を発展させることで合意した。以後、アンガルスクからの原油パイプライン・ルートをめぐる日本と中国による対モスクワ・ロビー競争が活発化することになった。

前記『エネルギー戦略』のなかでは、「太平洋ルート」を幹線とし、そこに「大慶ルート」を支線として敷設・接続するという「折衷案」が明記された。その後ロシア側は、アンガルスクの西約二〇〇キロメートルに位置しシベリア鉄道とバム鉄道の分岐点であるイルクーツク州タイシェトを起点とし、バイカル湖を北回りに迂回してナホトカ（ペレボズナヤ）にいたるルート（以下、アンガルスク～ナホトカ・ルート同様に「太平洋ルート」と略）を選択した。二〇〇四年一二月末には太平洋パイプライン計画の推進を正式承認する政府決定第一七三七-r号が発表された（以下に見る中ロ国境の北約七〇キロメートルの地点に位置するアムール州スコボロジノから中国にいたる支線の計画に関する言及なし）。そして二〇〇五年四月末、ビクトル・フリステンコエネルギー産業相が「東シベリアから太平洋にいたるパイプライン建設段階の決定」に関する指令書に署名した。同指令書によって、太平洋パイプライン計画は二つの段階に分けられた。第一段階（～二〇〇八年下半期）では、タイシェトから東約二三〇〇キロメートルに位置するスコボロジノまでの区間のパイプラインを建設して、西シベリアから原油三〇〇〇万トンを送油(当面スコボロジノとペレボズナヤに建設予定の石油ターミナル基地までの一九〇〇キロメートルの区間は鉄道で送油)する。第二段階としては、着工期間を明示しないまま完成時に最大送油量八〇〇〇万トンを目指す計画が発表された。さらに同年一一月には、第一段階部分を具体化する案がエネルギー産業省から公表されるにいたったが、中国向け支線の完成予定時期および具体的な送油量の計画については本章脱稿時までに明らかになっていない。

二〇〇六年三月のプーチン大統領訪中によっても、スコボロジノから大慶にいたる支線となるロシア側部分の着工時期については何ら合意にいたらなかった。他方、中ロ行動計画では、ロシアは中国に対する年間原油供給量を鉄道輸送によって二〇〇五年に一〇〇〇万トン以上、〇六年に一五〇〇万トン以上にまで増加させることが明記されていた。だが、二〇〇五年時点で総輸出量は約八〇七万トン(ロシア連邦関税局公式発表)に止まった(11)。その理由として、ロシア側の輸出税や鉄道輸送料金の高騰等がロスネフチを筆頭とするロシア側石油企業の対中輸出意欲を低下させていることもあろう。

中国とのエネルギー協力の重要性を認識するロシアにとり、逆説的にも一体何がこの両国関係を加速度的に深化させるうえで足踏みさせる要因となっているのだろうか。ビジネスの論理で考えてみるならば、ロシアにとり、中国が潜在的にいかに最大のエネルギー市場であるとはいえ、重要な外貨獲得源の輸出先として一国に対し過度に傾斜した場合、価格交渉面で「需要側独占」の構図を可能にしてしまう恐れがある。ロシアにはすでに「ブルーストリーム・パイプライン」をめぐり、トルコとの苦い経験がある。さらに、ロシア側には、安価で「買い叩かれた」自国の石油や天然ガスに、中国がプレミアをつけて第三国に再輸出するのではないかとの懸念が存在する。では、中ロ間のエネルギー協力関係は、今日限りなくビジネスの論理だけで動いているのであろうか。次節では、同関係を地政学的観点から捉えてみたい。

三　ロシアの対中エネルギー協力上のジレンマ

プーチン外交の特色の一つは、国家の地政学的利益の再定義・確保を目指していることであるが、対中外交も例外ではない。中国経済の急成長や潜在的巨大市場を念頭におき、また国際舞台におけるロシアの地位向上を図ろうとする際、中国との安定した関係の維持はロシアにとり決して欠くことができない。しかし同時に、ロシアが対中関係の深化を図ろうとすればするほど、中国に対する地政学的利益を損失する懸念を抱かざるをえない。ロシアにとり、自国東部地域のまばらな人口と経済的後進性は潜在的弱点となる。二〇〇〇年七月に公表された『ロシア連邦の対外政策概念』では、極東・シベリア両地域の経済発展を促進することが、アジアの重要性が高まるなかでロシアにとり不可欠である旨記された(12)。

ロシア極東の地政学的利益を保持しようとするならば、地域経済のインフラを整備し、本格的な発展を図らなければならない。その際、ロシア極東やシベリアにおいて経済的に最も比較優位が認められるのは、エネルギー資源の生産・輸出である。ロシア全体の場合についても同様であるが、他産業の競争力が著しく低い東部地域の場合、この点がことさら際立っている。そして中国は、ロシアにとりエネルギー資源の輸出を含め最大の潜在的市場であることは揺るぎない。つまり、ロシアにとりある意味で皮肉にも、中国と地理的に対峙する同国東部地域の地政学的利益を堅持しようとすればこそ、対中エネルギー外交を積極化しなければならない。同時に、自国の経済的後進地域に中国プレゼンスが色濃くなることに対し神経質にならざるをえない。

ロシア極東の経済的後進性が同国にとり地政学的利益の損失につながりかねないことに関しては、プーチン大統領自らが繰り返し警鐘を鳴らしてきた(13)。ロシア側が東部地域における中国の影響力拡大によって地政学的利益が脅かされかねないと捉える事象は、経済的プレゼンス拡大と人口圧力の問題である。無論、これら二つの要素は、おのおの個別かつ直接的にモスクワのエネルギー政策を左右しているわけではない。しかし、中国とのエネルギー関係がロシア東部地域をめぐって突出する形で加速度的に深化していくことを想定する際、ロシア指導者層が思い描く自国の地政学的利益のイメージに影響を与えているといえよう。

将来的に、ロシア東部地域のエネルギー開発という大規模プロジェクトを通じ、中国の経済的プレゼンスが一層拡大したとしよう。そのとき、それが第三国のプレゼンスによって相殺されなければ、モスクワは同地域が中国によって「呑み込まれる」ことを危惧することになろう。彼らにしてみれば、それはたんに中国資本の問題に止まらず、その背後にある人口格差の問題にもリンクすることになろう。

中国の経済的プレゼンス拡大

ロシア東部地域にとり、中国との経済貿易関係の促進は地域経済の振興上欠かせず、「中ロ行動計画」のなかでも中国企業による同地域への参入を支援する旨謳われている。しかしながら他方で、同地域が中国の人口や経済によって「呑み込まれ」、自国の地政学的利益が損なわれる潜在性を警戒する声がロシア側には少なくない。確かに、中ロ国境隣接地域に焦点を当ててみると中国が占める割合は、二〇〇四年時点で沿海地方三八%、ハバロフスク地方四六%、アムール州七〇%、ユダヤ自治州八三%、チタ州九六%というように非常に高い(14)。

ロシアは中国が自国の東部地域において経済的プレゼンスを拡大していることに懸念を隠せない。中国企業には、とくにエネルギー資源の産品・権益を積極的に「買い漁る」という姿勢や、対ロ投資をする際にできる限り「一〇〇%中国資本」の企業設立を図ろうとする傾向が強い。マンスール・ヴァリエフ(連邦国境警備局極東支部司令官)は、二〇〇三年五月に開かれた記者会見の席上、経済活動を通じて中国側が自国民のロシア領内での地位を合法化させようとしていることや、中国人が土地の買収・長期的租借権を求めようとする動きがあることに憂慮を示した。つまり、中国に対する懸念事項が不法移民問題に止まらないということだ[15]。ロシアのＷＴＯ加盟が実現した際には、中国資本がロシア市場を席巻する可能性を懸念する声もある[16]。さらに、国内資本がようやく東部地域に向かい始めているという観点から、中国の経済的プレゼンス拡大を必ずしも「野放し」に歓迎することはできないとの声も出始めている[17]。二〇〇三年五月、アマン-ゲリドゥィ・トゥレーエフ（ケメロボ州知事）は、ロシア中央の『独立新聞』紙上で、「政府がシベリアの経済開発を急がない場合、ロシアの土地が異国民の手に落ちかねない」旨、強い警鐘を鳴らした[18]。

ロシア国内でエネルギー部門における中国プレゼンスの拡大を警戒する動きが最も顕著に表れたのは、二〇〇二年一二月に国営石油企業スラブネフチの株式の約七五％を売却するオークションが行われたときであった。ＣＮＰＣが名乗りをあげたのに対し、ロシア下院議会は中国企業をオークションから外すことを政府に要求する非拘束決議を行い、結局これに政府も同調した。その際に同決議を支持したボリス・ネムツォフ元首相が公言した表現を借りると、スラブネフチ社のような重要な企業の株が中国国営企業の手に渡ることになれば、石油の販売網等を中国に握られてしまう可能性があり、ロシアが「大規模かつ長期的な地政学的失敗」を犯しかねなかった[19]。

他方、原油パイプラインに関し、「大慶ルート」に競合する形で「太平洋ルート」構想が浮上し始めた早い段階で、ロシア経済発展貿易省付属の研究機関によれば、焦り始めたＣＮＰＣはロシア側に対し、アンガルスクと大慶間の原油パイプライン建設費用をロシア領土内分も含めて負担する旨非公式に打診してきた。その際、中国側に同パイプライン権益を握られることを恐れたロシア側が、同提案を拒否する一幕があったという[20]。

ロシア国内における中国の経済的プレゼンスを快く思わない風潮は、政治家や官憲レベルに止まらず、社会的風潮でもあろう。二〇〇五年八月に全ロシア世論調査センターが全国四六の連邦構成主体で一六〇〇人を対象に実施した世論調査結果を見てみよう。ロシア全体では二五％の回答者が中ロ経済関係の発展について、両国にとり同じ程度の有益性があると答えたのに対し、五三%は中国が得る利益の方が大きいと答えている。この点、極東連邦管区とシベリア連邦管区に限ってみると、ロシアよりも中国にとっての有益性を認めた回答者は各々七五%、五四%であった。さらに、これら両地域では、回答者のそれぞれ八一%、七一%が中国系の企業もしくは労働者がロシア国内の天然資源開発に参加することに対する危惧を表明した(21)。

人口圧力問題(22)

ロシア極東地域は、ロシア連邦全面積の約四〇%以上を占めるものの、今日ロシア人の域外流出傾向は止まらず、人口は六六〇万人を切っている。東シベリア地域の人口と合わせてもわずか約一六〇〇万人でしかない。他方、中国側の人口は、ロシアと三〇〇〇キロメートル以上に渡って国境を分かつ黒龍江省だけでも三八〇〇万以上である。ロシアとの経済的関係が深化しつつある東北三省と内蒙古自治区を合わせた人口は一億三〇〇〇万人を超えている。長大な国境線を跨いだ人口格差は、中国人移民問題とも相まって、ロシアに隣国からの「人口圧力」を警戒させる結果となっている。

一九九〇年代後半以降、両国当局者間による国境警備協力体制が強化されてきたこともあり、ロシア極東では旧ソ連崩壊後しばらくの間そうであったような中国人不法移民による「静かなる膨張」を深刻視する向きは、相対的には収まりつつある。しかし今日、ロシア(地元一般市民、治安機関関係者およびモスクワの政策決定者を含む)の懸念を徐々に駆り立てているのは、政府間合意に基づく労働移民を含む合法的滞在者も合計して、ロシア国内の中国人絶対数(すなわち、「質」よりも「量」)が増加傾向にあることだろう。さらに、ロシア東部地域において中国語の同郷新聞が徐々に増加傾向にあること等から、中国人の「コミュニティー化」現象がうかがえることも挙げられよう。つまり、合法的な中国人移民がロシア側の労働人口不足というニーズを満たしている点は、概して、ロシア人の対中観に肯定的作用を及ぼしていない。

この人口圧力をめぐる問題は、前に見た中国の経済的プレゼンス拡大の問題とも密接にリンクしている。中ロ善隣友好協力条約の締結から一周年前夜の二〇〇二年六月、ヴァリエフ司令官の前任者アレクサンドル・ゴルバフ司令官は公の場で、「中ロ国境沿いにおける相互協力関係が公的には強化されているにもかかわらず、中国はロシア極東に対する政治的、経済的、人口的拡大を目指した明らかに意図的な努力を続けている」との強い懸念を示した。(23)

四　エネルギー協力をめぐる中国の対ロ猜疑心(24)

「中国脅威論」が根強いロシアに対して、中国側の不信感も根深い。とくに、両国関係において歴史上最大のイシューであったはずの国境画定問題が最終決着を見たはずであるにもかかわらず、事実上ロシアの対中不信感が大きく解消されたわけではない点に、中国のロシア専門家たちも苛立ちを隠せない。

確かにロシアと中国は、かねてより国境隣接地域での経済協力を相互に推進するという点で公式に合意しており、二〇〇六年三月の中ロ共同宣言のなかでもエネルギー部門を含む相互投資を促進する旨謳われた。ところが第二節で見たとおり、ロシア側は同時に中国の経済的プレゼンスが国内で拡大することに対し神経質になっている。崔宪濤《さいけんとう》(中国共産党ロシア経済研究センター副主任)によれば、両国の戦略的パートナーシップにおいては、政治関係と経済関係の不均衡性や移民問題を中心とする「中国脅威論」、国際的要因のみならず、愛国主義的な外交文化や対中協力に消極的な国内政治勢力と社会的風潮が阻害要因となっている。(25)

ロシアと中国は一九九〇年代からエネルギー交渉を積み重ねてきた。エネルギーを「武器」としてアジア市場への参入強化を図りたいロシアと、エネルギー需要が急増する中国との相互補完性は高く、相手を必要とするタイミングも一致している。そう考えるならば、エネルギー部門において具体的に大きな成果が両国間で生まれても不思議ではない。ところが、ロシアが大量のエネルギー資源を必ずしも快く輸出しようとはせず、中国の原料供給地になることを避けようとする背景には、ロシアの国内における「中国脅威論」の存在を無視しえない[26]。

戦略的パートナーシップは、表面上、いかに安定的かつ長期的に見えようとも、同盟関係を意味するような約束や規定を遵守する義務がない。つまりその分、その時々の国内外情勢に左右されるだけでなく、ロシアが国益重視の外交を展開すればするほど、それは利己主義的色彩を帯びることになる[27]。

他方、中国側からしても、最大の隣国かつ歴史的には軋轢の絶えないロシアに対し、自国のエネルギー安全保障の一端を過度に委ねることのリスクは大きい。だからこそ、中国にとりロシアは潜在的に重要なエネルギー供給国であることは動かし難くとも、中央アジアや中東、北アフリカ、南米といったあくまでも複数の供給ルートのなかの一つにすぎない。東シベリアからの原油パイプラインルートをめぐり、ロシアが中国と日本を天秤にかけてきた背景に関し、日本が介入してきたことが事態の複雑化に一定の影響を及ぼしていることを認める中国人専門家は多い。しかし、それが主導的なものではなく、むしろロシア側の「中国脅威論」を含む種々の問題に起因しているとの冷静な見方もある[28]。二〇〇六年一月、ロシアはウクライナへの天然ガス供給を一時停止した。その理由が何であるにせよ、ロシアが同胞国であるはずの国に対しそのような態度に出たことに関し、中国にしてみれば中ソ対立発生後の一九六〇年にソ連が対中原油供給を突然ストップした苦い記憶が蘇ることになった。

おわりに――今後の展望と日本がとるべき道

本章では、ここ数年来一進一退を繰り返す中ロのエネルギー協力関係を、地政学的文脈のなかに位置づけて考察し、両国の戦略的パートナーシップが一般的に強調されるほど安定的に推移しているのか否か、を問い質してみた。かつて両国間で最大の問題であった国境画定問題が公的に「片づいた」とはいえ、ロシア側における「中国脅威論」は依然として根強い。中国とロシアは、経済関係の深化が両国の政治関係を補強することを認めあう。しかし同時に、本来ならば最大規模の経済プロジェクトであるはずのエネルギー部門において、高度な相互補完性とは裏腹に、互いを牽制する姿勢が和らいでいるとはいえず、むしろ相互不信の温床とさえなっている。

第一節で論じたように、ロシアでは西シベリアにおける原油や天然ガス生産が二〇一〇年頃を目途にピークに達するのに伴い、それ以後徐々に東シベリア・極東地域のエネルギー生産地としての比重を高めることが不可欠となる。原油に関していうならば、仮に東シベリアから太平洋にいたるパイプライン建設計画が当初の予定通りに進んだ場合、それは時期的にちょうど第二段階に入る時期に重なってくる。つまり、近未来のロシアにとり、東部地域のエネルギー開発が避けて通れぬ国家的課題であることは間違いない。しかしながら、現段階でサハリン開発プロジェクトを除けば、つまり東部地域の大陸部内では大規模国際プロジェクトが未だ事実上動き出していない。

他方で、昨今のロシアで「資源ナショナリズム」が高まりつつあり、有望鉱区に対する外資参入を制限しようとする動きが強まりつつあることは周知の通りである。それを法的に根拠づける「地下資源の利用に関する法」の改正問題は審議が遅れ続けている[29]。ロシアの主な狙いを平たくいうならば、有望鉱区におけるロシア企業の権益を絶対化すること、および特定の外国による影響力拡大に歯止めをかけバランスをとるということであろう。現在ロシア東部地域（サハリン以外）のエネルギー部門に対し最も積極的な行動をとりつつあるのは、中国である。他方、それよりも幾分距離を保ちつつある日本やその他諸外国による参入の方式については、ロシア側が投資条件を明確化しておらず未知数な部分が少なくない。

中ロ間のエネルギー・パートナーシップが注目されつつある。たとえば、二〇〇五年七月にはロスネフチと中国石油化工股份有限公司（Sinopec）は、サハリン３のヴェニン鉱区開発を目指す合弁企業設立に関する覚書、同年一一月にはマガダン州やサハ共和国等の鉱区開発について基本合意し、二〇〇六年三月に「中ロ両国内における合弁企業設立上の基本原則に関する協定」に調印した。これら一連のイベントは、確かに中ロ間のエネルギー協力関係が深化していることを表しているようだ。しかしながら、これらの鉱区については、他の外資が採算性という観点から基本的に見向きもしてこなかった対象である点を見落とすべきではなかろう。つまり、中ロ間でエネルギー協力を謳う文書数が増えつつあるといっても、両国パートナーシップを政治的にフレームアップしておこうという色彩が強いことは否めない[30]。換言すれば、エネルギー部門を通じた協力関係を深化させる必要性がありつつも、中ロ間の相互不信が未だにボトルネックとなっている。

ひるがえって、わが国は中ロのエネルギー関係の進捗状況をどのように受け止めるべきであろうか。中ロ両国内のマスコミ報道同様、日本においても太平洋パイプライン計画をめぐっては「日中の争奪戦」という構図で報じられる傾向が非常に強い。しかしながら、前記のような中ロのエネルギー関係の複雑性、とりわけロシア国内で収まる兆しのない「中国脅威論」を冷静に捉えたい。ロシアの資源をめぐり、やみくもに中国と競争するような政策を露骨化することは再考される必要があろう。そもそも太平洋パイプラインの第二段階がいつ完成し、どの程度の量と価格で太平洋側に原油が運ばれるのか。これらについては、東シベリアの油田開発がそれに見合う形で追いついて来るまでは具体的な試算が成り立たない。

現在、すでにサハリン・プロジェクトが国際プロジェクトとして数々の問題を抱えながらも本格的に動き出そうとしている。さらに、二〇〇五年三月に資源エネルギー庁が発表した『二〇三〇年のエネルギー需給展望』によって日本の第一次エネルギー需要が二〇一四年から二六年の間にはピークに達することが予測されている。これらのことを踏まえたうえで、太平洋パイプライン計画や東シベリアの鉱床開発に関して、日本は相当程度の採算性が見込める段階まで、じっくりと腰を据えてそろばん勘定をすればよい。二〇〇六年三月の北京訪問直前にモスクワで開催されたG8エネルギー担当相会合直後、プーチン大統領は日本側に東シベリアの上流開発に対する協力を要請した(31)。その行間に、中国の潜在的進出との間でバランスをとりたいという意向を読みとる必要がある。さらにいうならば、日本もしくは他国の進出が本格化しない以上、モスクワはエネルギー部門においても中国に対する懸念を軽減することが難しいだろう。つまり、仮に「日本も急いで出て行かなければ中国に遅れをとる」というような発想が日本のどこかにあるとするならば、それはあまりにも早計だろう(32)。

(1) プーチン大統領が率いるロシア代表団には合計一〇〇〇名以上が参加したが、大統領自身以外が署名したものも含めれば、今回両国間では合計二九文書に署名がなされた。http://president.kremlin.ru/text/appears/2006/03/103402.shtml.

(2) 二〇〇五年に両国の貿易高は二九〇億ドルを超え、プーチン政権が発足した二〇〇〇年時点の額に比べると中国側公式統計で三・六倍、ロシア側統計で四・七倍となった。しかしながら、二〇〇四年時点で中国の対外貿易全体に占めるロシアの割合は二%未満にすぎない一方、ロシアの対外貿易全体(CIS諸国を除く)における中国の割合は七%でしかない。

(3) 那广程《なこうてい》・张中华《ちょうちゅうか》「中俄两国投资合作的现状与前景」『西伯利亚研究』第三二巻第四期(二〇〇五年)、一一頁。

(4) http://president.kremlin.ru/text/docs/2006/03/103421.shtml.

(5) *World Energy Outlook 2004* (Paris, International Energy Agency, 2004), p.264.

(6) *ERINA Report*, Vol.65, 2005, p.44.

(7) 具体的には、チタ州ザバイカリスクを経て中ロ国境を越え、満州里、ハルビン、瀋陽、北京、大連、さらに黄海海底を経て韓国にいたるパイプライン敷設ルートが想定された。

(8) 「東方プログラム」の概要については、拙稿「太平洋パイプライン建設計画と東部地域ガス開発統合プログラム」*ERINA Report*, Vol.68, p.71.

(9) Поставки газа в КНР ликвидируют зависимость России от рынков Европы», «Нефтегазовая Вертикаль», 22 марта 2006 года; Алтайская альтернатива: Россия обещает Китаю много газа. Слишком много., «RusEnergy», 30 марта 2006 года.

(10) 『ロシア・CISの資源戦略調査』(日本国際問題研究所、二〇〇四年)、九五頁。

（11）二〇〇五年のロシアの対中原油輸出量に関し、中国側の公式発表ではすでに約一三〇〇万トン弱に達している。つまり、ロシア側が発表している鉄道輸送量との間に四〇〇万トン以上の乖離が認められる。

（12）同文書の前身でその七年前に発表された『ロシア連邦対外政策概念の基本姿勢』では、極東・シベリア両地域の経済発展の重要性についてはとくに言及されていなかった。

（13）拙稿「プーチン時代の中露関係――ロシア東部地域をめぐる二国間関係を中心に」『ロシア外交の現在Ⅰ』スラブ研究センター研究報告集No.2（二〇〇四年）、六四頁。

（14）極東ザバイカル協会対外経済関係局（所在地：ハバロフスク市）作成資料による。

（15）«Дальневосточный пограничник», №21, 2003.

（16）Китай готов ускорить процесс переговоров с Россией по вступлению в ВТО, «Страна Ru» (Дальный Восток), 23 мая 2002 года.

（17）«Отношения между федеральным центром и Дальним Востоком России: новые явления и тенденция»（ロシア連邦経済発展貿易省極東市場経済研究所作成未公刊資料）。

（18）Внутренняя угроза. Безопасность государства начинается со стабильности в регионах, «Независимая газета», 20 мая 2003 года.

（19）"Славнефть" не отдадут китайским коммунистам, «Коммерсантъ», 16 декабря 2002 года.

（20）筆者による極東市場経済研究所での聞き取り（二〇〇三年二月）。なお、二〇〇六年三月、ＣＮＰＣはトランスネフチ社に対し、スコボロジノから中ロ国境までの、約七〇キロメートル区間のパイプライン建設のためのＦＳ資金として、四億ドルを拠出する用意がある旨公式に表明したが、その具体的条件は明らかとなっていない。

（21）http://www.wciom.ru/?pt=59&article=1607.

（22）ロシア国内中国人移民問題についての詳細は、拙稿、前掲注（13）、七七-九〇頁を参照。

（23）«Дальневосточный пограничник», №24, 2002.

（24）詳細については、拙稿「今後のロシア外交政策決定における中国要因――中国側から見た考察」『ロシア外交政策決定過程における中国要因』〈外務省委託研究〉（平和安全保障問題研究所、二〇〇六年）、七二-九三頁を参照。

（25）崔宪濤『面向二十一世纪的中俄战略协作伙伴关系』（中共中央党校出版社、二〇〇三年）、四八〇-五二七頁。

（26）王兵银《おうへいぎん》「中国同俄罗斯发展石油能源合作的宏视角」『西伯利亚研究』第三一巻第四期（二〇〇四年）、三三–三七頁。

（27）陆南泉《いくなんせん》「从中俄原油管道合作项目探索对俄投资问题」『西伯利亚研究』第三二巻第四期（二〇〇五年）、二五–二六頁。

（28）同右。

（29）"Subsoil Law in Deep Trouble," *The Moscow Times*, February 1, 2006.

（30）本章の目的は地政学的観点からの分析であったため、投資環境の観点からの分析を省略したが、見落とせない観点として、中国側もロシアの劣悪な投資環境やエネルギー部門における各種覚書や協定が文面上のレベルに止まっていることを問題視していることを、筆者の現地調査に基づき付記する。

（31）『毎日新聞』（二〇〇六・三・一八）。

（32）拙稿『朝日新聞』（二〇〇六・八・三〇）。

第六章　中央アジアにおける中国ファクター

湯浅　剛

はじめに——問題の所在

中央アジアをめぐる政治秩序のなかで、中国とはいかなる役割を帯びているのか。その役割は、ロシアのそれと対立するものであろうか。また、中央アジア諸国の自立的な行動を脅かすものなのであろうか。

これらの問いに対し、現在の段階で中国の役割を否定的に、つまり秩序の破壊者として捉える議論は、少数であろう。とりわけ、善隣友好協力条約(二〇〇一年七月一六日締結)と国境画定の完了(二〇〇四年一〇月一四日)を経て、中国との蜜月の極みにあるロシアから発信される議論には、中国の役割を否定的に評価する議論は皆無といってよい。たとえば、ワシリー・ミヘーエフ(ロシア科学アカデミー極東研究所副所長)が二〇〇五年に発表した論文を取り上げてみよう。(1) 彼はそこで、中国が抱えている「脅威」「挑戦」「危機」などについて検証し、中ロ関係が善隣友好協力条約によって最大四〇年間(原文の表現のまま)は安定的であること、中ロ間の最大の問題を強いて挙げるとすれば、ロシアが国際社会における中国の比重の変化についていけないことぐらいで、両国間に具体的な「危機」が存在していないと論じる。ミヘーエフは、併せて、中央アジア諸国との善隣・友好関係、そこでの「新しい脅威」に対する戦い、核兵器不拡散などが中ロ共通の課題として機能することで、むしろ二国間関係の悪化を抑えていると指摘する。(2)

他方で、とくに中央アジア諸国から発せられる議論には、中国の存在について、アンビバレントな立場をとるものが多い。もちろん、公式には中国を「偉大な東方の隣人」と捉え、地域の経済発展のためにも不可欠の存在であることが強調される。(3) しかしながら、実際には政治・経済での関係をますます強めつつあるカザフスタンやクルグズスタンのエリート層には、中国を脅威と見なす考えは根強い。(4)

本章は、このような旧ソ連諸国の対中認識を直接論じるものではない。むしろ、その真偽を見極める手がかりとして、これらの議論の背景にある事実関係について、中国が中央アジア諸国とどのような関係を構築してきたのか整理をしてみたい。とくに二〇〇〇年以降の中国の対中央アジア政策について、ロシアや中央アジアの識者がどのような議論をしてきたのかを整理することとしたい。ここで具体的な論点となるのは、次の三つである。まず、中国による旧ソ連圏への多国間アプローチの要《かなめ》である上海協力機構（SCO）の制度化について。同機構における中国による主導性とはどの程度であり、また、いかなる性質のものであるのだろうか。次に、ロシアとの対比のなかで、中国は安全保障を始めとする各分野について中央アジア諸国に対しいかなる働きかけを行っているのだろうか。最後に、より広範な国際情勢のなかで、すなわちアメリカを含めた主要国関係の文脈において現代の中央アジア情勢をどのように捉えることができるのだろうか。

一　上海協力機構の制度化と中国の主導性

テロ対策を含む安全保障分野での協力の進展

ＳＣＯがＡＳＥＡＮ地域フォーラム（ＡＲＦ）と並んで中国の多国間主義外交の要であることは、多くの論者が指摘するところである。(5) ロシアの立場からも、ＳＣＯ発足直前の時点で、将来のこの枠組みが中央アジアにおける中ロ共通の利益の一角を担うことになることは予想されていた。一九九九年当時のミハイル・ティタレンコ（ロシア科学アカデミー極東研究所所長）は、中央アジアにおける中ロの短期・中期的な共通利益があるとすればそれは、①アメリカの拡張に対抗する戦略、②コンセプトの刷新、新規加盟国の受容、各国の制度形成を含めた「上海フォーラム」の発展、③経済協力、の三点に集約されると論じていた。これらのいずれを達成するにしても、ＳＣＯの制度化が鍵を握っていた。(6)

この枠組みのなかで、中国とロシアが他の中央アジアの加盟国とともに何を達成し、またいかなる将来像が提示されているのだろうか。結論から先に言えば、政治および経済における協力の点で、二〇〇一年の発足以来、着実な制度化を進めてきたということになる。二〇〇四年一月の北京での外相会合では、ＳＣＯ事務局の開設式典が併せて行われた。また、地域反テロ機関（ＲＡＴＳ）については、二〇〇三年一〇月に加盟国代表からなる協議会が発足し、二〇〇四年六月のタシケント首脳会合に併せて、同地にＲＡＴＳ執行委員会が正式に開設された。さらに、二〇〇五年七月のアスタナにおける首脳会合では、ＲＡＴＳの常設化が確認されている。首脳以下、各種レベルの定期的会合も多様化している。二〇〇〇年のドゥシャンベ首脳会合におけるカザフスタンの提案で、経済問題を中心に協議する定期的な首相会合が実施されるようになったのを始め、外相や経済関係閣僚会合、さらに国防・文化・災害処理を担当する各国省庁を横断する連携も進んでいる。テロ対策に関連するものとしては、二〇〇四年首脳会合時のウズベキスタン提案に基づく加盟国安全保障会議書記の定期的会合の実現が注目される。このように、SCOは機構の要となるテロ対策のための機関を中心に、制度化を進めてきたといえる。

オブザーバーおよびゲスト参加国も増加し続けている。二〇〇四年一月の北京外相会合ではオブザーバー参加はモンゴルのみであったが、同年六月のタシケント首脳会合では、モンゴル大統領特別代表のロヴサン・エルデネチョローン外相とアフガニスタン大統領のハミド・カルザイが招待された。また、この会合では「オブザーバーの地位に関する規定」が承認された。本章執筆段階で、この規定の原文を入手できていないため詳細は不明であるが、首脳会合宣言(タシケント宣言)から推測するに、SCOがかねてから掲げている「公開性」の原則(いわゆる「上海精神」)に則ったものであること、また、オブザーバー参加をする国や国際機構に対して地理的な制約を課したものではない、などの点がうかがえる。二〇〇五年七月、アスタナでの首脳会合では、インド、パキスタン、イランへとオブザーバー参加国はさらに拡大した。

二〇〇四年の時点で、SCOはすでに「制度面での整備期間」が完了し、「機構の枠組み内での加盟国の本格的協力を展開すべき段階に入った」(タシケント宣言)と自己評価している。客観的に見た場合、加盟国間の本格的協力とは、財源に裏づけられた機構の運営、機構内につくられた常設機関などによる個別の案件が具体的に進展することで初めて確認できるものであろう。そのためには、実はこれからも機構の制度化の努力が必要であり、それによる効果が周知のものとなることを絶えず追求しなければならない。SCOという仕組みはできたが、そこで何ができるのかは、依然としてこれからの課題であると言えるだろう。

不透明な財源と経済協力体制

制度化が進む一方で、SCOの運営にあたっての財源については、依然として不透明な部分が多い。二〇〇四年のタシケント首脳会合では「活動資金支出メカニズム」の重要性が、また、翌〇五年のアスタナ首脳会合でも

「合理的な財政・予算政策の確立」が指摘され、「SCO発展基金」設立の加速化の必要性を確認している。しかし、その具体策は明確ではない。モスクワ国際関係大学に属し、ロシアにおけるSCO研究の中心的存在の一人であるアレクサンドル・ルキーンによれば、現在、同機構の予算規模は年間約三八〇万ドルにすぎず、域内の道路網などのインフラ整備を始めとする大規模事業や、水資源を含む自然環境保護など機構として推進すべき事業を行うにはあまりにも小さい。この点を踏まえ、彼は予算規模の拡大と他の手段による財源の確保を提案している(7)。

中国は早くから、経済協力のための枠組みとしてのSCOの意義を強調し、自由貿易圏構想などを提唱してきた。しかし、以上のようなSCOの財政面、開発基金、借款制度などを見る限り、経済協力の進展は政治・安全保障面の協力の進展と比べて遅れていると言わざるをえない。二〇〇六年六月、上海で開催された首脳会合で、加盟国首脳は「SCO銀行連合」(二〇〇五年一〇月設立)や「SCOビジネス理事会」(二〇〇六年六月設立)に対する期待を示した。前者は加盟国のインフラ整備のための借款や金融機関同士の協力を進めることを目的としており、すでに総額七億四〇〇〇万ドルの融資の実績があるという。上海首脳会合の共同コミュニケでは、中国が域内協力のために九億ドルの資金提供を行う用意があることが明記された。しかし、その具体化については不明なままである。

変わりつつある中央アジア諸国の位置づけ

制度化・組織の拡大は中ロの主導性を助長するばかりではない。とくに二〇〇六年に入り、新しい力のベクトルが生まれつつある。その起点はカザフスタンにある。二〇〇六年はSCO創立五周年という節目の年であり、前述の上海首脳会合を含め、この年に行われた各レベルの会合は、五周年記念を意識してか様々な注目すべき改革を打ち上げた。五月の外相会合では、事務局の編成強化と、それに伴い従来の「事務局長」を「事務総長」

(General'nyi sekretar')と改称し、同ポストへのボラト・ヌルガリエフ駐日カザフスタン大使の就任が内定したことが発表された[8]。また、この会合では、二〇〇七年一月からカザフスタンがSCO議長国としての任にあたることも合意された[9]。SCO憲章には本来、「事務局長」はロシア語アルファベット順で加盟国から選出することと規定されていたから、今回の合意は、SCOの本来のあり方により近づいたといえる。ヌルガリエフは独立直後のカザフスタン域内からの核兵器撤去に関するアメリカとの交渉の最前線にいた人物であり、後に駐米大使などを歴任した、いわばカザフスタンの「西欧派」外交官である。彼が今後北京でいかなる采配を取るのか、注目すべきである。

SCOの制度化・役割拡大に伴う加盟国の位置づけの変化は、一部の有識者の議論と呼応している。たとえば、セルゲイ・ルズヤニン(モスクワ国際関係大学教授)は、SCOの機能強化のための改革に関連づけてこの点を論じている。彼によれば、すでにSCO加盟国には「2＋2＋2」と表現することのできる、「主要国」としての中ロ、「中堅国」としてのカザフスタンとウズベキスタン、「下位国」としてのクルグズスタンとタジキスタンというふるい分けが可能である。今後は、「中堅国」二カ国を中ロとともに中央アジアの安定を担う中核的な「四カ国」としてSCO内に位置づけてはどうか、というのが彼の発想である[10]。

近年のSCO内での加盟国の実質的な役割の再編によって、機構の主導を担う中核国として、中ロと併せてカザフスタンの台頭が著しい。互いの主権を尊重するいわゆる「上海精神」に基づくSCOの理念から考えても、中国がSCOを通じて中央アジア諸国に介入主義的な政策を採るとは考えにくい。二〇〇六年六月に開催された首脳会合で採択された共同コミュニケでは、国際舞台における加盟国の協力拡大、オブザーバー国など準加盟国や他の国際組織との定期協議を行うことが提唱された。中ロにとっては正式加盟国の拡大という方向性を模索していたにもかかわらず、おそらくはカザフスタンなど中央アジア諸国からの難色もあって、今回も加盟国拡大は見送られた[11]。カザフスタン大統領府のある政策立案スタッフは、加盟国の拡大はあっても、それはフル・メンバーとしてではなく、問題領域ごとに限定した参加が望ましいと筆者に語った[12]。SCOは意思決定や制度化の点で次第に多元性を帯びてきているのではないだろうか。

二　地域協力枠組みの再編と中国

中央アジアへのロシアの回帰?

九・一一事件以来中央アジアに拡大したアメリカの軍事的プレゼンスについて、かねてからSCO加盟国、とくに中ロの安全保障担当の部局は批判的に捉えていた。近年、とくに二〇〇五年七月のアスタナ首脳会合で、アメリカを中心とする対テロ有志連合国軍の中央アジアからの撤退期限を明確にすることを要求する宣言を発表したことは、その方針を一層鮮明にしたものとして注目された。SCO諸国とりわけ中ロは、自らの圏域において中長期的にはアメリカの軍事プレゼンスを排除し、独自の安全保障体制を確立することを目指しているものと考えられる。

前述のルキーンは、西側のSCO懐疑論を排し、北大西洋条約機構（NATO）の平和のためのパートナーシップなどとの連携を踏まえた、SCOの安全保障機構としての機能強化、具体的には機構配下の緊急即応部隊さらには平和維持部隊の創設を提案している[13]。SCOによる即応部隊構想は、近年、管見の限りタジキスタン国防相など加盟国の実務責任者からも提案がなされているとはいえ、これは現時点ではあまりにも空想的である。安全保障協力の点では、旧ソ連圏ではやはりロシアの主導性が目立つ。

ロシアはSCOの枠外でも、一九九一年のソ連解体以来後退させてきた中央アジアに対する関与政策を、九・一一事件以降、ふたたび強めつつある。軍事的には、従来からのタジキスタンにおけるプレゼンス（二〇一自動車化狙撃師団、後に「基地」に昇格・再編）と併せて、二〇〇三年にはクルグズスタンにロシア空軍基地が開設された。このような明示的な軍事プレゼンスの確保にいたらないまでも、それは、ロシア主導の地域協力機構を介する中央アジア諸国の取り込みとして表れた。

まず、二〇〇四年五月、トルクメニスタンを除く中央アジア四カ国による独自の地域協力枠組みであった中央アジア協力機構（CACO）[14]は、アスタナで首脳会合を開催し、ロシアを正加盟国として迎えることを決定、同年一〇月のドゥシャンベでの首脳会合にロシア大統領プーチンが初めて参加し、正式にロシアが加盟国となった。中央アジア諸国は、これまでの中央アジア域内の協力枠組みとしてのCACOの特性を放棄した。さらに、二〇〇五年一〇月のサンクトペテルブルクにおける首脳会合で、CACOはやはりロシアが主導するユーラシア経済共同体（EEC）との統合を決定した。これを踏まえて、二〇〇六年一月にはウズベキスタンがEECに正式加盟し、二〇〇七年を目標に同国を含めた関税同盟圏の形成のための準備が進められている。ただし、これを実現するために新規加盟したウズベキスタンが調印・批准しなければならない現加盟国間の関連協定は数百に上るという。EECの「先発国」であるロシア、ベラルーシ、カザフスタンが域内での関税同盟結成を促進しようとしている一方、ウズベキスタンにとって後発の加盟国としての立場に甘んじなければならない状態が当分続くことが見込まれる。

ウズベキスタンは二国間レベルでも、一九九〇年代末より離反傾向にあったロシアとの関係改善を進めている。同国のカリモフ政権は、二〇〇一年から翌年にかけ、国内における米軍のプレゼンスを容認し、安全保障政策におけるアメリカへの接近を明確にしていた。しかし、グルジア（二〇〇三年）、ウクライナ（二〇〇四年）、そして隣国クルグズスタン（二〇〇五年）にて相次いで発生した「カラー革命」によって、西側とりわけアメリカとイギリスの対ユーラシア政策に対する疑念を抱いたことから、次第にこれらの国との距離をとり始めた。これに代って、安全保障の拠りどころとなったのがロシアであった。二〇〇四年六月のタシケントでのSCO首脳会合と併せて開催された、イスラム・カリモフとプーチンの首脳会談では、ウズベキスタンとロシアとの間で一五条からなる「戦略的パートナーシップ条約」が締結された。この条約は、既存の国家領域を侵害する過激主義、テロリズムからの「挑戦」に、両国が共同して対処することを目指すものであった。ロシアとウズベキスタンは、「堅牢かつ効果的な中央アジア地域安全保障システムの創設に向けた努力」を行う(第三条)、具体的な軍事協力として、ロシアからウズベキスタンへの軍事関連物資の供給、ウズベキスタン軍へのロシア軍事教官の派遣なども列挙されていた(第七条)。

二〇〇五年五月、ウズベキスタン領内フェルガナ地方アンディジャン市において、治安当局が多数の一般市民を犠牲にした反政府デモ鎮圧事件(アンディジャン事件)が発生した。すでにウズベキスタンと冷却関係にあった欧米諸国は、たとえば、欧州連合(EU)がいち早く「事件の発生は人権や法の支配を無視した結果である」と非難したように(五月一六日)、こぞってウズベキスタン政府の対応を批判した。これ以後、ウズベキスタンのカリモフ大統領は、米英と距離をおき、ロシアや中国へ接近する姿勢をより鮮明にした。前述のアスタナSCO首脳会合での宣言は、ウズベキスタンにとっては「アメリカ離れ」、つまり自国領内ハナバード基地の米軍を撤退させる契機であった。宣言が出された同日、ウズベキスタン外務省は早くも米軍によるハナバード基地の使用停止の可能性を示唆するとともに、軍用機離着陸料を含め基地使用料を支払うべき、とアメリカを批判する声明を出した。七月二九日、ウズベキスタン政府は、一方的に一八〇日以内の米軍撤退を要求した。アメリカはすでにアンディジャン事件直後から同基地駐留の要員や軍用機を順次縮小させ、一一月二一日には完全撤退した。

その一方で、アンディジャン事件から二週間も経たない五月二五日、カリモフ大統領は北京を訪れ、中国と「友好協力パートナーシップ条約」を締結するなど、二国間の緊密ぶりをアピールした。また、ロシアとの軍事面での協力も次第に緊密になっている。九月一六～二四日、ウズベキスタンはロシアと初の二国間対テロ軍事演習を自国領内で実施した。また、一一月一四日にはカリモフ大統領がロシアを訪れ、前述の戦略的パートナーシップ条約を補完する「同盟関係条約」を締結した。これに並行して、ウズベキスタンがロシア主導の集団安全保障条約機構（CSTO）復帰に関する交渉が進められてきたが(15)、それは二〇〇六年六月に実現した。これで、EECとCSTOを軸とする、ロシア主導の重層的地域協力枠組みが、カスピ海以東の旧ソ連地域にできあがったことになる。

このような地域枠組みの再編は、関係国にとってどのような意義があると考えられるだろうか。まず、すべての関係にとって、これまで重層的かつ複雑に入り組んでいた枠組みが整理・統合されることで、手続上、首脳・閣僚レベルの会合の頻度を減らし、より効率的な協議形態をもたらすこととなる。また、中央アジア諸国――とくにウズベキスタン――の立場からすれば、政治・経済的にロシアへの依存度を高めることは、より実質的な経済統合やテロ対策のための協力を追求するうえで止むをえざる、背に腹は代えられぬ選択肢であった。これらの国々の識者のなかには、EEC加盟という事態を踏まえてもなお露骨にロシアに対する不信感を示す者たちがいる。

ロシアにとって、前述のような地域協力枠組み再編は、中央アジア諸国との二国間の関係構築と合わせ、SCO以外の多国間主義アプローチの強化である。この点で、ロシアの中央アジアへの介入が後退しているようには見えない。前節で述べたように、中国の主導性を含めSCOのあり方は不確定なままである。このような条件の下で、ロシアにもまた、中央アジア地域へ独自の関与の経路としての多国間の枠組みをつくり、自国の安全保障にかかわる、より効果的な装置を形成する思惑がある(16)。以上から、安全保障にかかわる枠組みでは、依然として中国よりもロシアのほうが中央アジアにおいて優位にあるといえる。

中国独自の協力態勢

中国にとってこのロシア主導の地域再編はどのように捉えられるだろうか。この点について、公開された論拠に基づいて述べることは難しい。中ロ首脳会談などで交わされた共同声明などを見る限りでは、SCO以外に個別の多国間枠組みに言及することはなく、「中央アジアの安定と安全、安定的な経済発展……は中ロにとって死活的利益にかかわる」といった言及が繰り返されるのみだからである[17]。中ロ間で中央アジアにおける利害関係が一致し、中国がロシアの介入強化の動きを了解している限り、前述のようなロシア主導の地域秩序の再編の流れは維持されるものと考えられる。SCOとロシア主導のEECやCSTOが競合することも当面考えにくいことである。ただし、SCO緊急即応部隊構想が本格化する場合や、SCOが経済共同体的な性格を強めるようになったときには、それぞれCSTOやEECとの棲み分けについて検討する必要が生じる可能性がある。

以上のようなロシアの動きとは別に、中国もまた中央アジアへの独自の介入を追求してきた。SCOの枠組みに基づく共同演習に加え、国防分野の要人往来は二〇〇〇年以降急速に増大している。中国側の発表に従えば、二〇〇一～〇二年の間に中央アジアからの訪中は唯一クルグズスタンの参謀本部長のみであった。次の二年間（二〇〇三～〇四年）にはカザフスタン、クルグズスタン、タジキスタンから計四件にのぼった。以上の四年間、中国から中央アジアに赴いた国防関係の要人は皆無であった[18]。しかし、二〇〇五年になると、軍関係の要人の往来やそれに伴う支援供与は目に見えて増大した。たとえば、八月下旬、中国・山東半島で実施された中ロ合同軍事演習に際し、クルグズスタン、タジキスタンの国防相およびカザフスタン国防次官がこれを視察したが、その際これらの国々に中国側から軍事支援の申し出があったという。また、中国の曹剛川《そうごうせん》国防相が九月一三～一八日に中央アジア諸国を歴訪した際には、タジキスタンへの軍事技術協力の供与、カザフスタンへの総額一六〇〇万元（約二〇〇〇万ドル）にのぼる軍事領域への無条件支援などの供与が発表された。カザフスタン軍はこれらの支援の一部を、要員に対する中国語教育のためのAV機材の購入にあてている。[19]一二月、ウズベキスタンのルスラン・ミルザエフ国防相が訪中した際にも同様のやり取りがあったものと思われる。安全保障協力、軍事交流にかかわる中国の政策は、いまもなお、そしてますます二国間関係に依存している。

中央アジア諸国に対して各種支援を行う際、欧米諸国が民主化や人権尊重などの点で比較的厳格な基準を要求するのに対し、中国にはこれらの規範価値を重視する必要がない。中国は、軍事支援を含め中央アジアへの支援で欧米が抜けた部分を補う役割を果たしているといえる。

このような二国間ベースの協力関係の拡大は、資源輸送や経済協力においても見出せる。二〇〇五年八月の中国石油天然ガス集団公司（CNPC）によるペトロカザフスタン社の買収、同年一二月のカザフスタン領内アタスから中国・新疆ウイグル自治区内の阿拉山口への石油パイプラインの完成は、それを象徴する出来事であった。とくに後者は、一方の当事者であるカザフスタンにとって、カスピ海以西の国々と繫がり地中海への出口を確保したBTCライン（二〇〇五年五月完成）と併せて、ロシアを介さず地下資源を輸出できる回廊を確保することを意味する。中国は、現段階ではロシアの中央アジア諸国への浸透には及ばないものの、軍事交流やエネルギー供給など多分野にわたって独自の関係をつくりつつある。

三　米中ロ三極関係のなかで

以上のような中ロ関係の文脈での中央アジアの位置づけと併せて、とくに安全保障に関してアメリカのプレゼンスを含めた主要国にとっての中央アジアの位置づけを論じてみたい。軍事面における唯一のグローバル・パワーと呼ぶにふさわしいアメリカは、二〇〇一年の九・一一事件以後のアフガニスタンへの侵攻を機に、中央アジアにも軍事展開を続けている。それに対して中ロは否定的な認識をもっており、双方の世界戦略の対立が中央アジアを含めたユーラシア大陸の国際政治の主たる亀裂となっている。

二一世紀に入り、中央アジアに軍事的介入を続け、また、ロシアを含めた旧ソ連圏の「民主化」の要求を維持し続けている超大国アメリカに、プーチン政権下のロシアはアンビバレントな姿勢をとってきたといえる。一九九〇年代末以降、ユーゴ情勢をめぐる対立などから冷却した米ロ関係は、九・一一事件をきっかけに一転して戦略的パートナーシップの下、「テロとの戦い」を軸に共通の利害をもつ関係となった。しかし、前述のように「カラー革命」が相次ぎ、アフガニスタンにおけるテロ掃討作戦を名目に中央アジアへの軍駐留を続けるアメリカに対し、ロシアは中国と共同して批判的な姿勢を強めてきた。

アメリカは、ウズベキスタンとの関係悪化という事態を踏まえながらも、中央アジアに対する積極的な介入を継続している。二〇〇六年二月九日には、国務省内の中央アジア・コーカサス地域担当は旧ソ連地域担当部局から切り離され、南アジア担当の部局と合同することとなった。アメリカはこの組織改編によって、外交戦略上これらの地域を包括的に把握し、効果的な政策を提示することを目指していると見られる。しかし、このような布陣の建て直しがいかなる効果をもたらすか、未だに未知数である。二〇〇五年のカザフスタン、クルグズスタン、タジキスタンへのコンドリーザ・ライス国務長官の歴訪、二〇〇六年のリチャード・チェイニー副大統領のカザフスタン訪問は、最近のアメリカの対中央アジア戦略、すなわち「ウズベキスタン外し」を象徴した出来事であった。その一方で、国務省南・中央アジア局のトップであるリチャード・バウチャー国務次官補は、二〇〇六年八月にウズベキスタンを訪れ、カリモフ大統領と会談を行った。アンディジャン事件後のアメリカの対中央アジア戦略は、模様眺めが続いているかのようだ。

以上のような情勢は、ロシアの識者にはどのように映っているのか。ドミトリー・トレーニン（カーネギー財団モスクワ・センター）は、今日形成されつつある中ロとアメリカの対抗という図式が、冷戦期から連綿と続く構造変化の、現時点の到達点であることを強調する。彼によれば、一九七〇年代初頭に出現した米中接近による事実上の「反ソ同盟」形成は、アメリカが仕掛けたものであったが、その後一九八〇年代末の中ロ和解、アメリカによる単極化志向を踏まえ、今度は中国が三極の構造変化を仕掛けた。中国の思惑をトレーニンは次のように整理する。第一に、米ロの競合を活用することで、自国とアメリカとの緊張関係を少しでも緩和すること。第二に、中国にとって潜在的な脅威である中央アジア駐留の米軍をロシアの力を借りて排除し、自らの中央アジアにおける経済的、地政学的地位を高めること。第三に、シベリアの天然資源や軍事技術を獲得し、東アジアに駐留する米軍に対抗するための態勢づくりも重要であること。

以上のような観点から、トレーニンもまたSCOの機能向上が中ロにとって望ましいことを示唆する。アメリカにとって、SCOが加盟国の拡大や機能の強化によってアジアにおいてNATOに対抗しうる機構となることは、回避すべき事態である。[20]さらにトレーニンは、ロシアのエリートのなかには中国に対する「長兄」という意識が抜けない者がいるが、実際の二国間関係ではその立場は逆転しており、米中ロの三極関係のなかでも主たるファクターはアメリカと中国であるのが実態である、と指摘する。また米中は、アジア全域に複雑な利害関係をもちながらも、互いに直接的な衝突を回避しようとしており、この文脈において中央アジアの安定を確保することは三国共通の利益となりうることも論じている。[21]

もとよりトレーニンの提示した構図のみがロシアの代表的な議論とはいえない。ロシアでは依然として、かつてロシアが排他的に権益を追求できた中央アジアを、「裏庭」「勢力圏」とする意識が根強いからである。[22]しかし、ここで彼が主張していることは、単にロシアが中国にとっての「長兄」の立場から転落したという安直な図式ではない。彼の主たる論点は、米中ロの三極のパワーバランスこそが過去半世紀近くにわたる国際政治の主要問題であり、それは現在も続いているということである。彼の議論に従えば、このような図式のなかで浮かび上がるのは、ロシアの主導性よりも中国のそれということなのである。他方で、トレーニンのような中国の主導性の過大視を否定する議論は、やはりカーネギー財団モスクワ・センターに在籍するアレクセイ・マラシェンコから発せられている。しかし、彼の議論は米中ロいずれにとっても響きの良いものとはいえない。マラシェンコによれば、中央アジアをめぐるこの三国の構造には「馴れ合い」的なものがあり、いずれの国も中央アジアの現状に対して責任を取る覚悟をもちえていない、という。彼はそこから欧州や日本を中央アジアにおける新たなプレーヤーと位置づけ、新しい国際関係の構造が中央アジアに出現しつつあることを示唆している(23)。

おわりに

現代の中央アジアの政治秩序にとって、中国の動向は無視できない変数となった。しかし、ＳＣＯでの主導性や、安全保障協力分野での中央アジア諸国との協力を見る限り、中国は未だ中央アジアにおけるロシアの影響力を凌駕するには及んでいない。共通言語としてのロシア語を始め、有形・無形の各種インフラの整備にあたり、中央アジア諸国は長らくロシアの文明圏に属してきた。このことだけをとっても、今後も数世代という単位で、中国はジョセフ・ナイがいう「ソフト・パワー」を含めて、中央アジアにおける「よそ者」であり続けるに違いない。

他方で、主要国関係の文脈で捉えたとき、中央アジア地域は、中ロ二国間関係とともに、米中ロの三極関係においても利害の共有・対立の場である。ロシアはＥＥＣやＣＳＴＯを軸とする地域協力の枠組みの再編を進めながらも、三極構造のなかで決定的な主導権の獲得を見出せないままにあるといえる。中国はこのなかで、ＳＣＯに加えて新たな二国間関係を中央アジア諸国との間に構築することで、独自のプレゼンスを確立しつつあるといえる。軍事や経済支援といったハード・パワーをめぐる分野が、中ロ間で競合的なイシューとなったとき、現状のような中央アジアの秩序の均衡は維持しにくくなると考えられる。

ここで、次のような問題の設定が可能となる。すなわち、中ロは互いにとっての競合的イシューをゼロサム・ゲームによって解決しようとするのか、それとも、何かしらの妥協点を見出すことで解決しようとするのか。このような設問に単純明快な回答を示せるだけの材料は、本章では見出せなかった。しかし、一つ指摘するとすれば、このゲームにおいて中央アジア各国の国益も有効な要素として機能することである。中央アジア地域におけるソ連解体後の中国の――あるいはそれ以外の主要国の――プレゼンスは、中央アジア諸国の利益となる限り、受け入れられてきた。したがって、中国が過度にロシアとの間のゼロサム・ゲームを追求することは、中央アジア諸国におけるロシアのパワーの浸透を考えれば、中国にとっても成功する可能性は低く、好ましい選択肢とはいえない。中央アジア諸国は、ロシアか中国かどちらかを選べといわれれば、ロシアを選ぶであろう。

中ロおよび米中ロの間で中央アジアをめぐる妥協的政策が追求される限り、少なくともそれは中央アジア諸国の自立を脅かすものとはならない。ＳＣＯの制度化によって、同機構内にカザフスタンを始めとする中央アジア諸国の独自のプレゼンスが確保される可能性が現れてきたことから示唆されるように、主要国の中央アジア情勢への関与や多国間枠組みの制度化は、中央アジアの自立を脅かすものとはならない。

（１）　В. Михеев. Китай : угрозы, риски, вызовы развитию, «Мировая экономика и международные отношения», №5, 2005, стр.54-60.

（２）　中央アジアを中ロ共通の「懸念材料」と捉える議論は，Alexander Lukin, *The Bear Watches the Dragon : Russia's Perceptions of China and the Evolution of Russia-Chinese Relations Since the Eighteenth Century* (Armonk and London, M.E. Sharpe, 2003), pp.227-228 ; Alexei D. Voskressenski, *Russia and China : A Theory of Inter-State Relations* (London and New York, RoutledgeCurzon, 2003), pp.189-190 ; Яков Бергер. Возвышение Китая, «Международная жизнь», №9, 2005, стр.48-49 ; М. Л. Титаренко. Россия : безопасность через сотрудничество. Восточно-азиатский вектор,

Москва：Памятники исторической мысли, 2003, стр.272.

（３）たとえば、二〇〇六年五月三〇日のカザフスタン上院でのカジムジョマルト・トカエフ（カザフスタン外相）による主要外交課題に関する演説、http://www.mfa.kz/rus/index.hph?news=1&selected=835。

（４）Jeremy Bransten, "Central Asia：China's Mounting Influence," http://eurasianet.org/departments/insight/articles/pp112304.shtml. この記事にあるように、カザフスタンの代表的知識人であり元駐中国大使ムラト・アウエゾフは、中国脅威論の急先鋒である。

（５）日本における議論として、たとえば、毛里和子「中国のアジア地域外交――上海協力機構と「東アジア安全保障共同体」をめぐって」渡邉昭夫編『アジア太平洋連帯構想』（ＮＴＴ出版、二〇〇五年）、二二九―二四六頁。

（６）Титаренко. Указ. соч., стр.270-271.

（７）Александр Лукин. Шанхайская организация сотрудничества：проблемы и перспективы, «Международная жизнь», №3, 2004, стр. 122-123.

（８）たとえば、カザフスタンＡＫＩプレス報道、http://kz.akipress.org/_ru_analit.php?id=49。

（９）二〇〇六年五月一五日付カザフスタン外務省プレスリリース、http://www.mfa.kz/rus/index.php?news=1&selected=823。

（10）С. Лузянин. Российско-Китайское взаимодействие в веке, «Мировая экономика и международные отношения», №5, 2005, стр.66.

（11）とくにイランの加盟については、中央アジア諸国は一致して難色を示したようである。

（12）二〇〇六年五月二三日、アスタナでのインタビュー。

（13）Лукин. Указ. соч., стр.118-119.

（14）ＣＡＣＯは一九九〇年代前半期より経済協力の促進を目指して形成された中央アジア諸国間の協力枠組みを前身とし、二〇〇一年末に現在の名称となっていた。

（15）«Независимая газета», 18 ноября 2006 года. また、二〇〇六年一月のウズベキスタンのＥＥＣ加盟直後、ニコライ・ボルジュジャＣＳＴＯ事務局長がタシケントを訪問した主たる目的は、ウズベキスタンのＣＳＴＯ復帰を促すことであったといわれる。

（16）Досым Сатпаев. Эффект присутствия, «НГ-Дипкурьер», 27 марта 2006 года.

（17）たとえば、二〇〇六年三月二一日の中ロ首脳共同声明第九節第九項、http://www.kremlin.ru/interdocs/2006/03/21/1851_type72067_103421.shtml?type=72067。

（18）ウェブ上で閲覧可能な中国国防白書（英語版）による、http://www.china.org.cn/e-white/20021209/AppendixII.htm、および http://www.china.org.cn/e-white/20041227/AppendixIII.htm。

（19）二〇〇六年五月二〇日、カザフスタン国防省関係者からの聞き取り。

（20）«Независимая газета», 27 октября 2005 года.

（21）Дмитрий Тренин. Россия между Китаем и Америкой, «Pro et Contra», ноябрь-декабрь, 2005, стр.43-53.

（22）最近の議論として、たとえば、Виталий Третьяков. Русская Азия, «Московские новсти», №7, 3-9 марта 2006 года.

（23）Алексей Малашенко. Центральная Азия : никто не хотел побеждать, «НГ-Дипкурьер», 16 января 2006 года.

第三部　対日政策の転換

第七章　プーチン政権の対日政策——八つの特徴

木村　汎

本章は、プーチン政権の日本に対する政策を取り扱う。その際、対日政策のなかでも、その「特徴」に的を絞ることとする。「特徴」とは、プーチン政権の対日政策が日本以外の諸国に対する外交政策や、ゴルバチョフ、エリツィン政権の対日政策と異なり、格別目立っている点という意味である。

プーチン政権の対日政策の特徴としては、少なくとも八つを指摘できると、筆者は考える。それら八つを、二つのカテゴリーに分ける。一は、主としてプーチンの対日政策の「目的」に関するもの。二は、「行動様式」に見られる特徴。これは大雑把で、便宜的でさえある分類である。というのも実際には、「目的」と「行動様式」との間の区別は必ずしも単純明快なものではないからである。元来「目的」と「行動様式」は相互に関連する場合が多い。つまり、ある「目的」を遂行するために、特定の「行動様式」をとる。このようなオーソドックスな関係が存在する。そのようなことの結果として、「目的」と「行動様式」それぞれの特色は大いに似通ったものとなる。

しかし、次のようなケースもあろう。プーチン外交がある「目的」を遂行しようと考えているにもかかわらず、様々な理由からそのような目的の実現のために最適の「行動様式」や手段をとるとは限らない。あるいは、とることが可能とは限らない。極端な場合には、所期の目標に逆行するような「行動様式」をとるケースすらなきにしもあらず。そのような理由で、前記のようにあくまで便宜的な分類にすぎないとの但し書きを記すのである。右の一点を前もって断ったうえで、八つの特徴を主として「目的」に関するものと、「行動様式」に関するものとの二種類に分け、この順序でそれぞれについて紹介し、検討を加えてゆくことにしたい。

Ⅰ　「目的」についての特徴

まずプーチン政権の対日政策の「目的」に関する特徴としては、次の四点を指摘できる。

一　二島返還で決着をつける

日ロ間に存在する領土(国境線)論争を〝二島返還〟で決着をつけ、平和条約を結ぶ。これが、プーチン政権の対日外交政策の第一の特徴である。このことを説明するためには、ゴルバチョフ・ソ連大統領の公式訪日直前に、ソ連外務省の手で作成された二つの対日政策オプションにまで歴史を遡る必要がある。

ゴルバチョフ、エリツィンは、「第二オプション」

一九九一年四月のゴルバチョフ大統領訪日を前にして、同大統領の訪日準備を担当していたのは、アレクサンドル・パノフをキャップとするソ連外務省内の対日政策グループだった。パノフは、当時、太平洋・東南アジア局長(後の駐日大使、ノルウェー大使を経て、現在ロシア外務省次官のひとり)。彼らは、訪日中のゴルバチョフ

大統領が領土問題でソ連側として採るべき基本政策に関して「第一オプション」「第二オプション」の二案を作成した。(1)

「第一オプション」は、一九五六年の日ソ共同宣言のなかの第九条第二項の有効性を確認する。すなわち、平和条約締結の暁には二島（歯舞《はぼまい》・色丹《しこたん》）を日本に引き渡す。ただし、ソ連流の解釈に基づき、それでもって日ソ間の領土論争に終止符を打つ。他方、「第二オプション」は、そのような二島の引渡しを記した日ソ共同宣言の有効性を確認しない。その代りに、日ソ両国間に領土問題が存在することを公式に承認する。それればかりでなく、歯舞・色丹のみならず国後《くなしり》・択捉《えとろふ》も含む四島すべてを、日ソ間の領土交渉の対象とすることにも同意する。

ゴルバチョフ大統領は「第一オプション」を忌避した。もし日本に島——たとえ二島であれ——を引き渡すことになれば、ソ連国内の保守派や世論の反発を招く危険がある。当時ゴルバチョフ大統領はロシア国内で己の権力基盤を脆弱化させつつあったので、そのような危険にはことさら敏感とならざるをえない。おそらくそのためであろう、同大統領は、「第一オプション」の採択を躊躇し、その代りに、「第二オプション」を良しと判断した。仮に四島すべてを日ソ間の領土問題の係争対象としても、おそらく交渉をダラダラと続ければ済むと考えたのだろう。実際、一九九一年四月の訪日時にゴルバチョフ大統領は「第二オプション」を唱えて、海部俊樹首相とともに署名した日ソ共同声明のなかでそのことを確認した。同声明は、歯舞・色丹・国後・択捉の四島が、「平和条約において解決されるべき領土問題の対象である」と記した。(2) 他方、同大統領は、日ソ共同宣言の第九条第二項が記した「歯舞・色丹の日本への引渡し」を、すでに「歴史によって消し去られたもの」(3) と見なし、その有効性の確認を拒否した。

エリツィン・ロシア大統領も、一九九三年の公式訪日の折、ゴルバチョフ大統領の一九九一年の訪日時と同様、「第二オプション」を選択した。すなわち、細川護熙《もりひろ》首相とともに署名した東京宣言のなかで択捉・国後・色丹・歯舞の四島を日ロ間の領土交渉対象であることを確認した。他方、一九五六年の日ソ共同宣言の有効性に関しては、わずかに離日直前の共同記者会見において口頭で言及するだけにとどまった。

プーチンは、「第一オプション」

ところが、プーチン大統領の日ロ間の領土論争についての考え方は、ゴルバチョフ、エリツィン両大統領のそれとは異なる。右の二つの選択肢でいうと、プーチン大統領は、明らかに「第二オプション」でなく、「第一オプション」を選択しているからである。つまり、一九五六年の日ソ共同宣言を重視して、その有効性を明確に確認する。ただし、同宣言をロシア側に都合のいいように解釈して、歯舞・色丹の二島の引渡しだけで日ロ間の領土論争にけりをつけようとする。

プーチン大統領は、なぜ日本に対して二島返還義務を確認する「第一オプション」を選んだのだろうか？　おそらく同大統領は、以下のように考えたからだろう。まず、プーチン政権は、中国やカザフスタンとの国境線画定を〝面積等分方式〟で行った。が、その決断に対してロシア国内の保守派、極東の知事たち、国民世論などからの必ずしも格別強硬な反対論には遭遇しなかった。この体験に味をしめて、たとえ日本に二島を返還してもロシア国内からさほど強硬な反発を買わないと考えるにいたったのだろう。

次に、日本国内の動きも影響しているだろう。鈴木宗男議員などが説く〝段階的解決論〟または〝二島先行返還論〟を巧みに利用すれば、二島を返還するだけで長年続いた日ロ間の領土紛争にピリオドを打つことができるかもしれない。たしかに、同議員の(一時的な)失脚や外務省騒動によって、〝二島先行返還論〟は、勢いを失うかのように見えた。だが、日本国内で「とりあえず二島返還」[4]の声が完全に消滅したわけではない。北方領土返還運動の原点とされる根室においてすら、〝二島糸口返還論〟が提案されている。[5]おそらく、戦後六〇年の節目などを迎えるにもかかわらず、四島返還の目途がまったくたっていないからであろう。

さらに、プーチン大統領自身は、次のように考えているのかもしれない。もしいま二島(係争四島の全面積のわずか七％を占めるにすぎない)返還で、北方領土問題に決着をつけうるならば、ロシア側としてはお安い代価ではないか。ソ連に比べ日本の国力が著しく劣勢であった一九五六年時点においてすら、ニキータ・フルシチョフ第一書記は、〝二島返還〟で日本との領土論争に終止符を打とうとした。日本が世界第二位の経済大国となったいま、〝二島返還〟で手を打つのはロシアにとり決して悪くない取引きであろう。もちろん、日本側は残りの二島についても必ずや継続協議を要求してくるに違いない。しかし、そのような日本側の反応についてはさほど心配する必要はないだろう。ロシアがお得意とするだらだら交渉戦術に訴え、協議を続けるジェスチャーさえ示しておけば十分である。その間、残りの二島を人質にとって、日本から思う存分経済援助や協力を引き出すことすら不可能ではない。

二　日本の経済力を利用する

日本の経済力を、ロシアのために利用する。これが、プーチン政権の対日政策の狙いに見られる第二の特徴である。

同政権は、日本を国家として、日本人を国民として必ずしも尊重しているわけではない。だが、日本の豊かな資金、科学技術、経営のノウハウは、「強いロシア」再建のための有効な手段である。このようなプーチン政権の対日観は、ある程度ロシア人一般の間に存在する日本イメージを反映している。たとえば、東京でプーチン・小泉首脳会談が行われた二〇〇五年一一月二一日の『イタルタス』は、全ロシア世論調査センターが実施したアンケート調査を紹介している。それによると、現ロシア人は、日本を「プラグマチック、いな功利主義的なアプローチ」[6]の眼で眺めている。ロシア人の眼には、日本は高品質の家電製品(四八％のロシア人が指摘)、自動車

（同じく三六％）などの工業製品を生産する国（三一％）として映っている。少なからぬロシア人にとって、日本は「経済的成功者の象徴」[7] である。同調査によると、日本がロシアの貿易・経済パートナーとなることを希望するロシア人は、回答者の六一％にも上る。この比率は、大都会ではさらに六九％となる。[8] とくに、後述するように「人口過疎化ではなく実は人口過多に悩む」[9] ロシア極東に日本の経済力を引き込むことは必要不可欠であろう。

しかも、この目標の実現にあたり、プーチン・ロシアは日本との間で、必ずしもギブ・アンド・テイクの互恵ないし相互依存に基づく関係をつくらねばならないとは考えない。テイク・アンド・テイクで一方的に自己を利することを目指す。アメリカの駐ソ連大使を務めたアベレル・ハリマンは、かつてのソ連外交交渉について述べた。ソ連人の「交渉の基準は、お返しについて何の期待も与えるものでなく」「何の代償物の考えも伴わない」、ただひたすら相手側から「キブ・アンド・ギブ・アンド・ギブ」を要求するものであった、[10] と。確かに、ソ連は崩壊した。とはいえ、プーチン現政権も日本に対しては、ハリマンなど多くのソ連通[11]がかつて指摘した、旧ソ連時代と大して変わらぬ手法で臨んでいる。自らは、「ゲームのルールを受け入れようとせず」（リリア・シェフツォーバ）、「およそ不可能なことを要求する虫のよい性向」（ペッカ・ステラ）である。[12] プーチン政権が、対日政策においてこのようにはなはだ虫のよいことを狙っていることを、二、三の具体例を挙げて説明してみよう。

鉄道連結のための資金源

プーチン大統領は、二〇〇一年二月の訪韓中には金大中大統領との会談、二〇〇二年八月のウラジオストクでは金正日総書記との会談において、己の「鉄のシルクロード構想」について熱弁をふるった。朝鮮半島縦貫鉄道とシベリア横断鉄道を連結させようとするプロジェクトである。ところが、この計画実現のための膨大な資金を自ら負担するつもりはロシア側にはない。そのための有効な資金源として期待しているのは、もっぱら韓国、そして日本にほかならない。また、そのような鉄道連結の暁にはアジア地域からヨーロッパへ運ぶ物流の最大の顧客として期待しているのも、同じく韓国、なかんずく日本なのである。[13]

このような日本頼みの一方、プーチン政権は、日本と北朝鮮との両国関係の改善にほとんど関心らしい関心を示そうとしない。日本人拉致問題の解決に対する冷淡な態度が、その好例となる。この問題に関してロシアが日朝間の仲介役を買ってくれるよう小泉純一郎首相が依頼したとき、プーチン大統領はその要請に応じようとしなかった。また、北朝鮮をめぐる第四回六カ国協議（二〇〇五年秋）の席上で、佐々江賢一郎（日本首席代表）が拉致問題を提起したとき、アレクサンドル・アレクセーエフ（ロシア首席代表）は不快感を示しさえした。[14]

パイプラインの建設費

プーチン・ロシアによる同様の身勝手さは、東シベリアからの石油を運ぶパイプラインの建設費その他の諸費用の負担についても見られる。東シベリアのアンガルスク油田の石油を輸送するパイプライン・ルートに関して、プーチン政権は、小泉政権が提案した「太平洋ルート」でなく、どうやら中国提案の「大慶ルート」（タイシェト～スコボロジノ～大慶）を優先することにほぼ決定した模様である。とはいえ、もしそうならば、それはそれで日本側も納得し、東シベリア石油パイプライン・プロジェクトから完全に手を引くであろう。しかし、ロシアが交渉上手なのは、そのように断定的な回答を行わずに、日本に気をもたせるかのように日中両国を天秤にかけるやり方である。とくにプーチン政権が関心を抱いているのは、日本からの資金その他の協力を促すことである。「大慶ルート」支線に引き続いて、スコボロジノから日本海に面するナホトカ近郊のコズミノ港を結ぶ「太平洋ルート」の敷設も行う。そのようなことも示唆することによって、日本がタイシェト～スコボロジノ間のパイプラインの一部建設費すら負担するよう求める。

もしそうだとすると、ロシアは実に虫のよい申し入れをしていることになろう。果たして、アンガルスク油田の埋蔵量が十分な分量のものなのか。つまり、「大慶ルート」と「太平洋ルート」の二つのパイプラインを建設して、なおかつ採算がとれるに足る分量のものなのか。そのことを確認するための同油田の埋蔵量調査が、まだ十分な程度にまで行われているとはいいがたい。つまり、日本が投資して元がとれるとの目途は立っていない。そのような状態にあるにもかかわらず、ロシア側は日本側からの先行投資を要求している模様だからである。

日本企業の進出

プーチン政権は、日本企業をロシア市場へ進出させることにも熱心である。とくに二期目のプーチン政権は、かつてゴルバチョフ、エリツィン時代において必ずしも成功せず事実上お蔵入りとなっていた経済・経営上のアイディアの実現に再び熱意を見せている。たとえば、「経済特区」、外国企業との「合弁会社」、「共同経済活動」などのコンセプトである。プーチンはサンクトペテルブルクの第一助役時代、欧米企業を同市に誘致することに成功した模様である。その経験によって自信をつけ、サンクトペテルブルクでの成功例をロシア連邦に移し変えるという「柳の下のどじょう」を狙っているのかもしれない。

二〇〇五年六月、トヨタ自動車がサンクトペテルブルク郊外への工場進出を決定したとき、プーチン大統領はその起工式に自ら駆けつける熱意を示した。確かに、トヨタのような全世界にそのブランド・ネームが喧伝されている超特大企業は、ロシア政府から特別手厚い保護を受けるかもしれない[15]。だが他方、日本からロシアへ進出した中小・零細企業は、少なくともこれまでは苦戦を強いられてきた。ウラジオストク、ハバロフスク、ユジノサハリンスクなどのロシア極東地域で開業したホテルやレストランが、そうである。一例を挙げると、「まえがき」でも述べたように「ACEES-セイヨー」、「サンタ・リゾート・ホテル」、「サッポロ」。

「イギルマ大陸」(イルクーツク進出)は、日ソ初の合弁企業であるばかりか、その成功例としてつねに引用される優等生的存在であった。ところが、そのイギルマ大陸ですら、ロシア新興財閥による乗っ取りの動きとともに、二〇〇四年末から治安当局や税務署による執拗な捜査や追徴課税に遭遇し、操業に困難をきたすこととなった。

また、一九九二年以来ロシアへ進出した「日本たばこ産業（JT）」の現地法人も、二〇〇四年七月、税務当局からの追徴課税を命じられた。

ロシアへ進出したこれら日本企業の「失敗」の原因は、何か？　穏やかな言葉でいえば、ロシアではまだ税制、インフラストラクチャーその他が未整備であることに基づく。だがもし率直かつ辛辣でさえある表現を用いるならば、次のような原因に基づくといわざるをえない。外国からの進出企業がロシア市場で営業成績を上げ始めるや、ロシア側のパートナーや企業からほとんど決まって買収オファーをもちかけられる。それを断ると、有形無形の嫌がらせに遭う。あるいは、次から次へと新しい口実を設けての追徴課税に遭遇する。国家への納税義務に対しては忠実に応じるのが当然。ほとんど例外なく日本の企業はこのように考えて、それらを履行する。だが一つの税を納めると、ロシア税務当局によって与《くみ》し易しと見なされるのか、また別種の税をかけられる。日本企業には、これらの諸難局をアンダーグラウンドの手段によってくぐり抜けようとする用意も、悪知恵もない。裁判所へ訴えても、長引く訴訟に音をあげる。結果として、ロシア市場からの撤退を余儀なくされる羽目に陥る。

プーチン政権が二〇〇六年九月に行った「サハリン２」に対する事業停止命令も、それまでロシア当局がとってきた日ロ合弁事業に対する手法と大きく変らない。「サハリン２」の事業主体であるサハリン・エナジー社の出資者は、ロイヤル・ダッチ・シェル、三井物産、三菱商事の三社。彼らは、合計して一〇〇％の株を所有する。サハリン・エナジー社は、一九九四年、すなわちロシア経済が脆弱な状態にあったエリツィン前政権期に、「生産物分与協定」に従って設立された。その内容は、外国資本に極めて有利、ロシアに不利な「取引き」であった。ロシアに利益のわずか六％を支払う以外は、投資額のすべてを回収するまで、石油や天然ガスの所有権はサハリン・エナジー社に属する。しかも「サハリン２」の投資総額は当初予定の約一二〇億ドルから約二〇〇億ドルへと倍増したために、ロシアが利益を得るのはさらに先のこととなる。エネルギー価格の高騰によって自信をつけたプーチン政権は、環境保全努力の不備などを理由にして、サハリン・エナジー社に対し事業停止命令を出した。一〇〇％外資系の同社に対して、ロシアの国有企業ガスプロムの参画を認めさせること。これが、同政権の「サハリン２」に対する介入の主な狙いであったことは間違いない。

三　対中国の外交カード

止まない人口流出

シベリアやロシア極東地域（以下、極東）の経済開発に日本を引き込む。これが、プーチン政権の対日政策の目的に関する第三の特色である。

もとより、ロシア一般、とりわけ極東の経済開発・発展のために、日本の資金、科学技術、経営ノウハウを利用しようとする考えは、プーチン時代をもって嚆矢とするわけではない。これは、ゴルバチョフ、エリツィン時代は言うまでもなく、ブレジネフ時代から今日まで一貫して続いている傾向である。とはいえプーチン時代となると、そのような必要性はますます切実となり、とくに極東にとり死活の重要性さえ帯びるようになった。なぜか？　極東からの人口流出そして中国人の過度の進出を防止するためには、日本頼《だの》み以外の適当な対抗策が見あたらないからである。

プーチン・ロシアが直面している最も深刻なロシア国内問題は、人口の減少傾向。ソ連の解体によって、ロシアの人口はほぼ半減した。その後も、ロシア連邦の人口は減少の一途をたどっている。二〇〇六年現在、ロシア連邦の人口は一億四二三〇万人（世界第七位）。二一世紀半ばには、日本（二〇〇五年現在、一億二七七七万人）に比べ人口の少ない国となる、との極端な予想すら存在する。[16]現ロシアは日本同様の少子化に悩んでいるほかに、日本とは大いに異なりアルコール中毒などによる死亡者数が多く、平均寿命が極端に短くなっているからである。

プーチン大統領は、歴代の最高指導者のなかでロシアの人口減少傾向について最も真剣に懸念し、警鐘を鳴らし続けているリーダーである。同大統領は、毎年のように教書演説のなかでこの問題に言及し、適当な対策をとる必要を訴えている。たとえば、同大統領は二〇〇〇年七月八日の初の教書演説のなかで、「もし現在の傾向が続くとするならば、国家としてのロシアの存在は脅かされる。……今日の人口状態は、ロシアが直面している最も深刻なものの一つである」[17]と述べた。

人口減少がとくに顕著なのは、シベリアや極東地域。極東からは、年間七~一〇万人の人間が、西や南へと流出している。二〇〇六年現在の住民数は、わずか六五九万人。他方、対岸の中国東北三省(旧満州の黒龍江省、吉林省、遼寧省)には合計して約一億九〇〇〇万人の中国人が住む。彼我の差は、一六倍以上にも上る。シベリアや極東は、このまま放っておくと急激な人口流出に効果的な歯止めをかけえないこととなろう。結果として、同地域は廃墟と化すか、事実上中国の勢力圏に取り込まれてゆくだろう。ロシア人は、内心では中国人の「静かなる膨張」を懸念している。こう疑って、まず間違いなかろう。

プーチン大統領自身が、極東への中国人の進出傾向に関し敏感な指導者である。やや冗談(?)混じりとはいえ、プーチン大統領は二〇〇〇年七月、中ロ国境沿いの街ブラゴベシェンスクで次のような警告を行った。「近い将来、極東の発展に関して現実に努力がなされないならば、数十年後には、ここのロシア人は主として日本語、中国語、朝鮮語で話していることだろう」[18](傍点、筆者)。同大統領は二〇〇二年八月、ウラジオストクでも、朝鮮半島縦貫鉄道とシベリア横断鉄道との連結の必要を強調するあまり、同様の中国警戒論を口の端に乗せた。「もしロシアがこの(鉄道連結)プロジェクトを推し進めなければ、ロシア極東の経済は、韓国の貨物通過サービスの潜在的利益を失うこととなろう。その代り、通過貨物は中国経由となろう」[19](傍点、筆者)。

鍵は、日本の進出次第

シベリアや極東は「実は人口の過疎化(*under*populated)でなく、人口過多(*over*populated)に悩んでいる」[20](イタリック、筆者)。これは、フィオナ・ヒルとクリフォード・ガディが共著『シベリアの呪い』(二〇〇三年)のなかで指摘し、ロシア研究者たちに衝撃を与えた点である。つまり、冷戦終了後の今日、シベリアや極東では軍産複合体がすたれ、現住民の生活を支えるための適当な雇用《ジョブ》がない。そのために、住民はやむなく他の地域へと流出する。これが、同地域の実態だというのである。

もしこのような事実認識が正しいとするならば、中国や中央アジアからの労働力の招致は、シベリアや極東が直面している問題、すなわち雇用不足を矯正する解決法にはならない。では、何が同地域に雇用をつくりだすことに貢献するのか。海外資本の誘致による新しい産業の促成にほかならない。別の言葉でいうと、資本、モノ、科学技術、経営ノウハウの導入、である。そのようなことを大規模かつスピーディーに提供しうるのは、一体どの国であろうか。広く北東アジアを見渡しても、日本を除いては他に存在しないだろう(韓国は、それに次ぐ)。ドミトリー・トレーニン(カーネギー財団モスクワ・センター副所長)も、日本こそがシベリアと極東の再建の鍵を握っているとして、記す。

「私の意見によれば、シベリアと極東の近代化のための重要パートナーとして、(ロシアは)日本を当てにすべきである。ロシアのこれらの地域で、日本は、ロシアの西部地域でドイツやEUが演じた役割と似かよった役割を、演じることができるだろう。日本の財政的能力、技術的リーダーシップ、地政学的位置――これらは、ロシアの東部地域の適当な〝近代化のためのパートナー〟の地位を、日本に与える。ロシアが日本との間でそのようなパートナーシップを発展させるならば、アジア全体におけるロシアの地位を強化することも可能にするだろう[21]」。

右に引用したトレーニンのような先見的見解は、プーチン現政権の政策決定者たちの間で必ずしも未だ支配的な意見となっているわけではない。とはいえ、今後おそらく彼らの間でこのような見方が広まってゆくだろう。

四　中国の潜在的脅威に対する備え

中国は、将来ロシアの安全保障にとっての脅威の源となるかもしれない。そのような万が一の可能性に備える方法として、日本との安保対話・防衛協力を維持し、拡大しさえする。これをもって、プーチン政権の対日政策の特徴の一つと見なして差し支えないであろう。

確かに中国は、今日、ロシアが「戦略的パートナーシップ」関係を結んでいる当の相手国である。とはいえ、そもそも中ロ両国はなぜ「同盟(альянс)」でなく、「パートナーシップ(партнёрство)」関係を維持しようとするのか。一つには、互いに他を潜在的な脅威源であると見なして、決して心を許していないからだろう。

二〇〇三年一月の小泉首相の初の公式訪ロの折に採択された「日ロ両首脳共同声明」は、記している。両国は、「(日ロ両国の)戦略的、地政学的な利害に合致する創造的パートナーシップの構築」(傍点、筆者)を目指す[22]、と。文中の「戦略的、地政学的な利害」とは一体何を意味しているのか？　それは、主として「中国からの脅威への対処」を意味するユーフォミズム(婉曲的表現)である。こう解釈できないことはないだろう。

またこのとき、プーチン大統領は小泉首相に向かって述べた。「日ロ両国は、短期的でなく戦略的な意味において互いを必要とする」[23](傍点、筆者)。ロシア大統領はなぜわざわざ「短期的でなく」と、断ったのだろうか。もし北朝鮮の核武装化を念頭においているのなら、ノドン、テポドンをもつ北朝鮮は少なくとも日本にとりすでに差し迫った脅威となっている。また、北朝鮮の核問題が米朝間の軍事衝突を導くような場合、ロシアと日本は北朝鮮からの難民防止、その他の分野で協力する必要に迫られるだろう。では、長期的な視野から見て、日ロ両国が「戦略的な意味において互いを必要とする」ケースとは、どのような場合だろうか。中国が潜在的な脅威から顕在的な脅威となる場合を除いて、そのようなケースは他にちょっと考えにくいであろう。

中ロ両国は、二〇〇五年八月、大規模な合同軍事演習を実施した。このことは、確かである。だが、軍事演習を共同で行ったからといって、両国間に対立の契機が存在しないとは限らない。この、合同演習は、アメリカ、日本、台湾、朝鮮半島などに向けた単なる外交デモンストレーションにすぎなかったのかもしれない。また、両国間の兵器売買を促進するための実物試用の機会を兼ねていたのかもしれない。

他方、ロシアは日本との間で「安保対話・防衛協力プログラム」を順調に拡大しつつある。同プログラムは、エリツィン政権期の一九九六年に始まった。その後、日ロ両国は、以下のような事業を実施してきている。防衛庁長官、国防相を始めとする軍最高幹部の相互訪問、両国の軍用艦艇の相手国の港湾への寄港、ロシア太平洋艦隊の海上自衛隊との日本海北部での捜索・救難活動の共同訓練、等々。プーチン政権下で、このような日ロ間の防衛協力はすっかり定着し、慣例化したといってよい。二〇〇一年一二月、北朝鮮の工作船と思われる不審船が日本領海を侵犯した折、同船への警告や追跡に協力したのは、ほかならぬロシア海軍であった。二〇〇五年八月、ロシア原子力潜水艇がカムチャツカ沖で浮上困難となったとき、ロシア海軍は、米英に対すると同様、日本の海上自衛隊に最初に救援を依頼した。

何が最重要目的なのか

――以上、プーチン政権の対日政策の「目的」に関する特色として、筆者が重要と見なすものを列挙した。復習すると、次の四つである。①領土論争に関しては、〝二島返還〟でけりをつける。②ロシアの発展のために日本の経済力を利用する。③ロシアの対中国牽制のカードとして日本を外交的に利用する。④将来中国が膨張しロシアの安全保障にとり脅威となる場合に備えて、日本との間で防衛協力を推進する。

問題は、これら四つの対日目標の相互関係である。もとより、プーチン政権は、これらすべての同時的達成を望んでいるにちがいない。しかし、もしそれが難しい場合には、どの目的を優先する一方で、他の目標を後回しにしたり、達成を断念したりするのか？　一言でいうと、四つの目標間の優先順位が問題となる。

一般論として優先順位表(プライオリティー・リスト)を決める際には、通常、次の三点が重要な役割を演じる。第一は、目標達成の難易度。指導者も人の子、実現可能な目標から手をつけがちである。そして、それも一つのやり方なのである。たとえ小さな目標であれそれを成就するならば、自信の向上に役立つ。そればかりか、世間や周囲の者たちもそのことを認め、次に難しい課題に取り組み時間をかけている姿に対して、より寛容な眼を向けることとなるだろう。

第二は、「課題の緊急性(policy imperative)」。つまり、今差しあたって緊急の対応や解決が迫られている事柄に対しては、何を差しおいても真っ先に取り組む必要がある。逆にそのような緊急性が少ない事項は、後回しにするのも止むをえない。このような考え方に従うと、プーチン政権の対日政策の諸「目的」は、ほぼ筆者が右に説明を加えた順序で優先順位が高いと見なしてよいだろう。たとえば、中国の膨張や覇権主義傾向に対する警戒心に基づく、日本との安保協力。そのような懸念は、近い将来現実のものとなるかもしれないし、実現しないかもしれない。可能性に属する事柄といえる。したがって、今日、ロシアが日本やアメリカと一緒になって直ちに対処せねばならぬ緊急課題のようには必ずしも思われない。

第三は、四つの「目的」相互間の論理的な位置関係。たとえば、目標Aをまず達成すれば、そのことによって目標Bの実現がより一層容易になる。もしもこのような因果関係が存在するのならば、その順序にしたがって物事を処理してゆくのが、すべての目標を達成するための要諦であろう。時間やコストの点からいっても、効果的なやり方であろう。右のような考え方が正しいとすると、プーチン政権はいったい何を対日政策目標の第一順位におくのか。これは、とくに日本政府の対ロ政策形成にとっても重要な問いとなる。

プーチン政権は、対日政策の作成にあたり領土論争解決を優先順位の第一においている。今ここでこのように仮定しよう（本章の筆者個人にとっては、そのようなことはまったく正当な考え方のように思われる）。もしそうならば、プーチン政権は単に領土論争の解決に真剣に取り組むばかりでなく、日本側の要求を容れることが必要となろう。そのことが、対日関係改善のために突破すべき第一関門だからである。第一関門を通過することによって、第二、第三、第四の目的の達成が容易となる。あるいはひょっとすると、それらが初めて可能となる。事実、日ロ間の懸案の領土論争が日本側にとり満足ゆく形で解決しなければ、日本側はその他の項目すなわち「対ロシアの経済協力」や「対中問題についての日ロ共同の取り組み」に関して、対ロ協力を衷心から行う気持とはならないであろう。それらの項目に進展が見られたり、達成されたりするか否かの鍵を握っているのは、ひとえに第一目的に対するロシア側の態度次第ということとなろう。

II　「行動様式」についての特徴

次に、プーチン政権の対日政策の「行動様式」に関する特徴としては、以下の四点を指摘できる。

一　大統領の言動の不一致

プーチン大統領は、外交辞令にたけている。したがって、同大統領の口頭発言を額面どおりに受けると、実際の行いによって大きく裏切られることとなる。つまり、対外政策の最高決定者にみられる言動の不一致――これこそが、プーチン政権の対日行動様式の第一の特徴である。

外交辞令の名手

まず、プーチン大統領が、いかに白々とした外交辞令を口の端に乗せるかを示そう。同大統領は、日本に対し大の親日家であることを強調する。たとえば、プーチンが故小渕恵三首相(当時)に述べた言葉は、あまりにも有名である。二〇〇〇年一月、大統領代行に就任したプーチン宛に小渕首相が祝いの電話をかけたとき、プーチンは二度にわたって次の台詞を繰り返した。「私は、柔道を二〇年以上もやってきました。(そのように)日本の伝統、文化の深さを知る者としての私が果たして日本を愛さないはずがありましょうか[24]」。

だが、これは、プーチンお得意の外交辞令にすぎない。ほかならぬ本人自身が、そうであることを認めている。すなわち、マドレーン・オルブライト米国務長官(当時)に会ったとき、プーチン大統領は率直に告白した。「確かに私は、長い間柔道をやっています。中国料理を好み、箸を使うのも好きです。しかしこれらは、エキゾチックな魅力をもつ事柄にすぎません。ヨーロッパ人であるわれわれのメンタリティーではありません[25]」。

オランダ訪問を前にしてのハーグでのテレビや記者団とのインタビュー中において、プーチン大統領は語った。「われわれ(ロシア)の領土は大部分がアジアにあります。しかし、そこに住んでいる人々の文化やメンタリティーはヨーロッパ人のそれなのです。わが国の八〇%以上の人々がキリスト教徒であり、ヨーロッパ文化の伝統的な価値に従って育ってきたのです[26]」。同大統領は、元来チェコスロバキア、すなわちヨーロッパ出身のオルブライト長官に向かい、先に引用した箇所に続けて語った。「ロシアは、ヨーロッパの揺るぎない一部に属せねばなりません[27]」。オルブライトに向かってばかりではない。ヨーロッパからの賓客を迎えるとき必ずといってよいほど、プーチン大統領はロシアのヨーロッパ性を力説する。二〇〇〇年五月、NATO事務総長(当時)のジョージ・ロバートソン卿に向かい、同大統領は、こう述べた。「ロシアは、地理、文化、経済の総合水準の観点から、これまでヨーロッパの国家であったし、今後もそうであるでしょう。欧州連合(EU)の基本原則は、ロシア連邦の政策のそれでもあります。ロシアは、今後長らくの間ＥＵとの関係に優先権を与え続けるでしょう」[28]。

ところが、である。プーチン大統領は、アジア諸国の訪問の際にはロシアのアジア性をことさらのように強調する。たとえば、二〇〇〇年七月の北京訪問の際に同大統領は述べた。「ロシアは、ヨーロッパであると同時に、アジアの国です。われわれは、ヨーロッパのプラグマティズムとアジアの叡智がともに正しいと考えます。ロシアの政策は、バランスを保つべきです。このような意味で、中国との関係は疑いもなくわれわれの主な優先権の一つなのです」[29]。プーチン大統領はインド訪問中には、次のように述べる。「ロシアは、インドとどこかでいつも精神的につながっています。ロシアにとり、インドに代わる別の選択肢はありません」[30]。

日本に対しては柔道が自らの最大の趣味であることをアピールするように、プーチン大統領は、カナダへ行けばアイスホッケーが自身の趣味である、スペインへ出かけると自分がベラスケスの絵画の大ファンであると述べる[31]。ローマ訪問中には、「われわれ（ロシア人）はイタリアを愛している」とのお世辞をふりまいた[32]。

日本の首相たちを手玉にとる

一般論として、プーチン大統領は、世界各国の首脳たちとの間で親密な個人的関係を構築することには異常なまでの関心を示す。同大統領は、ドイツのゲアハルト・シュレーダー首相、イタリアのシルヴィオ・ベルルスコーニ首相、フランスのジャック・シラク大統領を、すっかりプーチン・ファンとした。イギリスのトニー・ブレア首相、アメリカのジョージ・ブッシュ大統領との個人的な関係も決して悪くない。だがプーチン大統領は、西側諸国の最高指導者との間では個人的な親愛の情を示すものの、そのことと外交政策との間を明確に区別する一線を引く。

日本のリーダーたる者、常に右のことを意識し、プーチン大統領の外交辞令を間違っても真に受けて、そこから過大な期待や幻想を抱くべきではない。たとえば、森喜朗元首相や小泉前首相に対するプーチン大統領の態度は、ほとんど常にソフトで、好意に満ちたものであった。しかし、同大統領が現実に日本に対してとる政策は、およそそのような好意からは想像しえない類の強硬または冷酷無比な内容のものだった。

二〇〇〇年四月二九日、森首相(当時)がサンクトペテルブルクを訪問した折、プーチン大統領代行は、延べ七時間[33]にもわたって同首相につき添った。エルミタージュ美術館、ロシア美術館での昼食、バレエ鑑賞、遊覧船によるネヴァ川下り、日ロ合弁企業(NEC工場)の視察、等々。しかし、同大統領の対日政策は、このような歓待ぶりとはまったく異なる非妥協的かつ冷徹なものであった。このとき森首相は、同年七月の沖縄G8サミット参加のためにロシア大統領が訪日する機会を利用して、ぜひ東京で公式の日ロ首脳会談を行いたい、と懇請し続けた。だが、プーチン大統領は、もっとも至極といえる森首相のそのような提案に決して同意しなかった。ロシア大統領は、日本(沖縄)の土地を踏みながらも、公式の日ロ首脳会談を行う気は全くなかったのである。同大統領は、「八月末」に改めて訪日することにようやく合意した。

結局、プーチン大統領が公式訪日したのは八月末でもなく、九月三～五日のことであった。しかも、そのとき同大統領は東京にストレートに向かおうとしなかった。九月三日にサハリン州の首都ユジノサハリンスク(旧豊原)市にわざわざ立ち寄ったあと、東京へ向かったのである。九月三日は、ロシアの対日戦勝記念日。ユジノサハリンスク市の街中には、「サハリンが日本の侵略から解放された偉大な勝利の五五周年を祝おう」と記したポスターが、ひるがえっていた。プーチン大統領は、対日戦没者が祀られている「対日戦勝名誉の碑」に献花したあと、東京入りした。同大統領が日本人向けに伝えようとする政治的メッセージは、明らかすぎるほど明らかであった。ソ連による対日参戦は正当であり、その戦争にソ連は勝利した。ロシアは、対日戦の勝利によって自己の支配下に収めた北方四島を決して手離さないであろう。

このようにして東京に到着したプーチン大統領を、森首相夫妻はわざわざ羽田空港まで出迎える礼をとった。

通常は、日本の外相レベルの人物が行うべき外交儀礼である。事実、ゴルバチョフ、エリツィン大統領の公式訪日の折には、そうであった。さらに驚いたことには、森首相は自らロシア大統領車に乗り込み、プーチン大統領の宿泊先まで同伴した。これまた、外交儀典上例外と見なされる行為である。[34] しかも森首相は、連日プーチン大統領の宿舎である元赤坂の迎賓館へ自らが出向いて首脳会談を行った。九月四日夕の歓迎晩餐会も、同じ場所で行った。同大統領に同伴したリュドミーラ夫人は、晩餐会へ和服姿で現れた。翌日プーチン大統領自身は、講道館での模範試合のあと、花束贈呈役の少女にわざと背負い投げで一本とられて見せた。だが、日本人向けに愛嬌とサービスをふりまいて見せるこれらのパフォーマンスとは裏腹に、プーチン大統領の対日政策そのものは極めて厳しいものであった。対日交渉の中心議題である領土問題に関して、とくにそうであった。

エリツィン前大統領は、橋本龍太郎元首相との間で「日ロ双方は二〇〇〇年までの平和条約締結に全力を尽くす」との約束を交していた。だが、エリツィンの後継者であるプーチン大統領は、クラスノヤルスクや伊東市川奈で前大統領が日本の首相との間で交した約束にいかなる法的拘束力も認めようとしなかった。そのような合意は、「単なる努力目標にすぎない。履行義務を課したものではない。法学部出身者としての私は、そのように解釈する」[35]。プーチン大統領は、首脳会談の共同記者会見でこのように冷たく言い放った。クラスノヤルスクや川奈で日ロ両国の最高責任者によってなされた合意が、二〇〇〇年になぜ実現しないのか。日本人の誰しもが抱くこの問いに対して、プーチン大統領は、ロシアの世論がその実現を許さないことを示唆する以外、日本側に向かい何ら説得的な理由をつけ加えようとはしなかった。

プーチン大統領は、小泉前首相を個人的には厚遇したかのように見えた。確かに、二〇〇三年一月、小泉首相が初の公式訪問を行ったとき、プーチン大統領は、公式会談のほかに、小泉首相をクレムリン内の己の個人住居の中にも招きいれ、通訳を交えただけの約一時間半、お茶をともにし、懇談するなどの歓待ぶりを示した。だが、このように個人的には極めて愛想が良い一方、対日政策の実際では極めて自分勝手な態度をとった。たとえば、同大統領は次は自分の順番となった公式訪日に、長い間まったく応じようとはしなかった。小泉首相は二〇〇五年五月九日の対独戦勝六〇周年記念式典に出席するためにあえてモスクワを訪問した。プーチン大統領の訪日スケジュールの決定を促したいと考えたからにほかならなかった。だが、そのような行動もプーチン大統領に影響を与えることには貢献しなかった。どうやら同大統領に対しては、義理人情の浪花節や、英語でいう"favor for favor"（恩義には恩義で報いる）は、通用しないようである。同大統領が二〇〇五年一一月に訪日することを明らかにしたのは、トヨタ自動車のロシア進出が決定したあとの同工場起工式の日（二〇〇五年六月一四日）のことであった。しかも、小泉首相自身に対して直接通知したのではなく、起工式参列の森前首相を通じて間接的に伝えるというやり方によってであった。

二　首尾一貫性の欠如

以前に行った言動と現時点で行うそれとの間における乖離。仮にそのようなものが発見されようとも、状況が異なるのだから、政策が変わるのは当然。こう弁明して、突如の豹変すらまったく意に介さない態度。これが、プーチン政権の対日行動様式の第二の特徴といえる。

法学部出身者としての自慢

まずプーチン大統領の対日外交についての諸発言のなかには、大きな矛盾が見出される。たとえば、二〇〇〇年九月初めの公式初訪日の際に合同記者会見の席上で述べた同大統領の言葉を、もう一度正確に引用してみよう。「二〇〇〇年までの平和条約締結」の合意は、単なる努力目標にすぎない。口頭の約束は必ずしも履行義務を伴うものでない。私は大学で法律の教育を受けているので、このことは自明である」[36]（傍点、筆者）。こう述べて、プーチン大統領はエリツィン前大統領が橋本首相（当時）との間で行った「日ロ双方は二〇〇〇年までの平和条約締結に全力を尽くす」との合意を、弊履のように打ち捨てた。

プーチンがレニングラード国立大学「法学部出身者」であることは、間違いない。ゴルバチョフがモスクワ国立大学の法学部出身者であることと同じく、紛れもない事実である。プーチンがもし「法律の教育を受けている」者としての態度や立場を一貫させるならば、それはそれなりに立派である。自慢にさえ値するであろう。しかしながら、右に引用した発言は、エリツィン前大統領が橋本首相との間で行った合意の有効性を、プーチン大統領がもっぱら否定したいがためになされたものである。同大統領は、その他の時や場所では「法学部出身者」あるいは「法律の訓練をうけている」人物とはとうてい見なしがたい発言を行うからである。法律を無視したり、誤った法律解釈をくだしたりしている。そのような例を、一、二挙げよう。

自由自在の法解釈

たとえば、プーチン大統領は、「日ソ共同宣言」（一九五六年）第九条第二項を重要視するあまり、他の法律文書を軽視する。加えて、同大統領は、同宣言についての己の一方的な解釈を他に押しつけようとする。同大統領は、歯舞・色丹二島のみの対日引渡しによって日本との領土問題に決着をつけ、日ロ平和条約を締結したいと欲している。そのために同大統領は、法律家としてはあるまじき恣意的な法解釈を行ってみせる。同大統領は、己の〝二島返還論〟の根拠として、一九五六年の「日ソ共同宣言」が日ソ両国の最高議決機関によって批准された最高の国際条約であることを力説する。確かにそのこと自体は、間違いではない。しかしプーチン大統領は、その一方で少なくとも次の二つの事実を無視している。

一は、「日ソ共同宣言」第九条の第二項のみを引用して、同九条第一項の存在を無視すること。第一項は、同「宣言」の採択後に平和条約の締結交渉を継続することに日ソ両国が合意したと記している。一九五六年には、日ソ間で領土問題に関し合意が得られなかったために、「共同宣言」が平和条約となりえなかった。その経緯から考えて、平和条約交渉とはすなわち当時係争の的となった歯舞・色丹・国後・択捉四島の帰属交渉であることは明白である。つまり、二島(歯舞・色丹)だけでなく、残りの二島(国後・択捉)の帰属交渉である。しかも、歯舞・色丹は日本への引渡しが決定済みであるので、国後・択捉こそが平和条約後の交渉対象となる。

二は、プーチン大統領は、次のことを意図的に無視している。「日ソ共同宣言」以外に、日ソ・日ロ間で合意されたその他の条約、協定、声明なども また等しく日ロ交渉のための立派な法的基礎となること。まず、ロシアも調印している「条約法に関するウィーン条約」は、次のように規定する。「効力を有するすべての条約は、当事国を拘束し、当事国はこれらの条約を誠実に履行しなければならない」(第二六条)。具体的には、東京宣言(一九九三年)、モスクワ宣言(一九九八年)、イルクーツク声明(二〇〇一年)、日ロ両首脳共同声明(二〇〇三年)などが、そのような「効力を有するすべての条約」にあたる。これらの法律文書は、択捉、国後、色丹、歯舞の四島の帰属問題が、日ロ平和条約交渉の対象であることを、明記している。また、日ロ両外務省が合意して作成した「日ロ領土問題の歴史に関する共同作成資料集」(旧版ならびに新版)は、これらを含む四二点の文書が日ロ交渉が依拠すべき法的根拠であるとしている(37)。

要するに、プーチン大統領は、ソ連邦崩壊後に誕生した「新生ロシア」が日本との間で合意したこれらの法律文書を、ほとんど無視せんばかりの態度をとっている。その代りに、ソ連時代に締結された「日ソ共同宣言」のみを重視する。しかも、同九条に一方的なロシア式解釈をほどこして、もっぱら第九条第二項ばかりを援用しようとする。これらは、とうてい「法学部出身者」や「法律の教育を受けている」者が行うやり方ではない。

国際法的取り決めの無視

もう一例を挙げる。二〇〇五年九月二七日にロシアテレビ(RTR)生中継番組のなかでプーチン大統領が行った発言である。国後島出身のサハリン国立大学の学生の質問に答える形で、同大統領は述べた。「(北方四島は)現在、ロシア連邦の主権下にある。このことは国際法によって確定されており、第二次世界大戦の結果である。この点について議論するつもりはまったくない[38]」。約二カ月後の日本公式訪問(一一月二一日)の折にも、同大統領は基本的にこの主張を繰り返した。

これは、改めて反論する気にもなれない暴論である。プーチンの右の主張は、一言でいえば「戦争結果不動論」に基づいている。戦争の勝敗がすべてを決める。だから勝者は、敗者の同意なしに敗者から領土を奪っても差し支えない。これは、同大統領が第一回目の公式来日時に「私は、法律家である」と豪語したことを裏切る、国際法無視の立場である。

第一に、日本はソ連との間では戦争を行っていない。日本は、ソ連との間で日ソ中立条約を結んでいた。ソ連が同条約の破棄を一方的に宣言した場合ですら、その宣言の日から一年間は同条約は有効、と日ソ中立条約は規定していた。第二に、ソ連も合意した「大西洋憲章」「カイロ宣言」「ポツダム宣言」は、〈領土不拡大の原則〉を約束している。アメリカが沖縄その他を日本に返還したのは、この原則を遵守すればこそであった。これらの諸条約に同意したソ連は、その他の署名国と同様に〈領土不拡大の原則〉を守るべき法的義務をもつ。第三に、領土の移転あるいは国境線の画定は、当事国同士の間の合意によって初めて成立する。たとえロシアが解決済みを主張しようとも、日本がそれに合意しない限り、日ソ(日ロ)間の国境線の変更は生じない。第一期目のプーチン政権の外務大臣であったイーゴリ・イワノフは、二〇〇二年春の下院でこのような国際法の原則を認め、次のように述べていた。「ご存知のように、われわれは日本との間に国際条約や法秩序において確定された国境をもっていない。われわれは、東京との間に平和条約をもたないのだ。したがって、これらの問題が、日本との交渉の重要な構成要素となる[39]」(傍点、筆者)。

以上の国際法の常識や規定にもかかわらず、プーチン大統領が北方四島の主権について「議論するつもりはまったくない」と述べるのは、まるで問答無用の態度。ソ連時代「ミスター・ニエット」のニックネームで有名だったアンドレイ・グロムイコ外相の時代へ逆戻りとの印象をうける。

三　理屈よりも力の尊重

プーチン政権——とくにその二期目の同政権——は、「ソ連時代に先祖返り[40]」を遂げつつある。同政権の外交は理屈よりも、力を重視する傾向を示している。"力"のなかでも、ソフト・パワーよりも、ハード・パワーを重んじる性癖である。これが、プーチン政権の外交政策一般、そして対日行動様式の第三番目の特徴となっている。

ソフト・パワーとは、他国をして強制することなく、自国を模倣したり味方となりたいと自発的に思わせたりするような格別の魅力を指す。政治的価値観、政治制度の魅力、文化など無形の力である[41]。たとえばプーチン政権がその外交政策上おいている優先権を一つ例にとってみても、同政権がソフト・パワーを重視しているとはとうてい思い難い。かつて国力の構成条件とみなされたハードな要素を依然として重視して、プーチン外交の優先権を決めているからである。国土の広さ、人口の大きさ、軍事力、経済力といった伝統的指標である。プーチン大統領が毎年一度行う教書演説は、アジア諸国のなかで中国とインドについてはつねに言及する一方、日本については二〇〇四年度にわずか一度言及したことがあるにすぎなかった。このことから判断するだけでも、現ロシア大統領が国力の基準としてソフト・パワーよりも、ハード・パワーを重視していることは、ほぼ明らかといえよう。

プーチン大統領は、二〇〇四年一〇月、胡錦濤国家主席との間で中ロ間の係争領土についての合意に達した。

中ロどちらの側がより多く譲歩したのか？　確かに、コップに半分入っている水をどう解釈するかの問いに似て、答えは分かれるかもしれない。とはいえ、従来ロシア側が実効支配中だった三島を二分し、係争領土の約半分を中国側に引き渡すことにした。このような見方からいえば、ロシア側が中国側に対して譲歩したといえるであろう。プーチン政権は、翌二〇〇五年一月にカザフスタンとの間でも、同様の〝面積等分方式〟で国境線交渉に終止符を打った。

ところが他方、プーチン政権は日本に対しては〝面積等分方式〟の提案すら行っていない。提案しているのは、歯舞・色丹の二島のみの引渡しである。これら二島は、係争中の四島全体の面積のわずか七％にすぎない。プーチン大統領は、中ロと日ロの間の領土問題には「共通点がない」[42]との理由で、中ロ間の〝面積等分方式〟を日ロ間へ適用しえないことを示唆する。では、なぜ両者の間に「共通点がない」のか？　この問いに対しては、納得ゆく説明を与えようとしない。ロシアの安全保障の観点からいうと、中国と日本の間では大きな差異が存在するからかもしれない。ロシアにとり、自国と地続きで四三〇〇キロメートルの国境線をともにする中国は、潜在的脅威の源である。他方、自国と海を隔ててしか隣り合っていない日本は、ロシアの安全保障にとって格別脅威の源ではない。したがって、プーチン・ロシアは己が脅威を感じる中国に対しては宥和政策で接する一方、そうでない日本に対しては強面の態度で臨めば十分。このように考えているのかもしれない。

四　翼賛型の政策執行キャンペーン

上部からなされる命令に忠実に従い、見事にオーケストレイトされた形で政策を執行する。これが、プーチン政権の対日行動様式の第四番目の特徴である。

ゴルバチョフ、エリツィン時代においては、日本との間の領土論争に関してロシア社会では複数の見解が表明されていた。[43] たとえば日本に引き渡すべきと考える島の数に関して、「零《ゼロ》」、「二島」、「二島プラスα」、「三島」、「四島」といった様々な意見が、ややオーバーに言えば百花繚乱のように提出されていた。エリツィン時代には、アンドレイ・コズィレフ外相やゲオルギー・クナーゼ外務次官などの外務省高官たちも、日本との領土問題に関して柔軟な発言を行っていた。[44] 〝法と正義〟、〝二島プラスα〟などのアイディアである。ところが、第二期プーチン政権によって〝二島返還論〟が正式に発表されて以来の現ロシアの状況は、どうであろう。〝二島返還論〟以外の提案を一切耳にしなくなったのである。〝二島返還論〟キャンペーンが、ほとんど一糸乱れぬ形で上からオーケストレイトされ展開されている。それは、あたかもプーチン統治が掲げる「垂直統治（вертикаль власти）」スローガンを地でゆくかのような動きである。

対日本の領土問題に関しては、〝二島返還論〟こそが、ロシア側の正当な主張。この公式的立場が、まるで金太郎飴のように次から次へと発表されている。次に箇条書きに列挙するものは、その一例にすぎない。ノダリ・シモニア（当時、ロシア科学アカデミー世界経済国際関係研究所所長）による『イズベスチヤ』（二〇〇五・一・一二）紙上論文。[45] ユーリー・ルシコフ（モスクワ市長）による同じく『イズベスチヤ』（二〇〇五・二・二二）紙上論文。[46] ドミトリー・トレーニンとワシリー・ミヘーエフによるカーネギー財団モスクワ・センター・シリーズ用の共著論文（二〇〇五年四月）。[47] ミハイル・ガルージン（在日ロシア大使館次席公使）による『国際生活』（二〇〇五年六月号）誌上論文。[48] ボリス・グリズロフ（連邦議会下院（ドゥーマ）議長）による『論拠と事実』（二〇〇五・九・二一）紙の論文、[49] 等々。

また、二〇〇五年一一月二〇～二二日のプーチン大統領の訪日が近づくにつれて、プーチン政権が政府要人たちを北方四島、またはこれらの諸島を己の行政管轄地域と見なすサハリン州へと派遣するキャンペーンも相次いだ。このキャンペーンに動員された主要人物は、たとえば以下の通り。ニコライ・パトルシェフ連邦保安局長官

(二〇〇五年六月、国後島、水晶島)。ニコライ・スパスキー安全保障会議副書記(同六月、択捉島)。セルゲイ・イワノフ国防相兼副首相(当時、同七月、択捉島)。ゲルマン・グレフ経済発展貿易相ら(同九月、ユジノサハリンスク。国後島訪問は悪天候のため中止)、等々。

目的と行動様式の齟齬

最後に検討すべき厄介な問題が一つある。それは、冒頭でも少し触れたように、プーチン政権の対日政策の「目的」と「行動様式」との関係である。理想的にいえば、両者間に齟齬がないことが同政権にとり望ましいであろう。すなわち、「目的」の実現に役立つ「行動様式」をとることである。とはいえ、人間は必ずしも理性的な存在とは限らない。生身の人間は、感情をもち、惰性の誘惑にも身を委ねる。ましてやそのような人間の集団である国家に対しては、合目的的または合理的な行動を期待しえない。そのことを認めるのに、本章筆者はやぶさかではない。

とはいえ、プーチン政権の対日政策ほど、それが「目的」に掲げるものとそれが現実にとる「行動様式」との間に大きな乖離を示す例は、ちょっと他に見あたらない。もし同政権が対日「目標」の優先順位表の第一位に日ロ間の「領土紛争」の解決を通じての平和条約の締結を掲げるのであれば、同政権の実際の「行動様式」は腑に落ちないものだらけとなる。プーチン大統領は、対日交渉において可能なかぎり「言動の不一致」の程度を小さくし、とくに対日領土問題に関する自己主張に「首尾一貫性」を保つようにすべきであろう。さもないと、相手側の日本は、いったいどこに同政権の真意が存在するのか、各提案がぎりぎり決着のものであるのか、理解できないであろう。挙句の果てには、いつものごとく戦術用の牽制球が投げられているにすぎないとすら解釈して、ロシア側からなされるどのようなオファーに対しても真剣に対応しようとしないようになるかもしれない。そうなると、これはロシア側にとってもマイナスとなろう。

「目的」と「手段」の乖離――。実は、これこそが、プーチンの内外政治の一般的特徴なのである。すなわち、プーチンの「目的」は、ロシアの近代化。それを達成する「方法」は、権威主義。(50) この点で、プーチンはピョートル大帝以来の「上から指導される近代化」というロシア的伝統に忠実に従っている。たとえば、プーチンは行政改革(目的)を行おうとしているが、己のアパラチキ(幹部)をしてそれを遂行させるという方法を採る。プーチンはオリガルヒ(寡占大企業)の利己的な利益追求を抑制しようとして、結局市場原理を損なう結果を招いている。また、プーチンは欧米世界との統合を欲する。他方で、ロシアの特殊的な地位に固執する。(51) このように見てくると、プーチン政権の対日政策は、同政権が行っている政治の一般的性格とまったく無関係な類のものではない。むしろ、極端な形でのその顕現にすぎない。このようにすら結論できるであろう。

(1)　Схема подготовки и проведения визита президента СССР в Японию, стр.2 ; Lisbeth Tarlow Bernstein, *On the Rocks : Gorbachev and the Kurile Islands* (Ann Arbor, MI, UMI, Dissertation Services, 1997), p.196 ; アレクサンドル・パノフ著、高橋実・佐藤利郎訳『不信から信頼へ――北方領土交渉の内幕』(サイマル出版会、一九九二年)、八二-八五頁。

(2)　外務省国内広報課『われらの北方領土(二〇〇五年版)』(日本外務省、二〇〇六年)、三八頁。

(3)　«Правда», 20 апреля 1991 года ; «Известия», 20 апреля и 27 апреля 1991 года ; Визит М. С. Горбачев в Японию (16-19 апреля 1991 года) : Документы и материалы, Москва : Политиздат, 1991, стр.76, 94.

(4)　「とりあえず二島返還」が「論理的にありえない」ことであり、日本側がそのような可能性ないしシナリオを信じることが「危険」であることは、日ロ領土交渉の専門家たちによって説かれている。たとえば、袴田茂樹「ありえない「とりあえず二島返還」論」(『産経新聞』二〇〇五・二・八)、本間浩昭「「とりあえず二島」は危険」(『毎日新聞』二〇〇五・二・二二)。

(5)　たとえば、北海道新聞・北海道大学が二〇〇五年一〇月下旬から一一月初めに合同で行った北方領土問題についての世論調査によれば、「歯舞・色丹をまず返還させ、残りは今後の話し合いに委ねる」との見直し提案に賛成した回答者は、北海道のなかで「根室」は六四・三%であり、札幌市の七〇・八%、釧路市の六四・五%に次いで高かった(『北海道新聞』二〇〇五・一一・二一))。

(6) *ITAR-TASS*, 2005.11.21.

(7) *Ibid*.

(8) *Ibid*.

(9) Fiona Hill and Clifford G. Gaddy, *The Siberian Curse : How Communist Planners Left Russia Out in the Cold* (Washington, D.C., The Brookings Institution, 2003), pp.200-201.

(10) Joseph Whelan, *Soviet Diplomacy and Negotiating Behavior : Emerging New Context For U.S. Diplomacy* (Washington, D.C., U.S. Government Printing Office, 1979), Vol.1, p.108から再引用。

(11) ソビエト式交渉術には、〝ギブ・アンド・テイク〟の考えが希薄であることは、次の専門家によっても指摘されている。たとえば、故フィリップ・モーズリー(コロンビア大学)教授も、ベルリン交渉の実務にたずさわった経験からいう。「ソビエト代表者たちは、非常にしばしば、協定への到達というものが次のようなものによって可能となる、と説明されても、いっこうに信じようとはしなかった。つまり、交渉当事者のいずれの側も、自己の立場の全部を貫徹させないで、おのおのが自分の立場の一部を獲得するという、見解のギブ・アンド・テイクのやり方である」。Philip E. Mosely, *The Kremlin and World Politics: Studies in Soviet Policy and Action* (New York, Vintage Book, 1960), p.11；フィリップ・E・モーズリー著、山川雄己・木村汎訳『ソビエトと世界政治』(論争社、一九六二年)、一〇頁。

モスクワ勤務の長かったアメリカの外交官ロイ・ヘンダーソンも、ソ連駐在外交官の座談会のなかで、まったく同趣旨のことを述懐している。「(共産主義指導者たちは)西側の交渉者にとってはあたりまえの、バーゲニング過程におけるギブ・アンド・テイクに関心を示さなかった」。Foy D. Kohler and Mose L. Harvey, eds., *The Soviet Union : Yesterday, Today, Tomorrow: A Colloquy of American Long Timers in Moscow* (Washington, D.C., University of Miami, Center for Advanced International Studies, 1975), p.196.

(12) Lilia Shevtsova, *Putin's Russia* (Revised and expanded edition) (Washington, D.C., Carnegie Endowment for International Peace, 2005), p.319.

(13) 日本がシベリア横断鉄道をほとんど利用していない事実と理由に関しては、次を参照。辻久子「拡大するシベリア横断鉄道の国際利用――日本は蚊帳の外」*ERINA Report*, Vol.52, pp.19-26。

(14) 『北海道新聞』(二〇〇五・七・二八)。次も参照のこと。「朝鮮半島をめぐる六カ国協議を前にして」(「ロシアの声」二〇〇五・七・二二放送)、『ロシア政策動向』第二四巻、第一五号(二〇〇五・七・三一刊)、二五頁。

(15) 同起工式に参加したワレンチナ・マトビェンコ・サンクトペテルブルク市長は、思わず本音(?・)を洩らしたという。トヨタのロシア進出は「寄らば大樹(ロシア、筆者)の陰である」と。町田幸彦「〝大樹の品格〟」『アジア時報』(毎日新聞社内アジア調査会)No.406(二〇〇五年九月号)、四七頁。

(16) 二〇五〇年までに、ロシアの人口は、一億二〇〇万人となる。これは最も楽観的な見方で、最も悲観的な見方では七七〇〇万人(アメリカの著名なモレー・フェッシュバック説)と推定される。Peter Baker and Susan Glasser, *Kremlin Rising: Vladimir Putin's Russia and The End of Revolution* (New York, Serbner, 2005), p.180.

(17) ロシア語は、http://www.kremlin.ru/text/appears/2000/07/28782.shtml。また英文は、http://www.kremlin.ru/eng/text/speeches/2000/07/08/0000_type70029_70658.shtml。

(18) *ITAR-TASS*, 2000.7.21 ; «Независимая газета», 27 июля 2000 года ; Александр Ларин. Китайская политика России при Президенте В. В. Путине, «Проблемы дальнего востока», №3, 2001, стр.16, から再引用。二年後の『ウラジボストーク』紙によると、プーチン大統領の正確な発言内容は、次のようなものだった。「ロシア極東の人口上の危機に関して、大統領は実に厳しい発言をした。すなわち、「一〇年後、当地では、ロシア語は、中国語、朝鮮語、日本語に比べると、しゃべられる頻度が少なくなっているだろう」」。

(19) «Итоги», 14 января 2003 года, стр.9.

(20) Hill and Gaddy, *op.cit.*, pp.200-201.

(21) «Независимая газета», 27 октября 2003 года.

(22) 日本語版は、日本外務省ロシア課、ロシア語版はロシア外務省のサイトで入手可能、http://www.mid.ru。Совместное заявление Президента России и Премьер-министра Японии о принятии российско-японского плана действий. Москва, Кремль, 10 января 2003 года.

(23) 日本外務省欧州局ロシア課「日露首脳会談」(二〇〇三・一・一〇)。

(24) 『読売新聞』(二〇〇〇・五・八)。小渕首相が公邸から電話をかけたとき(二〇〇〇・一・二八)、かたわらに同席していた東郷和彦外務省欧州局長(当時)が、筆者に直接披露してくれた。

(25) Madeleine Albright, *Madam Secretary : A Memoir* (New York, PAN Books, 2003), pp.439-440.
(26) Интервью нидерландскому телеканалу «Нидерланд 1» и газете «НРЦ Хандельсблатт», Президент России Официальный сайт, 31 октября 2005 года, http://www.kremlin.ru/text/appears/2005/10/9646.shtml.
(27) Albright, *op.cit.*, p.40.
(28) *British Broadcasting Corporation Monitoring Summary of World Broadcasting : Former USSR* (May 30, 2000), p.B/1.
(29) Alexander Lukin, *The Bear Watches the Dragon : Russia's Perceptions of China and Evolution of Russian-Chinese Relations Since the Eighteenth Century* (Armonk and New York, M.E. Sharpe, 2003), p.309 ; http://www.president.kremlin.ru/events/98.html.
(30) 『毎日新聞』(二〇〇〇・一〇・六)。
(31) Dale R. Herspring and Peter Rutland, "Putin and Russian Foreign Policy," in Herspring, ed., *Putin's Russia : Past Imperfect, Future Uncertain* (Lanham, MD, Rowman & Littlefield, 2003), p.231 ; Second edition, p.265.
(32) *Ibid.*
(33) 『北海道新聞』(二〇〇〇・四・三〇)は「約五時間」、『日本経済新聞』(二〇〇〇・四・三〇)は「都合六時間」、『産経新聞』(二〇〇〇・五・一)は「約七時間」をともにした、と記した。森首相は、沖縄G8サミットでプーチン大統領と再会した折、サンクトペテルブルクで「七時間近く」をともにしたことに対して、謝意を表明した。日本外務省作成(秘)(限定配布)ペーパー。
(34) 『読売新聞』、『東京新聞』(二〇〇〇・九・四)。
(35) 『北海道新聞』夕刊(二〇〇〇・九・五)。
(36) 『朝日新聞』記者は、同発言を次のように記している。「記者からクラスノヤルスク合意の実現が難しくなったのではないかと問われて、(プーチン大統領は)突然とうとうと語り始めた。「言葉のゲームをするつもりはない。が、私は大学で法律の教育を受けているので、文章をしらべることに慣れてきた。読んでみましょう」。こう述べて、プーチンは、クラスノヤルスク合意を読み上げてみせた。「二〇〇〇年までに平和条約を調印するとは書いていない。書いてあるのは、最大限の努力をするということだ」」佐藤和雄・駒木明義『検証日露首脳交渉――冷戦後の模索』(岩波書店、二〇〇三年)、三〇〇-三〇一頁。

(37) この資料は、外務省のホームページで入手可能である。その解説書としては、木村汎『新版日露国境交渉史——北方領土返還の道』(角川書店、二〇〇五年)参照。

(38) Стенограмма «Прямой линии с Президентом России», 27 сентября 2005 года, Москва, Кремль, http://www.president.kremlin.ru/text/appears/2005/09/94308.shtml.

(39) Выступление в Государственной думе в рамках «правительственного часа» (13 марта 2002 года). ただし興味深いことには、この部分は現在、ロシア外務省の公式サイトからアクセスできなくなっている模様である。

(40) Baker and Glasser, *op.cit.*, pp.66, 266, 315 ; Shevtsova, *op.cit.*, pp.342, 404.

(41) Joseph S. Nye, Jr., *Soft Power:The Means to Success in World Politics* (New York, Public Affairs, 2004), pp.5-6 ; ジョセフ・S・ナイ著、山岡洋一郎訳『ソフト・パワー——21世紀国際政治を制する見えざる力』(日本経済新聞社、二〇〇四年)、二六-二七頁。

(42) «Независимая газета», 4 ноября 2004 года.

(43) 木村汎『遠い隣国——ロシアと日本』(世界思想社、二〇〇二年)、四三四-四五〇、五七〇-五七七頁参照。

(44) 同右、六一六頁。

(45) «Известия», 12 января 2005 года.

(46) «Известия», 22 февраля 2005 года.

(47) Дмитрий Тренин и Василий Михеев. Россия и Япония как ресурс взаимного развития : взгляд из XXI века на проблему XX-го ; Dmitri Trenin and Vasily Mikheev, *Russian and Japan as a Mutual Resource for Development : A Perspective from the Twenty-first Century on a Twentieth-century Problem* (Moscow, Carnegie Endowment for International Peace, 2005), 32p.

(48) Михаил Галузин. Россия-Япония : развязок пока не найдено, «Международная жизнь», №6, 2005, стр.82-92.

(49) Борис Грызлов. Ненапрасная победа, «Аргументы и факты», №38, 21 сентября 2005 года, стр.15.

(50) Shevtsova, *op.cit.*, p.350.

(51) *Ibid.*, p.394.

第八章　ロシアにおける日ロ関係史の現在——「複数の歴史認識」に向けて

天野尚樹

はじめに

北東アジアの国際関係における懸案事項として「歴史問題」が浮上して久しい。一九八二年に、日本の歴史教科書記述に対する中韓両国の批判として先鋭化した歴史問題は、第二次世界大戦後五〇年の一九九五年に再燃して政治化した。この問題は今日にいたっても、衰微する気配を見せていない。一方、日中間、日韓間で騒がれるほどの歴史問題が日ロ間には不在である。とはいえ、これは決して喜ぶべき事態ではない。なぜなら、日本とロシアが依然として「遠い隣国」であることをそれは示しているからである。

ある国を理解し、その関係を深めていこうとするとき、歴史認識の理解は基本作業の一つである。日中・日韓関係においては、双方の歴史記述がさかんに問題にされ、それを紹介する書籍も数多く出版されている。そこでは、未だ目に見える効果を出せていないとはいえ、解決のための方策も模索されている。しかし、日ロ間における同種の試みは極めて少ない。問題の存在は、その解決を要請し、結果として両国間の関係を深めていくための第一歩となりうるが、問題の不在は関係深化の契機すら生まない。日ロ間における歴史認識の相互理解の遅れは、両国間の距離を遠ざけ続ける要因の一つであるといってよい。

二〇〇四年および〇五年を頂点として、戦後百年を迎えた日露戦争に関する歴史が様々な場で語られた。ロシアにおいても同様である。そこで、日ロ関係の歴史に関心が高まったこの機会をとらえ、歴史認識に関する相互理解を、問題の政治化を避けつつ、深め合っていくための端緒を開くことは、両国の協力関係の推進に資するものとなりえよう。その一助とすべく、ロシアにおける日ロ関係史の現在から日露戦争をめぐる言説をとり上げ、その論調を検証することが本章の目的である。

議論は、以下のように構成される。まず第一節で、ソ連時代の日露戦争認識を紹介する。ついで第二節では、愛国心の醸成を争点とする、ソ連崩壊後のロシア政府の歴史教育政策を概観する。第三節および第四節では、今日における歴史教科書と学術文献のなかの日露戦争言説を検証し、最後にまとめを行う。

一　ソ連時代の日露戦争認識(1)

ソ連時代の日露戦争認識は、第二次世界大戦を境に大きく変化する。

ソ連期の日露戦争認識の原型は、ウラジーミル・レーニンの言説にあるといってよいだろう。レーニンは、この戦争について数多くの発言をしているが、なかでも有名なのが「旅順港の陥落」である。これは、一九〇五年一月一四日、ボリシェビキの機関紙『フペリョード』創刊第二号の社説として発表された。このなかでレーニンは、日露戦争の性格を、「古いブルジョア世界と新しいブルジョア世界との戦争に転化した植民地主義戦争」と規定する。レーニンによれば、この戦争を始め、屈辱的敗北を喫したのはロシア国民ではなく、ツァーリの専制政府である。「現代史上最大の出来事」である旅順港の陥落によって、「ツァーリズム陥落の序曲」が打ち鳴らされた。そしてこの序曲は、「新しい偉大な戦争、専制政府に対する国民の戦争、自由のためのプロレタリアートの戦争」へと続いていくのだ、とレーニンは論じている。

ツァーリ政府の対外侵略を激しく糾弾し、日露戦争による敗北を皇帝権力の弱体化として歓迎するレーニンの「敗北主義」的見解は、ソ連時代初期の日露戦争認識を規定した。たとえば、一九三四年までのソ連で最も広く使われた中等学校用歴史教科書であるミハイル・ポクロフスキー著『もっとも簡潔なロシア史』には、次のような記述がある。「国際法によって完全に許容された」日本人の戦闘行為は、ツァーリ政府の侵略的極東政策よりも「はるかに率直で誠実なもの」である。日本軍による旅順港の攻撃に、戦力の整備を怠ったツァーリ政府はただ「泣きわめく」ばかりであった。この敗北にロシアの人民は、「ロシアを戦争に縛りつけた政府に対する真の怒り」にふるえた。旅順港の陥落は、「ロシアにとって全人民的革命の始まりを意味するものであった」(2)。

日本礼賛ですらあるこうした認識が大きく変わるのは、一九三〇年代前半のことである。契機となったのは一九三一年九月の満州事変と、一九三三年一月のヒトラー政権成立であり、第二次世界大戦の勃発が決定的な引金となる。一九二〇年代のネップ期以降、実務的、現実的性格を強めていたボリシェビキにおいて、古い「ロシア的なもの」に対する否定的態度はすでにぬぐわれつつあった。そして、一九三〇年代前半の対外的危機感から国民意識統合の必要性が感じられたとき、ロシア的伝統に根ざした愛国心の発揚に訴えるという手法がとられたのである。

この状況を反映したソ連の日露戦争認識は、一九三四年に作成された『全連邦共産党（ボリシェビキ党）史小教程』によって定式化される。その図式は以下のようにまとめられよう。帝国主義国家日本との戦争に敗れた元凶は、「ロシア人民の最悪の敵」であるツァーリの専制体制にある。ツァーリ政府は、人民の利益とはかけはなれた冒険主義的政策を極東において推し進めた。また、抱えていた将校は凡庸かつ臆病で、官僚は無能だった。したがって、敗北したのは腐敗したツァーリズムであり、ロシアの兵士ではない。兵士たちは、満州の戦場において英雄主義的な不屈さを発揮したのである。(3)

ここに定式化された認識は、ソ連時代を通じて継承されていく。ポクロフスキーは否定され、一九三七年には新しい歴史教科書が採用された。アンドレイ・シェスタコフによるこの『ソ連邦小史』では、日本の宣戦布告なき攻撃を非難し、ロシア軍敗戦の責を、兵士にではなく、「収賄者であり盗人」である司令官たちの無能ぶりに求めている。(4)また、一九四七年に中等学校用教科書として刊行された、アンナ・パンクラートヴァ監修『ソビエト連邦史』では、戦争の原因は、朝鮮・満州だけでなく、サハリンおよびロシア極東全域をも手中に入れようとした日本の侵略的帝国主義にあると断罪している。そして、日露戦争に関する記述を、日本が連合国側に正式に降伏した一九四五年九月二日にヨシフ・スターリンが行った有名な演説からの引用で締めくくっている。すなわち、日露戦争の敗北は、「わが国の上に黒い汚点をとどめた。わが国民は、いつの日か日本が粉砕され、汚点が払拭されるときが来たらんことを信じ、待っていた(5)」。

ブレジネフ時代に刊行された歴史教科書では、「旅順港の陥落」は「旅順港の英雄的防衛」に転換され、次のような記述がなされるようになる。「旅順港の防衛は、ロシアの戦史における輝かしい一ページである。七カ月余りの間、母国との結びつきを断たれ、孤立無援のロシア兵士、水兵たちは、優勢な敵の水陸からの攻撃を撃退した。旅順港の英雄的な防衛戦は、長期にわたって大きな敵兵力を割かせ、彼らに大損害を与えた(6)」。

『党史小教程』で描かれた図式は、学術研究のレベルでも適用される。その圧倒的な利用史料数においては未だ超えるものがない、ボリス・ロマノフ著『日露戦争外交史概論　一八九九〜一九〇七年』(一九三五年初版)は、七〇〇ページにも及ぶ分析を、二つの課題を解明するために費やした。その課題とは第一に、ツァーリ政府を日露戦争に突き動かしたのはアレクサンドル・ベゾブラーゾフ一派に代表される支配階級、すなわち、「新たな市場を求める大ブルジョアジーと最強硬の反動的地主層であった」ということ。第二に、ツァーリズムの侵略的極東政策の対抗馬となった「もうひとりの侵略者」である「日本の帝国主義政策の計画的、侵略的性格を証明すること」であった(7)。

その後に発表された業績でも、こうした認識が共有されたうえで、たとえば、エフゲニー・ジューコフ総監修『極東における国際関係(一八四〇〜一九四九)』は、「ツァーリズムの冒険主義的政策は、日本による侵略戦争の開始を容易にしただけであった」と主張する。また、イワン・ロストゥーノフ編著『日露戦争史　一九〇四〜一九〇五年』では、漁夫の利を狙って日本の帝国主義的侵出をけしかけた、「日露間の対立におけるアメリカとイギリスの立場が、日露戦争の勃発にきわめて大きくあずかった」点が強調されている(8)。

二　ロシア連邦の歴史教育政策

では、今日のロシアにおいて、日露戦争認識はどのような姿で現れているだろうか。その実際を検証する前に、言説を規定する社会的背景となる、ロシア連邦政府の歴史教育政策について触れておくべきであろう。

ソ連崩壊後のロシアの教育政策は、エリツィン時代とプーチン時代で性格を異にする。

エリツィン大統領の教育政策の基本方針を定めたのは、一九九二年に策定された「教育に関する法」である。その特徴は、教育の脱中心化を促すことと、国家よりも個人を重視することにあった。ソ連時代の否定を意図するこの法律に基づいて、公立学校の授業料有料化を含む教育機関の民営化、教育財政およびカリキュラム作成における地方政府の権限拡大、少数民族の教育支援が進められた。歴史教科書については、執筆においても学校での使用においても自由裁量が与えられた。一九九九年には、文部省の認定・推薦を受けた歴史教科書は六八冊をわれた。

数えた[9]。歴史記述は、ソ連時代の否定、模範としての西欧に対して遅れたロシアという図式を基本認識として行

ところで、教育の脱中心化政策による一つの成果として、地域独自の歴史教科書の編纂を挙げることができる。たとえば、ウラジオストクでは一九九八年に、ロシア科学アカデミー極東支部歴史・考古学・民族学研究所によって『ロシア沿海地方の歴史』が編まれた。エフゲニー・ナズドラチェンコ沿海州知事が序文を寄せ、「ロシアの不可分の領域でありながら、……東アジアの経済的および文化的空間の一構成部分」でもある地域としての沿海地方の歴史を学ぶことを奨励している。日露戦争については、列強の領土分割競争の一局面としての日ロ間の衝突と性格規定し、日本軍やロシア軍指導部を強く非難することも、ロシア軍兵士を過度に称揚することもなく、冷静な記述が見られる[10]。

また、サハリンでも一九九五年に、ミハイル・ヴィソコフ（サハリン大学付属歴史・社会・法律大学学長）を中心に『サハリン州の歴史』が編纂された。この教科書は、ロシア人の歴史、あるいは、ロシアと日本とによる植民の歴史にはとどまらない、地域としてのサハリンおよびクリル諸島の歴史を描こうとする。日露戦争については、中国東北部と朝鮮の支配をめぐる日ロ間の激しい競争に原因を求めている。旅順や対馬の戦闘場面は省略される一方、「講和交渉の結末は、主戦場以外の方面における軍事行動の結果に著しく左右された」として、サハリン戦の記述に紙数が割かれているのが特徴的である[11]。

さて一方、プーチン政権の教育政策はどうか。その目指すところを一言でいえば、愛国心の発揚である。実は、エリツィン時代の末期に愛国心教育への方向転換のきざしが見られる。一九九九年一〇月、「ロシア教育システムにおける早期教育開発プログラム」が教育省によって策定された。そこには、個人よりも国家の役割を重視した愛国心教育の必要性が示されていた。プーチンは、首相時代にすでにこう発言している。「愛国心は、ほとん

どのロシア人にとって、固有の、完全に肯定的な価値を保っている。愛国心とは、祖国に対する、祖国の歴史に対する、祖国が成し遂げた偉業に対する誇りである」(『独立新聞』一九九九・一二・一二)。

二〇〇〇年に誕生したプーチン政権の主要課題の一つは、アイデンティティ・クライシスの克服であった。そこでプーチン政府は、エスニシティ単位ではなく、ロシア国家の領域内に住むすべての人々を含む〈ロシア人〉を対象とした愛国心の醸成につとめることで、課題の克服にとり組んだ。そのための重要手段とされたのが歴史教育である。具体的施策は、教科書検定制度の厳格化による、歴史記述への政府の関与の強化となって現れた。

とりわけ大きな画期となるのが、二〇〇一年である。教育省が国家プログラム「ロシア連邦市民の愛国心教育二〇〇一〜二〇〇五年」を策定し、教科書記述への政府の監督機能を強化すること、戦争を題材とした作品の製作や出版をメディアに奨励することなどが盛り込まれた。同年一一月には、教科書検定の規制、および各学校に対する教科書選択に際しての指導の強化が予告された。これは二〇〇二年の教育法改正で具体化され、教育省による「認定」もしくは「推薦」を受けた教科書以外を授業で使用することは禁止された。認可を受けていない教科書も補助教材として利用することは許可されたが、二〇〇四年に出された教育省令によってこれも禁止された。「認定」と「推薦」とでは、「認定」つきの教科書が推奨度合いは強い。また、二〇〇二年一月には、「ロシア連邦普通教育機関のための新しい祖国史教科書作成コンクール」の開催が決定された。そこでは、愛国心醸成、ロシア社会の一体化を促すような歴史記述であることが、評価の基準となっている。

三　教科書のなかの日露戦争

愛国心発揚のための歴史教育が国家的課題とされる状況のなかで、歴史教科書は日露戦争をどのように記述しているか。本章では三冊の教科書をとり上げて、その論調を検証する。いずれも中等学校用の『祖国史』であり、教育省から「認定」を受けたものである。

まず、二〇〇一年に刊行されたアンドレイ・サハロフ監修『祖国史 二〇世紀』から見ていく。著名な物理学者と同姓同名のこのサハロフは、ロシア科学アカデミーロシア史研究所所長で、教育省歴史教科書検定委員会の座長を務めていた人物である。

一九〇四年一月二七日(ロシア暦)夜、日本軍による「布告なき襲撃」によって開始された日露戦争についてこの教科書は、ロシア軍兵士の勇敢な戦闘ぶりを中心に記述されている。戦艦ヴァリャーグ号を自ら海に沈め、コレーエツ号を爆破したロシア軍水兵の行為は、「勇気ある決定」であると評される。旅順港での攻防は、「ロシア兵士と水兵の粘り強さと勇敢さにもかかわらず」、将軍アナトリー・ステッセリが、戦闘継続を訴えるロシア軍内の大勢意見を無視して「敵」に明け渡してしまった。だが、「時はロシアに味方しつつあった」。奉天会戦以後、疲弊した日本軍が戦闘意欲を失いつつあるのに対して、ロシア軍の兵力は着実に増強されていった。ところが、ちょうどそのときに、ポーツマスで講和条約交渉が始まったのである。一九〇五年五月二六日付のアレクセイ・クロパトキン将軍の書簡が紹介される。「海戦での日本の勝利は、われわれをとりたてて不安にはさせなかった。……日本軍は力を振り絞ってしまっていた。……われわれの兵力はどんどん伸びつつあるところだ。……あと半年の間だけでも、ロシアのインテリゲンツィアに愛国心を注入することはできないものだろうか」。そして、「日露戦争をめぐる記述を、アメリカ人タイラー・デネットの一九五〇年代の研究を引いて締めくくっている。「日本軍は五月の終わりにはすでに衰弱し切っていた。講和が結ばれなければ、彼らは破滅を免れなかったし、ロシアとの戦いは完全なる敗北に終わっていた」。すなわち、この教科書によれば、ロシアは「勝利を盗まれた」のである。(12)

次にとり上げる、リュドミラ・ジャーロヴァとイリーナ・ミシナの共著『祖国史 二〇世紀』の記述には、ここまでの偏りは見られないが、「不釣合な戦い」のなかでのロシア兵卒の優秀さを強調する色合いは濃い。ツァーリ政府は、開戦の予感は抱いていたものの、一九〇五年末頃までは日本軍は攻めてこないだろうと考えており、戦闘準備を怠っていた。しかし、日本で諜報活動にあたっていた海軍中佐ルシンは、日本の参戦時期をほぼ正確に予見していたことが紹介されている。また、ヴァリャーグ号艦長ルドネフが「最後の可能性と血の一滴まで戦うべし」と水兵たちを鼓舞する様子も伝える。旅順港の攻防では、将軍ロマン・コンドラチェンコが、クロパトキンとステッセリの判断ミスを補うだけの活躍を見せた。しかし、コンドラチェンコが戦死すると、ステッセリは、「守備隊は戦闘継続の準備ができていたにもかかわらず」、旅順を放棄した。対馬海戦では、個々の戦艦の能力で劣る「不釣合な戦い」のなかで、ロシア艦隊は「勇敢さと粘り強さ」を発揮したと記している。[13]

最後に、諸民族友好大学助教授ボリス・ヤケメンコの『祖国史』（二〇〇三年）の論調を検証する。「経済の回復、社会の安定、世界経済・金融システムへの参入によって、祖国のすばらしい文化的伝統と進取の気象をロシアが取り戻すだろうという確信が強まりつつある」と序文に記すヤケメンコの日露戦争記述のキーワードは、「残念ながら」である。すなわち、ロシアの兵士や水兵たちは勇敢に戦ったが、「残念ながら」司令官の無能ぶりによって日本を倒すことができなかった、というのが基本認識になっている。戦意発揚を促す宣伝の不足によって、下士卒たちは戦争の意味と目的を理解しないでいた。また、「司令部の消極性、イニシアティブの欠如、才能のなさは、愛国的意欲と熱意をすっかり奪ってしまった」。こうした状況の責任の大部分は総司令官クロパトキンにある。彼には、「残念ながら」指揮官としての才能に欠けていた。それでも、兵士たちは必死に戦った。ヴァリャーグ号とコレーエツ号の一件は、「ロシア人水兵の勇敢さとヒロイズムのシンボル」である。コンドラチェンコ将軍の「不屈の指揮」の下での「絶望的な抵抗」は、「ロシアの不屈さのシンボル」である。しかし、「残念ながら」、ステッセリは「危険を避けて、劣勢だったはずの乃木軍撃滅に打って出ることはなかった」。遼陽でも、ロシアの軍勢の方が優勢だったにもかかわらず、クロパトキンの「お粗末な指導ぶり」のせいで、ぎりぎりの状態だった日本軍の前に撤退する羽目となった。記述を締めくくるにあたってヤケメンコは、ポーツマス講和交渉に触れ、セルゲイ・ウィッテの尽力のおかげで「交渉は完全に成功」したと論じ、ロシアの敗北色を薄めようと試みている。(14)

四　日露戦争研究の現在

研究の潮流

一方、学術研究のレベルで日露戦争はどのように語られているか。まず、今日のロシアにおける日露戦争研究の大まかな潮流について、その特徴を四点指摘する。

その特徴の第一は、研究テーマの多様化、細分化である。とりわけ、研究史上の空白であった日ロ双方の秘密機関による諜報活動に関する研究が活発である。ソ連崩壊後の業績の三分の一以上がこのテーマにあてられている。(15)そのなかで最も定評のあるのが、ドミトリー・パヴロフ(モスクワ工科大学)による『一九〇四～一九〇五年の日露戦争——陸海における秘密作戦』(二〇〇四年)である。このなかでパヴロフは、日本の諜報機関が一方的に傑出して活動し、その優劣の差が戦争の帰趨に大きく影響したという通説に対して、ロシアの特務機関の活動も日本側に劣らぬほどの優秀さであったことを立証している。またパヴロフは、そうした通説のような見解が根強いこと、すなわち、日露戦争期のロシアに対する否定的言説が覆らない状況には、欧米を始めとする外国の研究者の反ロシア意識が背景にあると強く批判している。(16)

第二の特徴として、重要人物に関する再評価が進んでいることである。皇帝ニコライ二世について、従来は、帝政期ロシアの極東政策に大きな影響を及ぼしたとされるベゾブラーゾフ一派の言いなりであったと見なされてきた。しかし、近年の研究では、皇帝自身が積極的な冒険主義者であり、その非戦略的、衝動的行動が日ロ開戦を引き起こす重要な要因となったと述べられている。また、ベゾブラーゾフ一派についても、たとえば、この問題に関して精力的に業績を発表しているイーゴリ・ルコヤノフ（ロシア科学アカデミーロシア史研究所サンクトペテルブルク支部）は、非現実的な風説を政府内にもたらしただけで、支配的影響力を行使するにはいたらなかったと指摘している。(17)

第三の特徴に挙げられるのは、「発禁」書物の復刊である。なかでも注目されるのは、アレクサンドル・スヴェーチン著『第一段階にある二〇世紀の戦略』の復刻である。一八七八年生まれのスヴェーチンは、日露戦争に志願出征したのち、一九〇六年に『山地での戦争――日露戦争の経験に基づく戦術の研究』を執筆し、ロシア革命後も有力な軍事研究者として活躍したが、一九三七年に逮捕、翌年処刑された。しかし、スヴェーチンの著作は以後も、軍人の間で密かに読み継がれていた。一九三七年に出版されたスヴェーチン最後の著作『第一段階にある二〇世紀の戦略』は、ソ連崩壊後にマイクロフィルムで公表され、二〇〇三年に再刊された。スヴェーチンは同書のなかで、日本軍が、プロイセンの大軍人ヘルムート・フォン・モルトケ流の大陸型軍事戦略に学びつつ、陸と海の行動の協調を本質とする独自の軍事戦略を創出したと指摘する。海戦と陸戦が入り混じるという二〇世紀の戦争の基本形態の原初となった日露戦争の、とりわけその典型的会戦である旅順の攻防において日本が勝利した要因が、そこに求められている。(18)

今日の日露戦争研究の潮流第四の特徴としてとり上げるべきは、国際的共同研究が進められていることである。歴史専門誌『ロージナ』が、二〇〇四年一月号で日露戦争を特集し、欧米とロシアの研究者が多数寄稿している。また、オレグ・アイラペトフ（モスクワ大学）が編集した『日露戦争――百年後からのまなざし』（二〇〇四年）には、日本からも二人の研究者が論考を寄せている。しかし、傾向的に日本のロシア研究者の参画は少ないのが、現状である。

帝国主義戦争論

前に述べたように、ロシアにおける日露戦争研究は現在、非常に多岐にわたっており、それを網羅的に紹介するのは、紙幅の都合上、不可能である。そこで本章では、「日露戦争とは何か」を語る性格規定論を争点として、その論調を検証する。

ロシアの学界では今日、日露戦争は「帝国主義戦争」として語られている。しかし、その性格規定は三分される。すなわち、①日ロ双方の帝国主義的行動の衝突、②ロシアの帝国主義的進出が原因、③日本の帝国主義的進出が原因、とする規定に傾向は大きく分かれる。

第一の傾向である、日ロ双方の帝国主義的行動の衝突と日露戦争を規定する論者は、帝政期ロシア外交研究の第一人者と目されるアナトリー・イグナチェフ（ロシア科学アカデミーロシア史研究所）に代表される。イグナチェフは、ソ連崩壊後のロシア外交史研究の水準を示す『ロシア対外政策史』のなかで日露戦争の章を執筆している。それによると、日露戦争の根源は、太平洋西部における列強間の勢力拡張競争に伴う利益衝突にある。この競争のなかでは後発グループに属する日本とロシアの利益が中国北部と朝鮮半島でぶつかる。日本は、「汎アジア主義」に基づいて、その勢力拡大を図っていた。一方ロシアは、極東と中央ロシアを鉄道でつなぐことと、不凍港を獲得することを目指して、積極的進出に打って出た。それを主導した皇帝ニコライ二世とベゾブラーゾフ一派のもくろみも野心的で、危険かつ非現実的なものだったが、日本政府の政策もそれに劣らず拡張主義的だった。すなわち、「日露戦争は、両国にとって不公平であった世界の再分割を狙う帝国主義的武力衝突であった」(19)。

第二に、ロシアの帝国主義的行動を重視する論調は、たとえば、前述のアイラペトフの議論に見られる。帝政期ロシアが極東への勢力拡大を図るにあたって、ヨーロッパ-ロシアとの緊密な陸上交通の構築は不可欠であった。しかも、イギリスとの対立から、海上交通の有効利用の可能性が奪われたことにより、それは唯一の選択肢となった。その結果、中国北東部をめぐって、すでに危険な存在に成長していた日本との間に競争が生まれた。下関条約に関するロ・独・仏三国干渉の結果、ロシアは関東州を手に入れたものの、そのことによって、ロシアへの対抗という意識の下に日本は一致団結した。一方、ロシア政府内は、対外政策の決定過程において省庁間の統一がまったくとれていなかった。この無秩序ぶりが、かねてより対外政策の主導権を握ろうとする意思の強かった皇帝ニコライ二世と、それに追随する蔵相ウィッテの独走を許す。ニコライは、満州、朝鮮半島のみならず、ペルシア、さらにはボスポラス-ダーダネルス海峡をも同時に手中に収めようとした。それは、ロシアの能力をはるかに超えた「夢想」であった。その結果、外交は場あたり的になり、「分散した袋小路」に陥ることは必定である。「大惨事は避けようがなかった」とアイラペトフは結論している。[20]

今日、日本における日露戦争研究では、日本側の政策決定過程を詳細に追跡し、日ロ政府間のパーセプション・ギャップによって偶然的に勃発した戦争であるという見解が強まっている。一方、ロシア側の政策決定過程の動向を追った分析は、日ロ双方においてもほとんど進んでいない。アイラペトフの研究は、その落差を埋めようとする方向性をもつものと評価される。さらに、この問題に関して、注目すべき貴重な業績が近年復刊された。パンテレモイ・シマンスキー著『極東における出来事』である。同書は、一九九四年に『二〇世紀黎明期のロシアと日本』と題して刊行された。機密史料を博捜して書かれたシマンスキーの著作は、それゆえに、一九一〇年に完成しながら、七部だけ印刷されたのち秘匿されていたのである。シマンスキーは、ロシア側の政策決定が極めて無定形かつ混沌として行われていたことを明らかにしている。皇帝の方針も統一性に欠け、政策を決する重要な会議では、出席者も次々に入れ替われば、決定も再三覆された。そして結局は、強硬路線を唱える一派をツァーリが支持したことで開戦にいたったのだ、とシマンスキーは結論している。[21]

しかし、日本の帝国主義的進出に開戦責任を求める第三の傾向も依然として強固である。ネオ・スラブ主義者とも分類されうるこのタイプの論者は、ソ連時代をも上回るほどの大国主義的言説を展開しながら、日本の侵略的意図を強調する。ともに政治・軍事分析研究所に所属する地政学研究者のワレリー・グルシコフとアレクサンドル・シャラヴィンは、世界制覇をもくろむ日本の軍事侵略は、仮にロシアが満州に進出しなかったとしても、日露戦争を不可避的、宿命的にもたらしたであろうと主張している。ベゾブラーゾフ一派については、ロシアの軍備増強を支持し、「大日本国」実現を阻止しようとしたと賞賛している。日本の進出熱を冷ますためには、ロシアの軍勢を極東に集結させるしかなかったのだが、ウィッテとクロパトキンという消極主義者の反対で、それはかなわなかったのだとグルシコフらは非難を向けている(22)。

また、この研究者グループは、「黄禍論」をテーマとする著作の再刊も進めている。ロシアにおける黄禍論は、日露戦争前夜に保守系の新聞『新時代』周辺を震源として論じ始められた。そこでは、日本の勢力拡大に起因する極東での地政学的利害対立の脅威が盛んにあおられた。代表的な論客の一人であり、現役将校のアレクセイ・エドリヒンは、「ヴァンダム」という偽名を使って、日英同盟に主要な危険を認め、ロシア人とアングロサクソン人という「巨人」同士の戦いが二〇世紀の中心になると予見した。また、歴史家レオニード・ボルホヴィチノフは、中国によるロシア極東の植民地化の可能性に警鐘を鳴らしていた(23)。愛国心の醸成が国策として推進されている現状を考えると、こうした傾向を看過することはできない。

おわりに――「複数の歴史認識」に向けて

ロシアにおける日露戦争史の最大の問題は、その記述が「ロシア史としての日露戦争史」という視角に片寄りすぎている点にある。日本とロシアを対等なアクターとし、そのかかわりの態様を描く「日ロ関係史としての日露戦争史」には程遠い。そしてそれが、とりわけ教科書の記述において、一方で日本を悪しき敵とし、対するロシア人の英雄的戦闘行為を強調することによって、愛国心に訴えるための言説として生産されていることである。

歴史教科書やネオ・スラブ主義的言説に見られる偏向した歴史認識は、長期的には淘汰されていくだろう。誠実な研究者たちによる冷静な分析が蓄積されつつある状況を鑑みれば、その期待はより高まる。また、前述の国際的共同研究や、日ロ双方の歴史研究者が教科書問題を中心に共同討議を重ねた日ロ歴史教育会議[24]などの活動は、相互に呼応する歴史認識の構築に向けた萌芽的な試みと評価できる。

したがって、私たちがまずなすべきことは、そうした対話の作業を拡大的に継続していくことである。その際、今日盛んな歴史問題に関する議論で唱えられる「共通の歴史認識」を目指す必要は必ずしもない。日ロ関係史について、日本人とロシア人が異なる歴史観をもつのは自然な姿である。ただし、その認識が、起こった出来事に関する可能な限り客観的かつ正確な事実に基づくものであることは必要だ。日ロ両国の歴史研究者がその研究成果を相互に発信し討議を重ねていくことは、事実の確定を進めると同時に、解明された史実の共有による「共通の史実認識」を生む。

その作業の積み重ねが、日ロ関係を深める礎石としての「複数の歴史認識」へと私たちを導く。「共通の史実認識」は、双方の立場から了解可能な歴史認識を創出するための前提条件である。その前提に基づいた歴史像を構築し、成果を両国間に広め続けていくことによって、互いの歴史観の存在を認め合う「複数の歴史認識」を抱くことができる。

「複数の歴史認識」は、日本とロシアの相互理解への道を開き、両国間の距離を縮めるための地味ではあるが着実な一歩となろう。歴史研究者が現実に寄与しうる場と、歴史の現代的意義の一つが、そこにある。

（1）本節は、とりわけ歴史教科書の記述について、訳文の利用も含めて以下の業績に大きく拠っている。清水威久『ソ連と日露戦争』(原書房、一九七三年)、袴田茂樹「ソビエト・ナショナリズム」『ロシアのジレンマ——深層の社会力学』(筑摩書房、一九九三年)、二〇五-二二八頁。

（2）Покровский М.Н. Русская история в самом сжатом очерке. М., 1933, стр.284-305.

（3）История ВКР (б). Краткий курс. М., 1934, стр.52-53.

（4）Шестаков А.В. Краткий курс истории СССР.М., 1937, стр.122.

（5）Панкратова А.М., ред. История СССР. Часть 3. М., 1947, стр.24-31, 45.

（6）Федосов Н.А. История СССР. М., 1971, стр.44.

（7）Романов Б.А. Очерки дипломатической истории русско-японской войны, 1895-1907. Изд. 2-е. М., 1995, стр.4.

（8）Жуков Е.М., общ. ред. Международные отношения на Дальнем Востоке (1840-1949). М., 1956, стр.197；Ｅ・Ｍ・ジューコフ他著、相田重雄他訳『極東國際政治史——一八四〇-一九四九』(平凡社、一九五七年)；Ростунов И.И. ред. История русско-японской войны, 1904-1905гг. М., 1977, стр.197；Ｉ・Ｉ・ロストーノフ編、大江志乃夫監修、及川朝雄訳『ソ連から見た日露戦争』(原書房、一九八〇年)。

（9）Верелович В. Современные учебники истории : Многоликая истина или очередная идея?, «Неприкосновенный запас», №24, 2002, стр.65.

（10）ロシア科学アカデミー極東支部歴史・考古学・民族学研究所編、村上昌敬訳『世界の教科書シリーズ（8）ロシア沿海地方の歴史——ロシア沿海地方高校歴史教科書』(明石書店、二〇〇三年)、五-六、一〇一-一〇六頁。

（11）Ｍ・Ｓ・ヴィソーコフ他著、日本ユーラシア協会北海道連合会サハリン研究会監修、板橋政樹訳『サハリンの歴史——サハリンとクリル諸島の先史から現代まで』(北海道撮影社、二〇〇〇年)、一一三-一一六頁。なお、教育の脱中心化の具体的様相は、イルクーツクとハバロフスクを事例とする以下の研究にうかがうことができる。Tadashi Endo, "Decentralisation and Educational Reform in Siberia and the Russian Far East," *International Review of Education*, No.49 (1-2, 2003), pp.97-109.

（12）Сахаров А.Н., ред., Шестаков В.А., Горинов М.М., Вяземский Е.Е. История отечества XX век : Учебник для 9 класса общеобразовательных учреждении. М., 2001, стр.28-33.

（13）Жарова Л.И., Мишна И.А. История отечества XX век : Учебник для 9 класса основной школы. М., 2002, стр.54-60.

(14) Якеменко Б.Г. История отечества. Часть 1. 1800–1839. М., 2003, стр.4, 208–215.

(15) ドミートリー・B・パヴロフ「ロシアにおける日露戦争研究の動向」日露戦争研究会編『日露戦争研究の新視点』(成文社、二〇〇五年)、四四三-四四四頁。

(16) Павлов Д.В. Русско-японская война 1904–1905гг.: секретные орерации на суше и на море. М., 2004, стр.358–360.

(17) Рыбаченок И.С. Николай Романов и Ко. Путь к катастрофе//Игнатьев А.В., Рыбаченок И.С., Санин Г.А., ред. Российская дипломатия в портретах. М., 1992, стр.299–319；イーゴリ・B・ルコヤノフ、宮崎千穂訳「ベゾブラーゾフ一派」前掲『日露戦争研究の新視点』、六三-七二頁；Igor V. Lukoianov, "The Bezobrazovtsy," translated by Bruce W. Menning, in John W. Steinberg et.al., eds., *The Russo-Japanese War in Global Perspective* (Leiden, Brill, 2005), pp.65–86.

(18) Свечин А.А. Стратегия XX века на первой этапе. М., 1937；То же, Предрассудки и боевая действительность. М., 2003. スヴェーチンについて詳しくは、横手慎二による紹介を参照されたい。横手慎二「日露戦争に関する最近の欧米の研究」軍事史学会編『日露戦争(一)——国際的文脈』(錦正社、二〇〇四年)、二八〇-二八八頁。

(19) Сахаров А.И., Игнатьев А.В., Санин Г.А., Хевролина В.М., ред. История внешней политики России (конец XV в.-1917г). М. 1997, стр.133–182. 引用は一六四頁。

(20) Айрапетов О.Р. От составителя//Айрапетов О.Р., ред. Русско-японская война: взгляд через столетие. М., 2004, стр.9–12；オレグ・P・アイラペトフ、土屋好古訳「分散した攻勢の袋小路——日露戦争前夜のロシア対外戦略の一断面」前掲『日露戦争研究の新視点』、七三-八二頁。

(21) Золотарев В.А., ред. Россия и Япония на заре XX столетия. М., 1994. シマンスキーについても、横手慎二、前掲「日露戦争に関する最近の欧米の研究」がより詳しい紹介を行っている。

(22) Глушков В.В., Шаравин А.А. На карте Генерального Штаба: Маньчжурия. М., 2000.

(23) Вандам А.Е. Геополитика и геостратегия. М. 2002；Волховитинов Л.М. Колонизация Дальнего Востока, «Арабески истории», Вып. 3/4, 1996. なお、ネオ・スラブ主義的言説に関する記述はパヴロフ、前掲「ロシアにおける日露戦争研究の動向」、四四六-四四七頁に拠った。

(24) 一九九九年から二〇〇三年にかけて計四回開催された日ロ歴史教育会議については、日本側の参加者である鳥海靖の著書『日・中・韓・露 歴史教科書はこんなに違う』(扶桑社、二〇〇五年)、三一-六三頁に紹介されている。

第九章　現代ロシアの対日ナショナリズム——サハリン州議会の活動を中心に

安野正士

はじめに

日ロ関係の歴史は、ナショナリズムの相克の歴史である。[1] 明治以来敗戦までの日本にとって、ロシアは恐るべき敵であり、ロシアを破ったことが軍事強国としての日本の自負を支えていた。敗戦後の日本は戦争の反省にたち、「平和を愛する諸国民に信頼」する姿勢をとったが、ソ連に対する態度は例外であった。ソ連は冷戦の敵陣営の盟主であっただけでなく、中立条約を侵犯し、領土を奪い、六〇万もの兵士を不法に抑留した「悪者」であった。一方、ロシアのナショナリズムにとっても、日本は無視できない位置を占めてきた。西洋に対する後進性に悩まされつつも、アジアに対しては優位に臨んできたロシアの国家的自意識を、日露戦争での敗北は大きく傷つけた。この「重苦しい記憶」(ヨシフ・スターリン) は、日本の敗戦によって癒されたが、日本が豊かな経済大国となる一方、ソ連が崩壊し、ロシアが混乱の時期を迎えると、心の傷は再びうずいてきた。冷戦が終わって一五年を経た今日なお、北方領土問題は未だに解決を見ず、両国間には平和条約が結ばれていない。その一因として日ロ双方のナショナリズムを挙げても異論はあるまい。

ロシア国内で、ナショナリズムのレトリックを用いた対日領土返還反対の主張が最も強硬に主張されている地域が、北方領土を実質的に管轄しているサハリン州である。サハリン州では、初代知事ワレンチン・フョードロフ以来、歴代知事が、しばしば領土問題に関して返還に反対する強硬な発言を繰り返し、モスクワを牽制してきた。また、サハリンの世論も一貫して返還に反対する姿勢を示してきた。ロシア国内での世論調査の結果では、北方領土の(一部)返還を認める声が半数以上に達した場合もあるのに対し、サハリン州における世論調査では、返還への反対論が一貫して三分の二以上を占めてきた(2)。さらに、サハリンの州議会は、一九九〇年代後半以降、領土返還を阻止し、第二次世界大戦戦勝国としての立場を強烈に主張する法案を、連邦議会に対してたびたび上程してきた。サハリン州はロシア全土の返還反対運動で主導的な役割を担ってきたのである。

日ロ関係、ことに領土問題におけるナショナリズムの重要性は広く認識されており、様々な研究がこれに触れているが、サハリンのナショナリズムを正面から扱った研究は少ない(3)。その一つの理由は、ナショナリズムの政策への影響が検証しにくいことにあるだろう。冷静な政治学的分析は、ナショナリズムを、政治を動かす実態的要因と見るよりも、政治家や政党が、大衆の感情に訴えて自己の利益を追求する手段と捉える傾向があり、ナショナリズムの実際的影響については一般に懐疑的である。第二に、ロシアの外交政策決定における議会や世論の力は限定されており、したがってナショナリズムの世論が政策に及ぼす影響力は間接的である。またナショナリズムの領土問題への影響は、お互いの立場を強硬にすることに決まっており、分析しても面白くない。こう判断されることも、研究の少ない理由なのかもしれない。

しかし、ナショナリズムを政治的、経済的利益のための単なる「道具」として見る傾向は、社会現象の分析において理念や感情のもつ力を軽視する、片寄った見方の現れでもある。ナショナリズムは個人の運命を政治的共同体の運命に結びつけることで、個人にその生涯を超えた「意味」を提供する政治的神話である。われわれはナショナリズムの神話を、他の政治的神話（たとえば「普遍的人権」）と比較してその功罪を論じることはできるが、こうした神話が影響力をもつことは認めねばなるまい。

本章の目的は、第一にロシアの対日ナショナリズムにおいてサハリンが大きな役割を果たしている背景について考察すること、第二にはサハリンのナショナリズム勢力の連邦に対する働きかけの様相とその帰結を検討することである。この二つを通じて、現代ロシアの対日ナショナリズムの一面を明らかにしたい。以下、第一節では、サハリンで対日ナショナリズムが高まった背景を、「辺境ナショナリズム」という概念を用いて分析する。第二節では、サハリンの、連邦に対する働きかけの様相を、とくにサハリン州議会に着目して検討する。具体的には、外国に対する領土の引渡しを困難にするための法改正を目指した運動と、対日戦勝記念日の祝賀を通じて「正しい」歴史認識を確立しようとする運動の二つを分析していく。「おわりに」では二つの運動の失敗の理由を分析したうえで、最近の国際情勢の変化がサハリンの運動に及ぼしている影響について触れて結びとする。

一　サハリンにおけるナショナリズムの台頭

サハリンのナショナリズム――還元論的説明

冷戦後のロシアにおけるナショナリズム台頭の一般的背景については、超大国の地位の喪失にまつわるアイデンティティの危機、国内の混乱と経済的困難など、すでに様々な要因が指摘されている(4)。また、サハリンでの対日ナショナリズムの分析にあたっては、これらに加えて、三種類の説明がなされてきた。これらはいずれも、州内の政治家が自らの政治的、経済的利益を追求する手段としてナショナリズムを利用していることに着目するもので、その意味で還元論的である。その第一は、サハリン州（内のアクター）が、返還反対のポーズを取ることで、日本政府から経済協力を引き出そうとしている、という解釈である。第二の解釈は、連邦政府からの政治的、経済的利益の獲得が目的だとする。第三の解釈は、サハリンの政治家は、対日強硬姿勢を、州内外での政治的競争での立場の強化に利用している、と主張する。

まず第一の解釈について検討しよう。領土問題についての強硬な立場は、領土が返還されることになった際に、日本政府から「慰謝料」をとることを見越したものだ、ということが考えられる。強硬なサハリン州をなだめ、領土返還を実現して日ロ関係を改善するために、日本政府が経済援助や融資を行う、というシナリオである。確かに、一九八〇年代後半以来の日本の対ロ政策には、経済協力という「飴」の提供により、返還反対をやわらげようとする要素があった。日本政府は一九九一年秋の時点で、サハリンへの支援の重視を打ち出したが、この方針は、前年から活発化していた領土返還反対運動と無関係ではあるまい。サハリン経済の将来を担う石油ガス開発プロジェクト（サハリン1およびサハリン2）にも、日本政府は国際協力銀行を通じて、多額の融資を提供している。これらのプロジェクトは、「サハリン発展基金」を通じて州の財政にも多大な貢献をすることが見込まれる。サハリンは領土問題で強硬な立場を取り、日本からはある程度の「飴」を得てきたのである。

しかし、返還反対が日本政府からの支援や融資を引き出すためのポーズだ、という解釈には疑問が多い。次第に譲歩を重ねてきたとはいえ、領土問題と経済協力を可能な限り結びつけようとする日本政府の意図は一貫して明白であった。したがって、日本政府から経済協力を得ようとするならば、「飴」さえもらえれば領土問題では譲歩の用意があることを匂わせつつ、現実の譲歩は先送りにするのが合理的な戦術であった。事実、エリツィン政権は、領土問題での立場を意図的に曖昧にし、譲歩にコミットすることなく「飴」を引き出す「食い逃げ戦術」をとった。しかし、サハリン州内の政治家には、これとは異なり、日本へのいかなる領土返還にも反対という立場を明確にするものが多かった。たとえば州議会の強硬派は、「サハリン2」の開発主体であり、日本企業が三七・五％出資しているサハリン・エナジー社が、北方領土を日本領とした地図を使っていたことを「地図上の侵略」として問題化し、出資した日本企業を難しい立場に追いやることさえ辞さなかった。(5)領土問題に関して「正しい」態度を押しつけるために、ロシア最大級の投資プロジェクトにけちをつける。そんなナショナリズムを、経済協力目的と解釈するのは困難である。

サハリン州が日本に対して強硬な態度を主張することで、連邦政府から利益を引き出そうとしたという第二の解釈は、より説得的である。もし連邦政府が領土の対日返還を意図するならば、サハリンは、返還反対を叫ぶことで、懐柔のための経済的、政治的恩恵を期待することができたし、もし返還の意図がないならば、「クリル諸島やサハリンの空洞化を防ぐためにも経済開発が必要だ」として、連邦政府からの資金を要求することが可能だったからである。実際、連邦政府は、サハリンの要求に対してクリル諸島発展計画（一九九四～九五年）で応じた。一九九〇年代後半以来、州知事と州議会は協力して、連邦政府に向けてクリル諸島発展計画の実施を求め、計画は二度にわたり延長された。計画は一応二〇〇五年をもって終了したが、二〇〇六年度の補正予算ではクリル諸島のインフラ整備のために一五億ルーブルの予算がつき、また、サハリン州が新たに策定した「二〇一五年までのクリル諸島発展連邦特別計画」にも、連邦から総額一五三億ルーブルの出資が見込まれている。(6)こうした連邦からの支援は、領土問題での声高な主張が引き出した「ボーナス」とも見られる。

しかし、連邦からの経済的支援を引き出すうえで、対日強硬論の主張がどれだけ有効だったかには疑問もある。ごく最近にいたるまで、クリル諸島発展計画に関連する連邦政府からの援助は「まったく名目的なもの」（ウラジーミル・エフレーモフ州議会議長）にすぎず、(7)予定された一五三事業のうち四〇が実行されたにとどまっており、その利益がサハリン政界に均霑《きんてん》する程度は限られていたと見られる。また、経済的観点からすれば、サハリンのエリートにとっては、石油ガス開発にかかわる「生産物分与協定」の改定のほうがはるかに重要な問題だったはずである。実際、サハリン州政府は、州議会とも協力して、この問題に関して連邦と粘り強く交渉してきた。領土問題で頑なな態度をとることは、こうした交渉にとって必ずしも有利な材料ではなかっただろう。また後述するように、一九九八年以来、サハリン州議会は、国境画定にかかわる連邦政府の主権に挑戦してきた。こうした動きには、連邦からの経済的支援を引き出すための戦術的ポーズを超えたものがあるのではないだろうか。

サハリンのナショナリズムに対する第三の還元論的解釈は、対日強硬姿勢は、政治家が州内外での政治的競争で自らの立場を強化するための手段であると主張する。州知事にとっては、対日強硬姿勢は、州の直面する経済・社会的諸問題から人々の注意を逸らし、外部の敵に対する団結の強調によって、自らへの支持を強化することにつながる。それ以外の政治家にとっても、ナショナリズムの衣装を纏うことは、州民の感情に訴え、自らの政治的立場を強化することにつながりうる。先行研究は、サハリンの歴代州知事が、政治的支持のためにナショナリズムを利用してきたことを指摘しているが[8]、サハリン州議会についてみると、ナショナリズムを最も強硬かつ積極的に表明してきたのは、ロシア自由民主党、ロシア共産党や左派系無所属の、州内の現体制に対する「反対派」であることが注目される。反対派が、単純明快な愛国的レトリックを用い、責任ある立場にある政権を攻撃する傾向は、現代ロシアを含め、各国に見られる現象である。サハリンの州議会がとりわけ尖鋭な返還反対運動の中心となってきたことも、こうした一般的傾向の反映としても解釈できる。たとえば、強硬派の代表格であるセルゲイ・ポノマリョフ州議会議員は、二〇〇三年一二月の知事選に出馬した際、最有力候補のイワン・マラホフ副知事が出版したパンフレットが、北方領土を日本領と表記した地図を含んでいたことをとり上げて攻撃した[9]。

しかし、サハリン州議会の強硬派のレトリックは、自らと直接競合する州内のライバルよりも、ロシアの国益を守ろうとしない大統領や外務省により多く向けられてきた。そもそも州議会の多数派は強硬派の法案上程活動に対して反対しておらず、この問題では州議会はほぼ一致して連邦議会に対する働きかけを続けてきた。また、二〇〇一年九月のクリル問題での公聴会の開催や、〇四年五月に提出された「対日戦勝六〇周年記念日に関する政令の制定に関する請願」では、州議会は州知事・州政府とも協力して連邦政府に働きかけている[10]。さらに、二〇〇三年五月に、領土保全を強化するための憲法改正案を州議会が再提出した事例について見ると、この決定は州議会で、一名を除く満場一致でなされている[11]。ナショナリズムのレトリックは、州内の政敵との競争の武器であることを超えて、サハリン州の政治エリートの、連邦政府に対する一致した主張ともなっているのである。

一般に、ナショナリズムが「道具」として有効に働くのは、ナショナリズムの主張を真剣に受け入れる人がいるからである。ナショナリズムの主張を額面通り受けとる人々がいなければ、政治家のレトリックはたんなるレトリックとして見透かされてしまう。ここに還元論的説明の基本的限界がある。サハリンの政治家がナショナリズムの主張に訴える背景には、やはりナショナリズムの主張が支持を集めるだけの社会心理的基盤がこの地域にあると考えるべきなのではないか。そう考えるならば、還元論では説明し難い二つの事柄が理解可能となる。その第一は、領土返還に絶対反対の立場をとる原理的ナショナリストの存在であり、第二は、サハリンの対日ナショナリズムが、領土返還反対だけでなく、対日戦勝の祝賀という極めて象徴的な問題をめぐっても噴出している、という点である。第二節では、サハリンにおける原理主義的ナショナリストの活動の実態を、州議会を例にとって見ていくことになるが、その前にサハリンにおけるナショナリズムの「社会心理的基盤」について述べ、サハリンのナショナリズムの独特の性格について明らかにしておきたい。

サハリンと辺境ナショナリズム

サハリンでのナショナリズムについて、いったん還元論的説明を離れて考察してみれば、この地域には対日ナショナリズムが強くなる歴史的理由があることが容易に理解される。国境問題をとってみると、サハリン南部は、日露戦争によって日本に奪われ、北部も一九二〇年から二五年までは日本の占領下におかれた。サハリン州の現在の範囲は、一九四五年八～九月の対日戦争によって確定したのであり、サハリンの住民にとって、対日戦争の意義が大きなものとなるのは当然なのである。日本政府が、北方領土の返還を戦後一貫して要求し、また、サハリン南部とウルップ以北の島々についても、「国際法的帰属は未定である」という立場をとり続けたことは、サハリンから見れば脅威と映ったであろう。ナショナリズムが「他者」との対比と競合のなかで国民共同体の一体性を確認しようとするものである以上、辺境にあって他者と深くかかわる土地が、ナショナリズムを育む土壌となるのは驚くべきことではない。さらに、学校や家庭、公的な記念行事を通じた歴史の記憶の伝承も、サハリンで対日ナショナリズムが強くなる背景をなしているだろう。ソ連時代には、九月三日が対日戦勝記念日として国家の祝日に指定されていたが、実質的には極東の地域的祝日、という色彩が強かった(後述)。ロシア極東各地の、対日戦勝を記念する様々な記念碑も、地域に固有の戦争の記憶を定着化する装置となった。

しかし、サハリンにおける対日ナショナリズムの背景を、日本との交渉の歴史と、それを記憶する儀式や装置によって説明するのはなお不十分である。私はここで、サハリンを含む極東が、ロシア国内で占めてきた位置にも注意を払うべきことを主張したい。サハリンは、国境を隔てて日本と対面しているだけでなく、距離によってヨーロッパ-ロシアから孤立している、という意味においても辺境なのである。こうした状況は、サハリンにおいて、「辺境ナショナリズム」を高める要因となってきた。[12]「辺境ナショナリズム」とは、国の中央から離れた国境地帯で、優勢で異質な「敵」と相対している人々の間に、自国の国境や生活様式を護持しようとする意欲が、国から置き去りにされているという孤立感に刺激されて、国の中心における以上に昂進する現象をさしている。[13]一般にこうした辺境社会は、国の中心での変化の影響を受けにくく、また異人による「汚染」から自らを守ろうとするため、伝統的な価値や生活様式を、純化して再生産する傾向がある。とりわけロシア極東は、帝国の東の防人《さきもり》として、外敵への警戒心と軍国的価値観を育んできた土地柄である。極東がソ連崩壊後の急激な変化からとり残されても不思議はない。古い価値を奉ずる辺境から見れば、流行を追って変化する都の文化は軽佻浮薄に見えやすい。モスクワは敵であった西側資本主義の誘惑に屈したのだからなおさらである。こうして、ロシア極東には、「連邦政府が父祖たちの価値を裏切った今、われわれ極東人こそが祖国の伝統を正しく継承し、ロシアを守る楯とならねばならぬ」という自負と使命感が生まれてきた。(14) 彼らの使命は、外なる敵と闘うと同時に、内なる堕落に抗し、父祖の伝統の護持を呼びかけることであった。サハリンのナショナリストが、領土返還反対とともに、ソ連的価値を象徴する対日戦勝記念日の祝賀の問題に力を注いできた理由もここにあると考えられる。また彼らの自負は、地方人としての自尊心に根ざしつつも、強烈な中央志向性を秘めたものであるから、地方主義の主張に向かうよりも、むしろ連邦政府への要求となって噴出せざるをえなかった。次節では、その要求のあり方を具体的に見ていきたい。

二　サハリン州議会の運動とその経過

サハリン州議会と法案上程活動

ロシアは連邦制をとっているが、領土問題や、連邦の祝祭といった事項は当然、連邦政府の管轄に属している。サハリン州内の政治主体がこうした事項について影響力を行使するには、連邦の政策形成に参与する(これにも公式・非公式のチャネルがある)以外にも、世論の誘導を行ったり、州レベルの政策を通じて連邦の政策を支援もしくは妨害するといった様々な方法がある。しかし州議会についてみると、連邦の政策に影響を及ぼすもっとも直接的な手段は、連邦議会での法案発議権の行使であろう。以下では、州議会による法案上程活動の経過と帰

結を、二つの分野に分けて見ていこう。(15)

領土保全法制化問題——主権分割による主権擁護の矛盾

ロシア連邦の前身であるロシアソビエト社会主義共和国連邦は、ソ連を構成する一共和国にすぎず、主権国家としての実質を有していなかった。しかし、ロシアが独立国となる過程で、ロシア連邦の憲法には国家主権を確立し、領土保全を強化する条項が盛り込まれた。一九九二年四月二一日の憲法改正では、「ロシア連邦の領土は一体であり、切り離すことができない(неотчуждаема)」(第七〇条)と規定された。この規定は、国際合意によるものを含めて領土変更全般を阻止しようとする意図を含んでおり、これは日本を含む外国からの領土要求をにらんで行われた改正であった。しかし、武力による議会解散を経て導入された、新たなロシア連邦憲法(一九九三年)では、領土については「ロシア連邦は自国の領土の一体性と不可侵性(неприкосновенность)を保障する」(第四条)と規定されるにとどまっており、国際合意による領土変更の可能性、また「自国の」ものでない領土を手放す可能性を残している。また、第六七条は「連邦構成主体間の境界は、相互の同意によって変更することができる」としているが、連邦構成主体と外国の国境の変更には連邦構成主体の同意は必要ない、という立場を取っている。領土保全法制化運動は、こうした状況を危惧し、ロシア領土が外国に引き渡される事態を、憲法改正や、連邦法の改正によって防ごうとする運動である。

サハリンにおけるこの問題への関心はソ連時代末期に遡るもので、一九九三年の新憲法の制定過程でも、この問題には大きな関心が示されている。一九九三年六月に設置された憲法協議会には、当時の最高ソビエトの憲法委員会のメンバーなどに加えて、連邦構成主体の代表が参加していた。サハリンから参加していたメンバーのなかには、州ソビエト代議員であったセルゲイ・ポノマリョフもいた。憲法協議会でポノマリョフは、憲法第六七条の問題をとり上げ、「連邦構成主体の境界は、その同意を得て変更することができる」とする修正を提案した。

こうすれば、サハリン州の同意なくして北方領土が日本に返還される恐れがなくなると考えたのである。ポノマリョフによれば、協議会のヴェンヤミン・ヤコヴレフ議長は、この提案を「考慮する」と述べたが、結局とり入れられずに終わったという[16]。

その後、新しい連邦議会と州議会の選挙を経て、この問題が再び政治の場に浮上したのは一九九六年三月のことだった。連邦議会下院(ドゥーマ)につくられた地政学委員会所属の議員グループが、「ロシア連邦の領土的一体性の保障に関する法律案」を提出したのである。地政学委員会は右翼政党、ロシア自由民主党の議員を集めてつくられた委員会であり、議会内でのロシア・ナショナリズムの一つの中心となっていた。領土保全法制化運動は、この地政学委員会と、サハリン州議会が提出する法案をめぐって展開することになった。

地政学委員会の法案の趣旨は、国内での分離主義や反乱の危険、日本やエストニアなどからの領土要求など、ロシアの領土の一体性を脅かす動きがあるので、これに対応するための統一的法制が必要だ、という点にあったが、領土の変更に、連邦構成主体の同意を必要とする規定は含んでいなかった。この法案は、自由民主党のほか、ロシア共産党、農業党の支持を受け、一九九八年二月六日にドゥーマで可決された。しかし法案審議の過程で、連邦政府(閣僚会議)や大統領府(ドゥーマでの大統領全権代表)からは、「領土の一体性は現行法ですでに十分保障されている」、また「国家間での領土の移管は国内法でなく国際法で定められるべき事柄だ」といった反対論が表明されており、一九九八年三月一三日に、法案は連邦院(上院)により否決され、二〇〇一年六月に廃案となった。その後二〇〇一年六月、〇二年四月、〇四年五月と、大同小異の法案が三回にわたって提出されたものの、法案は先議権をもつドゥーマの段階で否決され、成立していない。

一方サハリン発の法案上程活動は、一九九八年一二月、憲法第六七条、七二条、一〇二条への改正案の提出から始まった。サハリン州議会の憲法改正案は、一九九三年の憲法協議会当時の提案をなぞるもので、その眼目は、連邦構成主体の境界の変更には、関係する連邦構成主体の同意が必要であり、またこの境界がロシア連邦の国境でもある場合には、連邦構成主体の同意は、構成主体議会（州議会）の賛成か、もしくは住民投票によって表明されなければならない、とするところにあった。サハリンの法案は、領土の不可侵という実体的規範には触れずに、手続き面から領土変更を規制しようとするものであった。

しかし、サハリンの憲法改正案も、地政学委員会の法案と同様、成功を収めてはいない。一九九八年一二月提出の法案は、ドゥーマ本会議での審議にいたるまでに四年以上もの時間を要した。サハリン州議会はこの間、別の、第六七条のみに絞った憲法改正案と、連邦法「ロシアの国境に関する法律」の改正案を提出した。このうち憲法第六七条改正案は、領土の変更に必要な連邦構成主体の同意は住民投票によって表明されなければならない、としたうえで、さらに「ロシア連邦の領土は切り離すことができない（неотъемлема）」と定め、実体法、手続法の両面から領土変更を規制しようとするものであった。

サハリン州提出の憲法改正案は、二つとも、二〇〇三年四月二四日のドゥーマ本会議で審議された。しかし、連邦政府（閣僚会議）は、これらの法案について反対の意見をつけており、法案は両方とも否決された。ロシア共産党、自由民主党、農業党は賛成したが、「統一」、「祖国」両ブロックが棄権に回り、憲法改正案のドゥーマ通過に必要な三分の二の賛成を集めることができなかったのである。これを受けてサハリン州議会は、二〇〇三年五月二二日の決定で、州議会の提出した法案が真剣に検討されなかったことについて遺憾の意を表明するとともに、憲法六七条の改正案をまた新たに提出した。この改正案は手続き面に絞ったもので、ロシア連邦の領土変更には、連邦規模の国民投票を通じた国民の意思表示と、関係する連邦構成主体において行われる住民投票、双方での賛成が必要だとする、「二つの鍵」の原理を採用していた。しかしこの法案は、わずか一〇カ月後の翌二〇〇四年三月三一日に、ドゥーマ本会議で否決されてしまった。

このように、領土保全を法制上強化するこれらの動きは、実体的、手続き的なものを問わず、一貫して連邦政府の反対に直面して挫折してきた。ロシアの現行の国境線の変更を不可能にしようとする動きに対しては、連邦政府は、「領土の一体性と不可侵性は現行法で十分保障されている」と主張してきた。また、国境改定の手続き面で、連邦構成主体の発言権を強めようとする動きについては、連邦政府は、憲法第四条の「ロシア連邦は自国の領土の一体性と不可侵性を保障する」との規定を楯に、国境の画定と防衛は連邦政府の管轄事項である、と一貫して主張してきた。領土保全運動の立場からすれば、憲法第四条の改正という道筋は残されているが、第四条は憲法のなかでも基本的な事項が定められた第一章に属し、その改正には憲法の条項一般よりも高いハードルがあり、その道筋は容易ではない。

結局のところ、ロシアの国家主権の擁護を旗印とするサハリン州の憲法改正案は、連邦の唱える「国家主権の不可分性」の壁に阻まれて挫折した。サハリン州議会の誤算は、辺境の声を首都に届けるために、ようやく実質を得つつあった連邦制の遠心力に頼ったことにある。連邦制に内在する主権分割の教理は、辺境が中央に対して自己主張するためには役立ったが、辺境ナショナリストの守ろうとする絶対的主権や強固な国境とは、相容れないものだったのである。

対日戦勝記念日祝賀問題――辺境性の壁、正当性の揺らぎ

ソ連にとって、第二次世界大戦における勝利は、一九一七年の一〇月革命と同様に、あるいはそれ以上に大きな意味をもつものであった。一九四一年から四五年までの「大祖国戦争」は、その犠牲を通じてソ連国家を一つにまとめ上げ、ソビエト体制が、ピョートル大帝やミハイル・クトゥーゾフ将軍らに象徴される、ロシアの国家的栄光の伝統に連なっていることを示したのである。戦勝記念日はソ連国民の多くにとって意義深い日であり、共産党政権にとっては、自らの体制の正当性を誇示するまたとない機会であった。第二次世界大戦の戦勝に対す

る誇りは、戦後のソ連社会における中心的価値であったといっても過言ではない。

日本が東京湾のミズーリ艦上で降伏文書に署名し、赤軍が北方領土の占領作戦をまだ継続していた一九四五年九月二日、スターリンはソ連国民に向かって演説し、日本に対する勝利を祝った。スターリンは日露戦争に始まり、シベリア出兵、張鼓峰事件、ノモンハン事件と続く日本の侵攻の歴史に触れたうえで、以下のように述べた。「わが国の人民は、日本が敗北し、わが国の歴史に残された汚点が消え去るのを待ち望んでいた。われわれ古い世代の人間は、この日を四〇年間も待っていたのである。今日、ついにその日がやってきた」と。同日発表されたソ連邦最高会議幹部会令は、翌九月三日を対日戦勝記念日(休日)とすることを定めた。かくして、第二次世界大戦の戦勝記念日には、五月九日の対独戦勝記念日と対日戦勝記念日の二つが定められ、西と東における勝利は、表面的には対等の位置を得たかに思われた。

しかし、たかだか一カ月の一方的な対日作戦を、ドイツとの四年にわたる死闘と同列におくのは元来無理があった。翌々年の五月八日、「九月三日は祝日だが、労働日とする」、とする最高会議幹部会令が『プラウダ』紙に掲載された。対独戦勝記念日の前日に出された、この極めて象徴的な決定によって、対日戦勝記念日はソ連の公的歴史記憶のなかで二次的な地位に追いやられ、「極東での戦争の参加者や、極東地域の人々を除く、大部分のソ連市民にとって、対日戦勝記念日は忘れられてしまった」のである(17)。

ソ連崩壊後、共産主義的「滅私奉公」の価値体系が崩壊し、資本主義の「堕落」がこれにとって代ると、戦勝記念日の意義や、退役軍人に対する尊敬といった価値は後退し、モスクワの街で勲章をたくさんぶらさげた老人たちの姿を目にすることも少なくなった。サハリン発の対日戦勝記念日祝賀運動は、失われゆくソ連的価値を護持し、また国家が祝うべき勝利のなかでの、対日戦争での勝利の比重を高めようとする運動である。もちろん、対日戦勝記念日の祝賀は、北方領土問題と無関係ではない。しかし、対日戦勝記念日祝賀運動は、単に領土返還を阻止するための戦術ではない。そうでなければ、サハリン州議会が、九月二日でなく三日という日付に異常なまでのこだわりを見せた理由が理解できない。

すでに極東地域では、一九九五年以来、毎年八月から九月にかけて、対日戦争が戦われた期間にかぶる形で、「太平洋における平和週間（Дни мира на Тихом океане）」という祝賀行事が開催されてきていた[18]。しかし、これは極東に限定された行事であり、こうした祝賀行事を全国に広める必要があったのである。対日戦勝記念日祝賀運動の具体的目標は、第一には、一九九五年に制定された連邦法「ロシアの軍事的栄光の日に関する法律」に挙げられた栄光の日のリストに、九月三日を「軍国主義日本に対する戦勝記念日」、もしくは単に「対日戦勝記念日」として加えることであり、第二には、二〇〇五年の第二次世界大戦終結六〇周年の大きな節目に際して、対日戦勝記念日を、国家的な規模で祝うことであった。しかし、領土保全法制化と同様、この運動のたどった道も平坦なものではなかった。

一九九五年三月一三日に「ロシアの軍事的栄光の日に関する法律」が成立したとき、そこに挙げられていた日付は一五あり、そのなかには第二次世界大戦戦勝記念日（一九四五年五月九日）や、スターリングラードの戦いでの勝利の日、レニングラードの包囲解除の日などが入っていた。しかし対日戦勝を記念する日はそこにはなかった。一九九七年九月一八日、満州事変開始の記念日に、サハリン州議会は最初の改正案を連邦議会に提出した。法案は九月三日を「軍国主義日本に対する勝利の日」とするもので、ドゥーマ（四五〇議席）で三〇六票もの支持を得て可決され、連邦院（上院）でも可決された。しかし、エリツィン大統領が法案に対して拒否権を発動。法案は一九九九年一二月に廃案となってしまった。大統領のドゥーマにおける全権代表アレクサンドル・コテンコフは、拒否の理由として二点を挙げていた。第一は、日本が降伏文書に調印したのは九月二日であり、この日のほうが記念日として歴史的に正確であること。また、大戦終結から五〇年以上が経ち、日ロ関係が改善に向かっている今日、ことさらに「対日戦勝」記念日を祝うことはふさわしくなく、むしろ「第二次世界大戦終結の日」としたほうが好ましいこと、この二点であった。

大統領による法案の拒否を受けて、ワレンチン・ヴァレンニコフ将軍（共産党のドゥーマ議員）は、九月二日を「軍国主義日本の降伏の日、第二次世界大戦終結の日」とする改正案を提出した。一方、サハリン州議会は、以前と同様の法案を二〇〇〇年の三月に再提出した。エリツィンと違い、プーチン大統領ならば、同様の法案を拒否しないと考えたのだろうか。プーチンが、最初の公式訪日を、二〇〇〇年九月三日、対日戦勝五五周年記念の日に設定し、しかもその当日、日本到着前に（わずか六時間とはいえ）サハリンに立ち寄り、戦没兵士の記念碑に花輪を捧げたことは、対日戦勝祝賀運動にとって大きな励みであったに違いない(19)。しかし、法案の行方はまた別の話であった。二つの法案は、二〇〇〇年の一二月二一日にドゥーマの本会議で検討されたが、いずれも必要な賛成を集めることができず、廃案となった。この議論の過程では、日付をめぐる議論のほか、対日戦勝はアメリカを始めとする連合国の勝利であって、ひとりソ連軍の貢献によるものではない、という点が指摘された。その点を考慮して、九月三日を、「ソ連軍による関東軍粉砕の日（一九四五年）」とする新しい改正案が、ドゥーマ防衛委員会のドミトリー・ソルダトキン委員長（共産党）の手によって、二〇〇一年五月に提出された。しかしこの法案も、「関東軍の粉砕は八月一八日までに達成されている」とけちがついて、日の目を見なかった。

州議会は、この後も三度にわたり、同じ法案を提出し続けた。しかし、後から提出された同法の改正案がいくつか成立していくなかで、サハリンの法案はとり残されていた。州議会にとってひときわ遺憾だったのは、二〇〇五年四月の改正で、法律が「ロシアの軍事的栄光の日および記念日に関する法律」と改名され、九月三日が「テロリズムに対する団結の日」として、ロシアの「記念日」に指定されたことであった。前年九月のベスランでの学校を狙ったテロ事件を受けた改正であったが、対日戦勝記念日支持派には、この記念日の制定は「テロの犠牲者への弔いの感情を強調することで、対日戦勝の重要な日を祝いにくくするいかにもわざとらしい試み」だと見えたのである。[20]州議会はさらに、二〇〇五年九月にも提出を試みたが、法案は門前払いを食い、州議会はドゥーマの「官僚的な扱い」に対する抗議の声明を発し、連邦憲法裁判所で訴訟を起こすことを検討したほどであった。二〇〇五年末の時点では、対日戦勝記念日法案の行方は、まだ決して明るくはなかったのである。

サハリン州議会が並行して進めていた、対日戦勝六〇周年記念日の国家的祝賀についての請願も、連邦政府の支持を得られなかった。二〇〇四年五月、サハリン州議会と州政府は、連邦政府に対し、「軍国主義日本に対する勝利六〇周年記念日に関する政令」を発するよう共同で請願したが、七月に政府から寄せられた回答は否定的であった。州議会はこれに懲りず、同年九月、プーチン大統領に対して、「一九四一～四五年の大祖国戦争勝利六〇周年祝賀行事の準備に関する大統領令」に変更を加えるよう請願したが、これも認められなかった。二〇〇五年五月の（対独）戦勝記念日の式典は、小泉純一郎首相も参加して盛大に執り行われたが、同年九月三日の対日戦勝記念日は、極東はともかく、モスクワでは「ほとんど気づかれずに」過ぎてしまった。州議会の二〇〇五年九月一五日付の決定「ロシア国内および海外における第二次世界大戦戦勝六〇周年の祝賀について」は、以下のように嘆いている。「政府の機関紙である『ロシア新聞』の九月三日号は、対日戦勝記念日関連の記事を何一つ載せなかった。その前日、九月二日号は「松輪島は何を物語るか？」〔松輪島は千島列島中部にあり、一九四五年八月二六日ソ連軍が占領〕という記事を載せたが、そこには「クリル諸島はロシアから遠く離れた（？）島々で、カムチャツカから日本にかけて連なっていて、現在は無人島となっている（?!）」と記されていた。また、ロシア公共テレビ（ＯＲＴ）の第一チャンネルも、九月三日の放送では国民にお祝いの言葉を述べなかった。九月六日になって、択捉島での記念碑の除幕式のニュースが流れたが、その際、なんと「この島はロシアの最果ての島（?!）で、その先は日本です」というコメントがついたのである」、と。これでは州議会が悲憤慷慨するのも無理はない。

対日戦勝記念日の国家的祝賀を求める運動は、連邦政府の権威に対する挑戦ではなく、むしろサハリン・極東が、中央に対して、東方の「防人」として尽くしてきた忠義に対して承認を求めるものであった。しかし、領土問題の場合と違い、対日戦勝記念日祝賀運動は、中央の政治勢力の無関心に阻まれていた。北方領土問題は、モスクワの政争でも大きな争点となり、領土保全法制も、ロシア自民党の支配する地政学委員会によって試みられていた。これに対し、対日戦勝記念日法案は、中央の政治勢力からの積極的支持をなかなか得られなかった。実際、ドゥーマでの議論では、いく人もの議員たちが、新たに対日戦勝記念日をつくるよりも、五月九日にまとめて祝えばよいではないか、と発言している。(21)

また、対日戦勝記念日の祝賀問題が、ソ連の対日戦争の正当性の問題を、領土問題以上に直接的に提起した点も見逃せない。ドゥーマ内外の言説では、ソ連の対日戦争の正当性を疑わないものが圧倒的に多かったものの、一部で、「日本はソ連に戦争を仕掛けてはおらず、逆にソ連が日本に仕掛けたのではないか」という疑念が率直な形で表明されたことは注目される。(22)極東の戦争は、辺境の戦争であるだけでなく、正当性に疑念のある戦争であった。この点でも、サハリンの主張は見えない壁に直面していたのかもしれない。

おわりに——国際環境の変動と対日ナショナリズムの今後

サハリンにおける対日ナショナリズムは、典型的な「辺境ナショナリズム」であった。国境を隔てて優勢な他者と対峙しているという感覚は、中央からの孤立感と相まって、エリート層の一部に、強度の対日ナショナリズムの感情と、中央に向かっての同調の要求を生み出した。サハリンの要求は、「国境保全」と「第二次世界大戦戦勝祝賀」という問題をめぐって噴出した。一九九〇年代初頭の、「大西洋主義」の時代であれば、連邦政府はこうした要求を嘲笑して拒否しただろうが、ロシア社会に反西洋ナショナリズムが台頭した一九九〇年代後半以降においては、こうした要求は、政府も公然とは抗い難い「錦の御旗」になっていた。

にもかかわらず、連邦政府はこうした要求に簡単に屈することはなかった。その理由は、一つには、サハリン州の辺境性と、政治的弱体性にあるだろうが、もう一つの理由は、国際関係に求められる。ロシア国内の変化に応じて、外交も、欧米から距離をおく方向へと変化したが、大統領と外務省を中心とする政策決定層は、原理的ナショナリストと同化したわけではない。かつて皇帝ニコライ一世は、独断でロシア領を拡大した海軍士官ゲンナジー・ネヴェリスコイの行動を称え、「一度朕の国旗が掲げられた土地からは、二度とそれを降ろしてはならない」と述べたが、エリツィンもプーチンもこのような強硬な立場をとってはいない。政策決定者にとっては、国内からの原理原則に基づく要求は、強い立場から外交を行う背景となりうると同時に、自らの手をも縛りかねないものであり、良いことづくめではないからである。ロシアは今日、世界経済への統合による発展を戦略目標としており、石油ブームにもかかわらず、極東における経済的パートナーとしての日本の魅力は依然として無視できない。この基本線が変わらない限り、ロシアの対日外交も、ナショナリズム一本槍の立場に振れることはないだろう。

しかし、ロシア政府が、強硬論を、対日関係における戦術として採用してくる可能性は無視できない。実際、過去二年ほどの間に、ロシア政府の対日政策が硬化し、歴史認識の問題でサハリンの立場に近づいてきた証拠も挙げられる。まず、二〇〇五年六月、ミハイル・ガルージン駐日公使は、外務省の見解を反映すると目される雑誌『国際生活』に発表した論文で、「ソ連の北方領土占領は日本の侵略行為が引き起こした結果だ」として、日本の立場に批判を加えた。またプーチン大統領は、九月に行われたインタビューで、「北方四島はロシアの主権下にあり、この点は議論するつもりはない」と述べて関係者を驚かせた。一一月のプーチン訪日直前には、外務省高官が会見して「日本は過去の膨張主義を反省しておらず、中韓の政府は今でも日本側の真摯な謝罪を要求している。ロシアに対する領土要求も同様に不当である」と述べた。この発言は、ロシア政府が領土問題を、日本の「歴史問題」と結びつけ、日本に対する歴史認識「包囲網」の可能性を示唆した点で画期的であり、極めて注目すべきものである。また、最近のロシア側の発言には、粗暴な「勝者の権利」の観念に基づいて、二国間の国際法的積み上げを無視したものが見られる。大統領や外務省は、サハリンの強硬派に近い立場を表明するようになっているのである。

これとともに、対日戦勝記念日法案をめぐる環境にも変化の兆しが見られるようになった。二〇〇六年一月には、ドゥーマ議長のボリス・グリズロフが、それまでの反対を翻して、サハリン案に対する支持を表明した。また連邦院(上院)防衛委員会のビクトル・オゼロフ委員長も、「九月三日ではなく九月二日を軍国主義日本に対する勝利の日とするように修正するならば、防衛委員会として法案の共同提案者になる用意がある」と書簡で述べた。サハリン州議会はあくまで九月三日にこだわった法案を再度提出したため、法案は今回も成立の見込みは薄いようだが、類似の法案が他にも三つ提出されるなど、法案に対する条件つき支持の広がりは注目に値する。(23)

さらに注目すべきは、サハリン州議会が、二〇〇五年の島根県議会による「竹島の日」制定以来、対日領土問題での「ロ韓共闘」を目指している点である。二〇〇五年の三月三一日に、州議会の強硬派グループ「ロシアのクリル諸島のために！」は、韓国の在ウラジオストク総領事に宛てて、「日本の領土要求について」という書簡を送った。これをきっかけに、同年五月から六月にかけて、総領事と州議会議員グループの会合が二回にわたってもたれ、日本の領土要求に対抗して協力していくための方策が話し合われたという。

ロシア連邦政府の立場の硬化と、中国・韓国との連携の動きがどこまで進むかは予測がつかない。二〇〇六年三月に北京で行われたプーチン大統領と胡錦濤主席の会談では、事前に中国側がロシアに対して第二次世界大戦に関する「正しい歴史認識」で中国と共闘することを呼びかけたと報道されたが、そうした合意が得られた様子はない。しかし、サハリンのナショナリズムがどんな方向に向かい、またそれが連邦政府や北東アジアの他の諸国の政策とどのように共鳴し、増幅し、あるいは対立していくのかは、今後とも注意深く見守っていくべきテーマだといえるだろう。

（１）ここでは、ナショナリズムとは、歴史と政治的運命を共有するという信念によって結ばれ、「想像の共同体」を形成した人々が、自らの国家を手に入れて政治的に独立し、また共同体に永続・繁栄・名誉をもたらそうと願う心情・思想・運動であると定義しておこう。本章で扱うのはロシア国家の主権と威信を日本から守ろうとする「ロシア人」たちの思想・運動である。

（２）もちろん、一口にサハリンの世論といってもその内実は多様である。たとえば、北方四島では、一九九〇年一月時点の調査では九〇％の住民が領土返還に反対していたものの、その後の調査では、サハリン本土に比べて、領土返還に対する反対は弱くなっている。本章ではサハリン本土における原理的な返還反対論を分析の主な対象とする。

(３）領土問題全般を扱いながら、ナショナリズムの問題にも触れたものとしては、木村汎『遠い隣国――ロシアと日本』（世界思想社、二〇〇二年）、長谷川毅『北方領土問題と日露関係』（筑摩書房、二〇〇〇年）が代表的である。ソ連時代のロシアの対日ナショナリズムを扱ったものとしては、清水威久『ソ連と日露戦争』（原書房、一九七三年）がある。領土問題におけるサハリンの役割を正面から扱い、サハリンの政治エリート（とくに州知事）の返還反対強硬論の動機や影響について分析した画期的な業績として Brad Williams の未公刊の博士論文 "Hokkaido-Sakhalin Subnational Government Relations: Opportunities and Limits of Kankyo Seibi" (Monash University, 2003) および最近の論文 "Federal-regional relations in Russia and the Northern Territories dispute: the rise and demise of the 'Sakhalin factor'," *Pacific Review*, Vol.19, No.3 (September 2006), pp.263-285 を挙げておきたい。

（４）たとえば木村汎、前掲書、長谷川毅、前掲書。Ilya Pryzel, *National Identity and Foreign Policy: Nationalism and Leadership in Poland, Russia, and Ukraine* (Cambridge University Press, 1998).

（５）Brad Williams, "*Hokkaido-Sakhalin Relations*," pp.143f.

（６）*ERINA Business News*, Vol.52.

(7) Для Единой России главная забота—интересы простых людей, «Советский Сахалин», 13 сентября 2005 года.

(8) Brad Williams, "*Hokkaido-Sakhalin Relations*," pp.117-162.

(9) ポノマリョフ議員の個人ウェブサイト、http://ponomarev-sa.narod.ru/を参照。

(10) この公聴会については、フョードル・ヴォロフ氏のウェブサイト(vff-s.narod.ru)に詳細な記録がある。ヴォロフ氏のウェブサイトにはサハリン州の政治・社会・経済の問題について膨大な資料が収集されており、州政府や州議会の活動を分析するうえで極めて有用である。

(11) С. А. Пономарев. Кто хозяин границ? Правительство или народ?, «Газета регион», 10 июля и 17 июля 2003 года.

(12) しかし、サハリン本土よりさらに辺境性の強い北方領土では、領土返還への反対論は本土より弱いことに留意する必要がある。このことの説明としては、日本の四島に対する手厚い援助が考えられるが、それに加えて二つの仮説を提示しておきたい。辺境ナショナリズムは、「中央政府に代って祖国を守る」という、地方の政治関心層の使命感の表現であるが、北方四島は、政治エリートの野心と使命感を養うだけの権力機構を欠いているため、辺境ナショナリズム運動の中心とはなりにくいのだと考えられる。さらにいえば、サハリン本土に強力なナショナリズム運動が存在するため、四島が、「中央に代って祖国を守る」必要性も少ないのかもしれない。

(13) David Lockwood, "Border Economics versus Border Mentality: The Politics of Russia/China Border Trade," *CERC Working Papers Series*, No.2 (2001), The University of Melbourne を参照。

(14) ウラジーミル・ジリノフスキーの率いる極右政党、ロシア自由民主党に対する支持は、極東地域でとくに高くなっているが、このことは、ロシア極東のこうした社会心理と無縁ではないだろう。自民党サハリン州支部がウェブ上で発行しているニューズレターが、「ロシア自民党の前哨(Форпост ЛДПР)」と題されているのは、この意味で象徴的である。辺境ナショナリズムの心情を典型的に表した作品として、この「前哨」に投稿された詩「モスクワ」の一節を訳出しておこう。「モスクワよ　何故に我らを憎めるや　我にいかなるとがありや　我が故郷の山川を　などて毀ちて止まざるか　汝スラブの血を分けし　我が同胞にあらざるか　汝好める今様の　外つ国ぶりは我に合はじ　我はその身と心もて　我が祖国を愛すなり　汝の愛するハカマダは　我がともがらにあらぬぞよ　我が愛するは我が為に　島を開きしネヴェリスコイ」(文中ハカマダとあるのは、袴田茂樹教授の異母妹で、自由主義的政治家のイリーナ・ハカマダ氏)。

(15) ロシア連邦議会での法案審議の過程については、Государственная дума: стенограмма заседаний, Москва: Издательство

«Республика», 1994-2000を参照。二〇〇〇年以降については、ドゥーマのウェブサイト(www.duma.gov.ru)のなかの本会議速記録データベース。これに加えて、ロシア法制に関する総合的データベース「コンスリタント」(www.consultant.ru)が極めて有用である。

(16) См. Пономарев. Указ. соч.

(17) Владимир Тольц. День победы, «Радио свобода», 二〇〇四年五月七日放送、http://www.svoboda.org/programs/hd/2004/hd.050704.asp。

(18) 以下の二つのウェブサイトを参照。http://www.sakhalin.info/news/30897/、およびhttp://news.bbc.co.uk/hi/russian/russia/newsid_4210000/4210474.stm。

(19) См. Пребывание Президента России Владимира Путина на Сахалине, «Губерские ведомости», http://www.sakh.com/files/politics/putinonsakhalin/を参照。

(20) 二〇〇五年四月七日付のサハリン州議会の連邦議会議員、大統領、閣僚会議、連邦構成主体議会に向けたアピール、http://www.kurils.ru/?div=1&id=89を参照。

(21) たとえば、二〇〇一年五月一六日のドゥーマ本会議における、ワレリー・クリュコフ、ウラジーミル・クリモフ、ウラジーミル・アヴァルチェンコ議員の発言を見よ。

(22) ドゥーマの地政学委員会がサハリン提出の最初の法案に寄せた意見を参照。

(23) Наталья Ивановна. Компромисс или разрушение традиции?, «Южно-Сахалинск сегодня», 6 февраля 2006 года. およびサハリン州議会の二〇〇六年一月二四日提出の法案に対する政府の意見、http://asozd.duma.gov.ru/を参照。

第四部　朝鮮半島、東南アジア、南アジアに対する政策

第一〇章　ロシアの朝鮮半島政策——なぜ、発言力を失ったのか？

木村　汎

ロシアは、果たして六カ国協議の実質的な参加者なのか？　第四回目(二〇〇五年七〜九月)や第五回目(同年一一月)の六カ国協議を見て、誰もが抱く問いである。そのような問いを提起せざるをえないほど、北朝鮮の核開発問題を話し合う場におけるロシアの発言権は、最近とみに減少してきた。

他の参加国は、それなりの存在感を示している。まず、六カ国協議とはいうものの、実質的な主役はアメリカと朝鮮民主主義人民共和国(北朝鮮)の二国である。中国は議長国として会議を主宰し、共同文書のとりまとめに汗をかいている。韓国も二〇〇五年初めに、平壌が核放棄に合意すれば、自国が北朝鮮に対し二〇〇万キロワットの送電を実施する用意があるとの方針を表明した。日本は、北朝鮮の核保有と並んで、拉致問題の真相究明を訴え、その特殊な立場を際立たせた。これら五カ国の活躍と比べると、主としてアレクサンドル・アレクセーエフ外務次官を首席代表とするロシア代表団の存在感はどうも希薄なのである。

ゴルバチョフの政策転換

かつてのソ連は違った。ある時期までのソ連は、北朝鮮に対して中国をはるかに超える影響力さえ及ぼしていた。このことを示すために、わざわざソ連の朝鮮半島政策の全歴史を紐とく必要はあるまい。たとえば朝鮮戦争(一九五〇〜五三年)の開始を、想起するだけで十分だろう。金日成国家主席は北緯三八度線を突破して南下を開始する形で韓国を攻撃するにあたって、ヨシフ・スターリンによる事前の許可を必須と見なし、モスクワ詣でを繰り返したのである。

ゴルバチョフ政権初めの三年間(一九八五〜八七年)において、ソ連の北朝鮮に対する経済的、軍事的な援助は、減少しないどころか、増大しさえした。たとえば、ソ連が北朝鮮のために支援した七〇あまりの工業プロジェクトは、合計すると北朝鮮の国内総生産高の約二五%をつくりだした。一九九〇年当時、北朝鮮のソ連との貿易は、北朝鮮の全貿易高の約六〇%も占めていた。

ところがゴルバチョフ政権は、次第に朝鮮半島において北朝鮮よりも大韓民国を重視するようになっていった。まず、そのような傾向を示唆したのは、ゴルバチョフ書記長が、一九八六年七月二八日にウラジオストクで行った有名な演説のなかにおいてである。同書記長は、同演説中でアジア太平洋地域一般への関心を示すと同時に、次のように述べた。「朝鮮半島の危険な緊張をとり除くだけでなく、全朝鮮人民の民族問題の解決に向かって動き出す可能性が存在する」(1)。ゴルバチョフ政権は、一九八八年一月、平壌がすでにボイコットの態度を表明済みであったソウル・オリンピックへの参加を決定した。

ほぼ時を同じくして、韓国の外交政策も変化を遂げようとしていた。盧泰愚(韓国大統領)が、一九八八年七月七日、いわゆる「北方政策」を発表したのである。同政策は、北朝鮮の同盟国であるソ連、中国など「共産主義」諸国との間の関係構築に努力することを通じて、北朝鮮の孤立の扉をこじあけることを狙いとしていた。韓国大統領によるそのような「北方政策」の呼びかけに呼応するかのように、ゴルバチョフ大統領は、二カ月後の九月一六日に行ったクラスノヤルスク演説において述べた。ソ連は、今後「南朝鮮(韓国)との経済関係を調整する可能性を開くことができると思われる」[2]と。

結局ゴルバチョフ政権は、ソ連の朝鮮半島政策を「大転換」[3]した。それまでイデオロギー上の観点から支援してきた「社会主義」体制を採る同盟国の北朝鮮を見捨てて、代って「資本主義」体制を採る韓国を選び、後者との関係を深めることとしたのである。

経済的動機

ソ連時代末期のゴルバチョフ政権は、経済的苦境に直面していた。そのような観点からいえば、ゴルバチョフ政権による南北両朝鮮に対する政策転換は当然視され、正当化されるであろう。それどころか、むしろ遅きに失したとさえいえるかもしれない。北朝鮮は、ソ連が自ら物質的援助を与えねばならないカネ喰い虫。逆に韓国は、めざましい経済的躍進の最中にあったからである。韓国は、ソ連との間に経済的相互補完性をもつばかりか、経済的苦境にあるソ連に対して経済的支援を行う能力をもつ国である。経済的な差引勘定の観点から見ると、南北両朝鮮の間にはこのように大きな違いがあった。ゴルバチョフも、自己の『回想録』のなかで記している。「ソ連における経済状態が悪化するにつれて、経済的奇跡を生み出し続けてきた東アジアの「竜」の一つ(韓国)へのわれわれの関心は急激に高まっていった」[4]。

その理由如何を別にして、ゴルバチョフ政権下のソ連は、まるで急坂を下るようなスピードで韓国に接近し、あまつさえ一九九〇年九月三〇日には国交正常化まで成し遂げてしまった。ゴルバチョフは、韓国から総額にして約三〇億ドルの借款を獲得したと推定される[5]。前もって想像されたように、平壌は、そのようなソ連の豹変ぶりに激怒した。北朝鮮の労働党(共産党)の機関紙『労働新聞』は、「ドルで売買された外交関係」との見出しを掲げて、ゴルバチョフ政権を非難した[6]。金永南(北朝鮮外相)は、警告した[7]。韓ソ両国が国交を樹立したために、今後は北朝鮮が自衛のために独自で核兵器開発を進め、核拡散防止条約（NPT）からの脱退も考慮せざるをえなくなる、と。この時期をもって北朝鮮の核兵器開発が始まった。こう見ることさえ、不可能でないだろう。

それはともかくとして、ゴルバチョフ政権による韓国接近の結果、ソ連と北朝鮮との間の経済関係は大幅に減少した。従来北朝鮮の貿易総額の約六〇％を占めていたソ連との貿易高は、一九九〇〜九一年に二〇％以下にまで落ちた。ゴルバチョフ政権が、一九九〇年一一月二日から北朝鮮に対して「友好価格」の適用を拒否したことが、暴落の主な理由である。北朝鮮はそれまで、ソ連からエネルギー、兵器、武器技術、機械、その他を格安の友好価格で購入していた。ところが今後は友好価格（石油の場合、トン当たり約六〇ドル）の二倍にあたる国際市場価格を外貨で支払わねばならなくなったのである。ソ連／ロシアと北朝鮮との間の貿易高（往復）は一九八八年に三五億ドルであったが、八九年には二四億ドル、九〇年に二二億ドルへと減少した。逆に、ソ連の韓国との間の貿易高は、一九八八年には二億九〇〇〇万ドルであったが、八九年には六億ドル、九〇年には八億八九〇〇万ドルへと上昇した。

エリツィン政権

エリツィン（ロシア大統領）は、ゴルバチョフ（ソ連大統領）以上に、共産主義（社会主義）への決別への態度を鮮明にした。北朝鮮は、チュチェ（主体）思想によって変形されたものとはいえ、基本的には社会主義を奉じる体制である。エリツィン政権（一九九一〜九九年）の北朝鮮に対する経済政策は、ゴルバチョフ政権のそれとほぼ同様であった。エリツィン政権は、北朝鮮に対する経済支援を中止し、ロシアから北朝鮮への輸出品に対して外貨払いを要求した。

ロシアと北朝鮮との間の貿易高は、一九九五年―八三〇〇万ドル、九六年―六五〇〇万ドル、九七年―六〇〇〇万ドルへと減少し、九八年にはわずか四〇〇〇万ドルとなった。ロ朝貿易のなかで、ロシアからの輸出は九〇〇

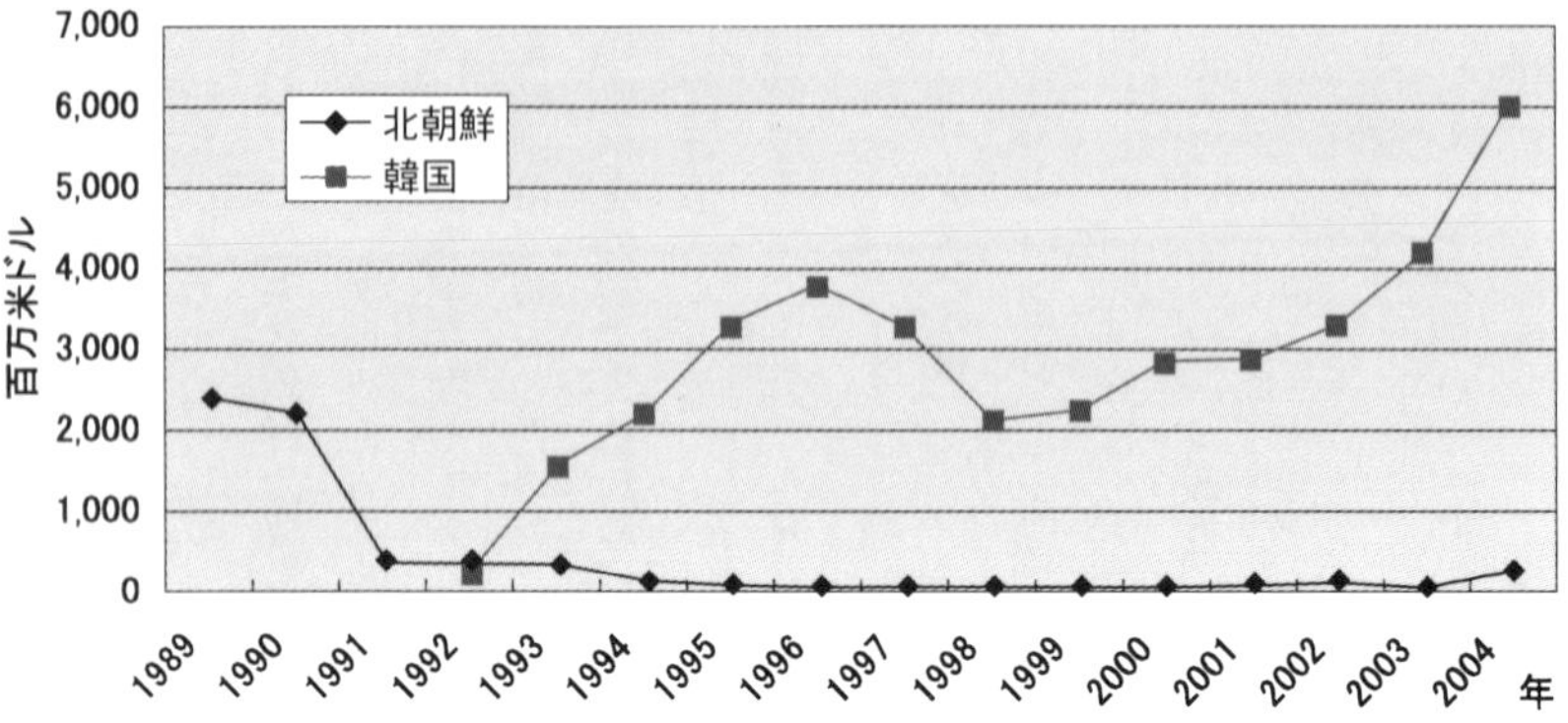

ロシアと南北両朝鮮との貿易高の推移

出所） Korea International Trade Association, www.kita.net

%、北朝鮮からロシアへの輸出は一〇%を占めていた。エリツィン政権は、平壌に対する軍事援助を中止するばかりか、兵器輸出に関しても外貨払いを要求した。一九九八年時点で北朝鮮は、ロシアに対して四三・二億ドルの借金を負っており、そのうちの約七〇%は兵器代金の未払い分であった。モスクワは、平壌のもはや「パトロンではなく、借金の取立人」[8]となったといっても過言ではない。エリツィン時代、逆にロシアと韓国との間の経済関係は、急増した。ゴルバチョフ時代の末期の一九九〇年に八億八九〇〇万ドルだった貿易高は、九二年―二億ドル、九三年―一六億ドル、九四年―二二億ドル、九五年―三三億ドル、九六年―三八億ドル、九七年―三三億ドル、九八年―二一億ドルへと急上昇した。北朝鮮と韓国は、ロシアの貿易パートナーとしての立場を完全に交替したといえる。

エリツィン時代の一九九二～九四年に、北朝鮮の核開発危機が発生した（いわゆる「第一次朝鮮半島核危機」）。一九九三年に北朝鮮がＮＰＴからの正式脱退の意向を表明したからである。そこで、米・韓・日は、一九九四年、金正日政権に軽水炉を提供することによって、平壌の核開発を思いとどまらせようとした。北朝鮮が保有または建設中の発電用原子炉は、黒鉛減速型のそれであった。黒鉛型は、核兵器開発への転用可能なプルトニウムの抽出が容易なので望ましくない。そこで、米・韓・

日は、プルトニウム抽出が困難な軽水型原子炉を北朝鮮に提供することによって、黒鉛型原子炉の建設を中止させようとしたのである。

では、北朝鮮側は、なぜ軽水型原発の供与を受け入れることに合意したのだろうか。また、後に触れる第四回六カ国協議（二〇〇五年夏）以後も、北朝鮮は軽水炉の供与を執拗なまでに要求したのだろうか。軽水炉の原子力発電所のほうが、次に述べるように黒鉛炉に比べて経済的、技術的、心理的、軍事的な理由から北朝鮮にとってははるかに有利だからである。

まず、軽水型原発の燃料となるウラン資源が、北朝鮮国内で調達可能である。また、軽水炉は黒鉛炉よりもはるかに大規模なエネルギーをつくり出すことができるので、北朝鮮の電力不足解消により一層貢献する。しかも、軽水炉は北朝鮮自身の技術力ではつくりえないので、外国から輸入する以外の途がない。だがエネルギー危機を解消しようとする経済的要因だけが、北朝鮮が軽水炉供与に固執する理由なのではない（軽水炉の完成には数年以上の年月が必要であり、電力供給が即座に可能となるわけではないからである）。

軽水炉は燃料として濃縮ウランを使用するために、核開発の可能性を秘めている。濃縮ウランを生産する核施設をもつことは、国家としての誇りを満足させる。また軽水炉提供は、北朝鮮の解釈によれば、アメリカその他が北朝鮮に対して平和的な核活動を事実上認める一証左となるであろう。さらに、もし軽水炉型原発が破壊されれば、放射能の汚染が周辺国に拡大するために、アメリカその他は軽水炉をもつ北朝鮮への攻撃を躊躇するであろう。その意味で、北朝鮮の安全保障にも貢献する。

KEDOからの排除

ともあれこのようにして、北朝鮮に対して一〇〇〇メガワットの発電容量の軽水炉二基と重油が二〇〇三年までに供与されることとなった。この目的で一九九五年に設立されたのが、朝鮮半島エネルギー開発機構（Korean

Peninsula Energy Development Organization：KEDO）である。アメリカ・韓国・日本の三カ国、そして後に欧州連合（EU）が、理事国として参加した。軽水炉は韓国製で、建設費の総額は四〇～五〇億ドル。韓国が三二億二〇〇〇万ドル（七〇％）、日本が一〇億ドル（二一・七％）を負担する。だがこのような実態が明らかになると、韓国に対して当時強い敵対意識をもっていた北朝鮮が反発するかもしれない。そのような懸念から、国際的コンソーシアム（共同事業体）の形式をとることとなった。

一九九五年、エリツィン政権は、旧ソ連邦が北朝鮮との間で結んでいた「ソ朝友好協力相互援助条約（Договор о дружбе, сотрудничестве и взаимопомощи между СССР и КНДР）」（一九六一年）の破棄を平壌宛に通告した。同条約は、一年後の翌一九九六年に失効した。同条約は、北朝鮮が他国から攻撃された場合、北朝鮮を防衛する義務がロシアに自動的に生じるとの条項を含んでいた。いわゆる「有事の際の軍事支援条項」である。この有事条項こそが、同条約を破棄せねばならないとエリツィン政権に判断させた主な理由であった。もっとも、ロシアと北朝鮮がまったくの無条約状態におかれることは必ずしも望ましくない。エリツィン政権はこう考えて、一九九九年三月、「ロ朝友好善隣協力条約（Договор о дружбе, добрососедстве и сотрудничестве）」に仮調印した。同条約は、安全保障上の脅威が生まれる場合、ロシアと北朝鮮が、単に「相互に接触し、協議する」ことに同意しているにすぎない。その点で、新しい条約は旧条約と明らかに異なっている。

かつてのソ連は、北朝鮮の「スポンサー」「ゴッドファーザー」、保証人、経済的後援者」「保護国にして同盟国[9]」であった。ところがエリツィン期になると、ロシアはそのような地位から滑り落ちた。対北朝鮮ばかりでなく、朝鮮半島一般に関して「アウトサイダー（局外者）[10]」の地位にすら追いやられることとなった。たとえば、ロシアはKEDOに参画するばかりでなく、北朝鮮に対して自国製の軽水炉を提供しようとすら目論んでいた。KEDOのフル・メンバーとしての地位は、ロシアの国際的威信を高めるからである。また、KEDOプロジェクト実施のための軽水炉を自ら提供することは、自国に経済的利益をもたらすからである。ところが、ロシアはジュネーブで開催されたアメリカと北朝鮮との間の核問題交渉で、見事に蚊帳の外におかれてしまった。また、ジュネーブでの米朝「枠組み合意」(一九九四年)を実施に移すために設置されたKEDOからもはずされた。さらに、ロシア製の軽水炉を提供したいという希望も受け入れてもらえなかった。

なぜエリツィン・ロシアは、このようにまるで"oddman out(仲間はずれ)"の仕打ちを受けたのだろうか。これまで述べたことと重複を恐れずにその理由を箇条書きにするならば、以下の通りである。①ロシアが韓国との経済交流を望み、北朝鮮との経済関係を減少させたこと。②ロシア、とりわけロシア極東の北東アジアや朝鮮半島との統合が、低いレベルのものにとどまっていること。③北朝鮮が己の体制の存続や安全保障に関しては、もっぱらアメリカとの間の直接交渉を望んでいること。④アメリカが、朝鮮半島におけるロシアの発言権の減少を望んでいること。

北朝鮮の核問題

前に触れたように、ゴルバチョフ、エリツィン両政権は、韓国への接近政策を推進した。その結果は、北朝鮮を軽視する政策となって現れた。プーチン政権は、このような政策を部分的に若干手直ししようと試みた。プーチン政権がそのような見直しを必要と考えた理由は、おそらく次のようなものだろう。プーチン政権がロシア外交一般を部分的に「大西洋主義」から「ユーラシア主義」へ転換したこと。韓国からロシアへの経済支援、投資、その他の協力が、当初ロシアが期待したほどの額に上らなかったこと。仮に期待した額が得られたとしても、ロシアが自国の経済的混乱などの理由で、それらを十分効果的に利用しえなかったこと、等々。

その理由が何であれ、二〇〇〇年初めに発足したプーチン政権は、次のような考え方をした節が感じられる。ゴルバチョフ、エリツィン両政権が推進した朝鮮半島政策は、時計の振り子をあまりにも極端に動かそうとするものので、必ずしも適当ではなかった。モスクワは平壌とソウルに対して、「もっとバランスのあるアプローチ」を採るべきである。とりわけ、ロシアは北朝鮮との間で何らの条約ももたない状態にあるのは望ましくない。こう判断したプーチン大統領（正確には、当時、まだ大統領代行）は、二〇〇〇年二月、イーゴリ・イワノフ外相を訪朝させ、前に触れた「ロ朝友好善隣協力条約」に正式調印させた。大統領に正式就任した後、プーチンは北朝鮮との関係改善にさらに積極的な熱意を示した。たとえば、二〇〇〇年から〇二年にかけて三年間連続で、同大統領は金正日総書記との間で相互訪問や首脳会談を行った。

ところがロ朝関係は、二〇〇二年頃から再び疎遠なものへと変わり始めた。冷却化の発端となったのは、平壌の核開発問題である。二〇〇二年一〇月に、北朝鮮の高濃縮ウラン（HEU）計画が発覚した（いわゆる「第二次朝鮮半島核危機」）とき、北朝鮮側はそのような疑惑を否定しないどころか、次のような一連の言動を次々にとることによって事態を悪化させた。国際原子力機関（IAEA）の査察官の国外退去、米朝「枠組み合意」で凍結していた核施設の再稼動。それらに加えて、二〇〇三年一月には、NPT体制からの脱退宣言。〇三年四月には、「核兵器保有」の承認。〇五年二月には、「自衛のための核兵器製造」の発表。

核兵器開発を行うと脅迫する――確かにこのこと以外に、北朝鮮には自国が直面している様々の苦境からの脱出路はない。こういえないこともない。事実、一九九二年以後二〇〇六年一〇月まで、平壌は、経済的支援、アメリカによる国家承認、安全保障を獲得するために、もっぱら核開発の脅しのカードを用いた。もし北朝鮮がIAEAの査察を受け入れ、核燃料棒を再処理して核兵器の原料となるプルトニウム抽出をめぐる不透明性を除去すれば、どうだったろう。すなわち、北朝鮮が核兵器を保有しているか否かを明らかにしておれば、どうだったであろう。北朝鮮が核兵器を保有しているか否かに関係なく、平壌は対外的な取引能力を著しく減少させるか、まったく喪失させてしまっていたかもしれない。むしろ、核保有の有無を明らかにしない。そのことによって、北朝鮮の核保有問題はもっぱら他国からの支援如何にかかっている。なによりもこう思わせることが、平壌にとって最良の交渉力となる。核兵器カードは、北朝鮮にとり他の何物にも代えがたい貴重な打ち出の小槌であり、「虎の子」[11]だったのである。

プーチン政権のジレンマ

ロシアは、朝鮮半島の非核化を欲している。したがって、北朝鮮が核開発を行い、核保有国となることには反対する。これをもってプーチン・ロシアの本音と見なして、間違いないだろう。その理由は、複数挙げられる。

まず一般論として、ロシアはＮＰＴ体制の維持を望んでいる。北朝鮮に限らず核保有国の数が増えると、核大国としてのロシアの発言力や影響力が、国際場裡において相対的に減少するからである。また、もし北朝鮮が核をもつようになれば、それはひいては韓国、日本の核武装を誘発する引き金の役を果たすかもしれない。将来いずれかの時点で北朝鮮と韓国が統一を遂げるならば、統一朝鮮は核保有国となる。そうすると、日本は、ロシア、中国ばかりでなく、核武装した統一朝鮮によっても包囲されることとなる。そのような事情に直面した日本は、己も核武装化の道を歩まざるをえないと考え始めるかもしれない――この種の連鎖作用を危惧するロシアは、北東アジア諸国の核保有化のエスカレーションの糸口を、なんとしてでも絶ち切らねばならない。クレムリンは、このように考えていよう。

さらに次のシナリオも、ロシアが決して望まないものである。北朝鮮が核保有国となる結果として、北東アジア情勢が不安定化し、同地域へのアメリカ介入の機会が増える。事実、北朝鮮の核開発の報に接して、アメリカはイージス艦の日本海配備などを決定した。もし万一米朝間に軍事的衝突などの「有事」が発生する場合、それはロシアにとり決してプラスとはならないであろう。むしろマイナスの影響を与えるにちがいない。何千、何万という数の北朝鮮難民がロ朝国境（一七・六キロメートル）を越えて、ロシア領内へ押し寄せるであろう。結果として、ロシアの極東地域の安定は著しく損なわれるにちがいない。

事実、そのような非常事態の発生を想定する軍事演習を、二〇〇三年八月末に極東地域でロシアは実施した。同演習の狙いの一つは、明らかに金正日総書記の冒険主義的な外交に対し警告を発する「シグナル」であった。このロシア極東軍事演習で「通常の軍事演習は、同演習全体の四分の一」の比重しか占めていなかった。主なウェイトを占めていたのは、「非常事態発生の阻止、捜索・救難活動、密漁の摘発、テロの予防」。同演習は、約一〇万人の北朝鮮難民がロシア領に流入するケースを想定して、北朝鮮との国境沿いで次のような訓練を行った。ロシアは、直ちに非常事態を宣言。これらの難民に対して「検疫、写真撮影、質問、食料の配給、施設収容」を行う。そのための大型テント、仮設の病院、給水施設を設営する。

二〇〇五年八月に、ロシアが中国との間で行った大規模な合同軍事演習は、主として台湾有事に備えるデモンストレーションであったろう。同演習の第二、第三段階が、山東半島(最初の予定は浙江省)を主要舞台として実施されたからである。しかし同演習の第一段階が、ウラジオストクで始められたことを忘れてはならない。このことから判断すると、同演習は少なくとも部分的には朝鮮半島有事に備える目的も併せ有していたのかもしれない。

以上のような理由から、次のように判断しておそらく間違いないだろう。ロシアは、北朝鮮の核兵器開発に対して本心から反対している。他方、そのようにロシアが反対するにもかかわらず、北朝鮮は核保有化への道を歩もうとした。とはいえ、これらの事実から次のように判断すると、それは必ずしも正しい見方とはいえないであろう。現ロシアと北朝鮮が、両国間関係を著しく冷却化させている、と。

たとえば、北朝鮮の核問題をめぐる六カ国協議の席上で、米・日が北朝鮮と真っ向から対立するとき、プーチン・ロシアはどちらかというと北朝鮮寄りの立場を示す。第一回(二〇〇三年)、第二回(〇四年)、第三回(同)の六カ国協議において、平壌は「核開発放棄」と「北朝鮮の体制保証」の同時実現を主張し、アメリカは「核開発放棄」を先決と見なした。また北朝鮮は自らの核「凍結」によってエネルギーの提供を得ようとしたのに対して、米・日・韓は「完全かつ検証可能で不可逆的な(核)解体(Complete, Verifiable, and Irreversible Dismantlement：CVID)」を要求した。CVIDは、北朝鮮に対し平和利用を含む一切の核計画を認めない立場の表明である。だが北朝鮮はCVIDを屈辱的として、その受入れを拒絶している。――このような対立構図において、ロシアはどちらかというと、中国と同様、平壌側の言い分に理解を示すかのような態度を取り、米・日・韓との間で若干の温度差の存在を示す。これは、のちに触れる第四回(二〇〇五年)の六カ国協議でも引き続き見られる傾向なのである。

プーチン・ロシアは、なぜ未だに北朝鮮寄りの言動をとり、米・日の主張に完全に同調しようとしないのだろうか？　政治・外交的、経済的動機が挙げられる。

プーチンのポカズーハ戦術

まず、北朝鮮をロシア外交の一カードとして用いようとする政治的動機がある。今日、北東アジア地域で、ロシアの発言権は極端に小さい。そのような現実に鑑み、クレムリンは己の存在感を少しでも大きく見せかけようと目論むのである。

ロシア語には、「ポカズーハ(показуха)(偽装)」という言葉がある。現実には存在しないものを、まるで存在するかのように他人向けに見せかけるテクニックを指す。エカテリーナ女帝の機嫌を取りむすぼうとして、同女帝が行幸する街道筋を、寵臣のグリゴリー・ポチョムキンが飾りたてた「ポチョムキン村」が、その好例。プーチン政権は、ロシアが北朝鮮に対してさも大きな影響力をもっているかのように見せかけようとする。

前にも触れたように、プーチン大統領は、二〇〇〇～〇二年にかけて三年間連続して、金正日総書記との間で首脳会談を行った。北朝鮮は、現地球上でもっとも閉ざされた国。金正日総書記は、そのような国のワンマン独裁者。ロシア大統領は、そのような人物との間でサミット会談を行いうる貴重な政治的指導者――このような印象をつくり出すことが、その狙いである。

事実、二〇〇〇年七月にプーチン大統領自らが平壌を訪れ、金総書記との間で行った口朝首脳会談は、「センセーション」[12]を巻き起こした。同会談直後に開かれた主要国首脳会議(G８サミット)(沖縄)で、ロシア大統領は「スター」ないし「事実上の主役」となりさえした。金正日総書記から次のような言葉を引き出したと発表し、自己の仲介外交能力を喧伝したからである。「人工衛星打上げに関係諸国からの支援が得られれば、北朝鮮は自前の弾道ミサイル開発を断念し、提供された技術を平和利用だけのために使用する用意がある」。

ところがである。果たしてこのプーチン発言が、金正日総書記の真意を正しく伝達したものなのか。ひょっとすると、プーチン大統領は、己の功績を誇りたいがために、G８の首脳たちに向かい事実を誇大に伝達したのではないか。あるいは、金正日総書記が述べたジョークを、プーチン大統領が意識的、無意識的に誤解したのではないか――しばらく後となってこのような問いが提出され、北朝鮮との貴重なパイプ役としてのプーチン大統領の能力に疑問符が付せられることとなった。

右の経験に懲りる様子もなく、プーチン政権は、次のような形で「ポカズーハ」外交を継続している。アレクサンドル・ロシュコフ(前外務次官)、アレクサンドル・アレクセーエフ(現外務次官)や極東連邦管区のコンスタンチン・プリコフスキー大統領全権代表(当時)などを、実にしばしば北朝鮮へ派遣する。彼らを平壌に長逗留させて、金正日総書記との間でいかにも重要な会談を行っているかのように見せかける。だが、実はそのような「会談」から実質的な成果が生み出されたことは、ほとんど一度もないのである。なぜか？

仲介者としての機能喪失

俗な言葉を用いると、その答えは「カネの切れ目が縁の切れ目」。現ロシアは、北朝鮮との間で緊密な貿易・経済交流関係をもっていない。前に触れたように、かつての旧ソ連は、北朝鮮の全貿易高の約六〇％を取り扱う最大の経済取引パートナーであった。一九八八年、両国間の貿易額(往復)は三五億ドルにも上った。ところが二〇〇六年時点でのロシアの北朝鮮との貿易高は、わずか一五〇〇万ドルにすぎない。ついでながら二〇〇四年における中国の北朝鮮との貿易高は、約一三億八五一六万ドルで、同年の北朝鮮の貿易総額二八億五七〇〇万ドルの四八・五％を占める。また、同年における韓国の北朝鮮との貿易高は、約六億九七〇四万ドルである。

プーチン・ロシアが北朝鮮との間で「仲介者の役割(роль посредника)」[13]を果たしえなくなったもう一つの理由は、自らがギブ・アンド・テイクのルールに従おうとしないからである。

北朝鮮による日本人の拉致問題の解決に対する消極的な態度は、その証拠となる。二〇〇二年六月、カナナスキスのG8サミットを利用して行われた日ロ首脳会談で、日本の小泉純一郎首相はプーチン大統領に向かい、この問題についての協力を要請した。金正日総書記が日本人の拉致問題の解決に真剣な努力を傾けるよう説得してほしいと依頼したのである。ところがロシア大統領は、それから二カ月後にウラジオストクで金総書記と会談した際、小泉首相のメッセージを伝達しなかった。「拉致問題は、日朝二国間で解決すべき問題である」。これが、その弁解の言葉であった。

そのような仲介の労をとらないことによって、他ならぬロシア自身がダメージを受けた。なぜか？　日本と北朝鮮との間に直接の接触チャネルがないかぎりにおいて、ロシアは両国間の媒介者としての役割を果たす。ところが、もし日朝間になんらかの直接の接触ルートが生まれるならば、両国はもはやロシアを必要としなくなる。ロシアの介在なしに、両国はコンタクトしあい、交渉し取引さえすることが可能となるからである。実際、その後の小泉首相はプーチン大統領をあてにすることなく、二度も平壌に乗り込んだ(二〇〇二年九月一七日、二〇〇四年五月二三日)。自らの訪朝によって、小泉首相はプーチン大統領の仲介者としての機能を――完全に否定しないまでも――かなりの程度にまで霞ませる結果を導いたのである。

日米との温度差

これまで述べてきた二つの理由、すなわちロシアの発言力の弱体化、それを覆い隠そうとする「ポカズーハ」戦術の効力喪失によって、北朝鮮問題についてのロシアの発言力は抑制され、限定されたものとならざるをえなくなった。しかしだからといって、前にも触れたように、ロシアがアメリカや日本の主張に完全にくみするようになったわけではない。それこそが、問題なのである。二〇〇五年の後半に開かれた第四回六カ国協議でのロシアの代表の言動やそれを報じるロシアのメディアの論調を見れば、このことは明らかといわねばならない。少なくとも次の三点で、ロシアの北朝鮮政策は、日米のそれとは異なるからである。

まず第一に、アメリカおよび日本に批判的な態度。もちろん、六カ国協議での基本的な対立図式は、米・日・韓・ロ・中の五カ国 vs 北朝鮮の構図である。前者は、北朝鮮の核武装を欲していない。後者は、自らが欲するものを入手しえない場合核武装すると脅している。しかしこの根本的な対立図式を十分念頭においたうえで、米・日・韓・ロ・中の五カ国をさらに細かく分類すると、ロシアは、中国――そしてごく最近では韓国とともに――、アメリカと日本の主張とは若干異なる立場をとろうとする。そのような立場の差は、一言でいえばロシアと中国が北朝鮮の存在を承認しているのに対し、アメリカと日本はそうでないことによるのかもしれない。その理由はともあれ、第四回六カ国協議の場においては、日・米 vs 中・韓・ロの対抗図式が形成されつつある。モスクワは、ワシントンの平壌に対する強硬政策を批判する。たとえば、北朝鮮に対して自己の安全保障を保とうとする権利を認めようとしない。核の平和利用の権利を許そうとしない。その代りに、六カ国協議の席上でも

「最終通牒を突きつけるような」態度を崩さない――このようなアメリカの姿勢こそが、六カ国協議での合意到達を妨げる元凶なのである、と。

一例として、「ロシアの声」放送(二〇〇五年七月二二日)の一文を引用する。ロシアが、アメリカや日本の主張を批判していることがわかるであろう。

「ロシア、中国、北朝鮮の建設的な気運は、韓国の努力と同様、前進への期待のための基盤として役立ちうるものである。北朝鮮による平和的な原子力事業の発展の問題を排除しない、北朝鮮エネルギー保障の問題も注目に値する。しかし、これに対しては、米国と日本が反対している。……米国が、一九九四年の米朝枠組み合意に違反したことが、まさに北朝鮮の核問題をめぐる状況を先鋭化させたのである。……米国による最後通牒を突きつけるような要求は、同協議の(他の)参加国によってネガティブに受けとられている」[14](傍点はいずれも筆者)。

第二の相違点は、第一点を裏返したものといえる。ロシアがややもすると北朝鮮側の主張に理解を示しがちな点である。第四回六カ国協議で議長国の中国は、次のように提案した。北朝鮮が「NPTに復帰し」、「IAEAの核査察を受け入れる」こと。この二条件と引替えに、他の参加国は、北朝鮮に対して「核の平和利用の権利と、将来の時点での軽水炉建設の可能性」を認める。このとき、ロシア首席代表のアレクサンドル・アレクセーエフは、この中国提案を「すべての参加国を満足させうる」[15](傍点、筆者)「バランスのとれた内容」と見なし、同提案を直ちに採択することに賛成との立場を明らかにした。それればかりではない、もしこのような合意文書が採択されなければ、第四回六カ国協議は、「再度休会に追い込まれる」[16]とさえ脅したのである。

第三は、六カ国協議の進行についての楽観的な立場の表明。アレクセーエフ代表は、八月四日頃から「六カ国全員が最終文書の九五％に合意しており、余すところはわずか五％にすぎない」[17]との発言をしきりに行っていた。

改めていうまでもなく、北朝鮮に対して「核の平和利用」を認めるべきか否か――これこそが、日・米・韓・中・ロvs北朝鮮の根本的対立点である。北朝鮮は、すでに「平和利用」の核施設を軍事用に転用した前歴をもつ。そのような国に対して、「核の平和利用」の権利は再度認められるべきでない。これは、日・米・韓・中・ロが北朝鮮に対して決して譲ってはならない最重要ポイントのはずである。そのような肝心要《かなめ》の点での対立が残っているにもかかわらず、ロシア首席代表は、すでに交渉の九五%が終了しているとの認識を示したのである。案の定、この点に関するギャップが埋められなかったがゆえに、協議は三六日間にも及ぶ休会へと追い込まれる羽目に陥った。

ミサイル発射

北朝鮮は、二〇〇六年七月五日、七発のミサイルを発射した。テポドン、ノドン、スカッドの大中小からなる三種類の弾道ミサイルである。いずれも、ロシア沿岸から南方へ二五〇キロメートル離れた日本海に落下した。プーチン・ロシアが初めて議長国として、G8サミットを開催しようとする矢先のことであった。

このミサイル発射は、現ロシアの北朝鮮との関係がそれほど密接でないことを暴露する、もう一つの事件となった。まず、北朝鮮が前もってこのミサイル発射についてロシア側に通告した形跡は見られなかった。どうやらクレムリンにとり、寝耳に水だった模様である。次に、プーチン政権は、前に触れたようにG8サミット開催を約一〇日後に控えていた。得意のエネルギー問題を主要議題に掲げて、同サミットをそつなくこなすつもりであった。そのための準備万端に没頭しつつあった最中に、北朝鮮は同政権に対して難題を突きつけることとなった。「最悪のタイミング」であった。プーチン政権にしてみれば、迷惑千万以外の何物でもなかった。おそらくこれら二つのことが関係して、第三に、プーチン政権は、北朝鮮によるミサイル発射を強く批判することとなった。それは、それまでの平壌に対するモスクワの政策の変更を意味する。従来プーチン政権は、北朝鮮の核開発問題に関して、アメリカや日本との間で温度差が見られる対応をしてきた。ところが今度は、国連安全保障理事会決議で北朝鮮の行為を非難するという点に関しては、モスクワはワシントンや東京と足並みをそろえざるをえなくなったのである。

　右の三点を念頭において、次の諸問を検討しよう。プーチン政権は、北朝鮮のミサイル発射に対して具体的には、いったいどのように対応したのか？　そのような対応を行った理由は、何だったのか？　本事件が、ロ朝関係に与えた意味は何なのか？

　外交は、プーチン大統領の独占的権限事項である。このことは、とくに二期目のプーチン政権にあてはまる。そういうわけで、まず検討すべきはプーチン大統領自身の反応や発言であろう。

　プーチン大統領は、北朝鮮によるミサイル発射に対して不快感を示した。発射の翌日（二〇〇六年七月六日）、同大統領はインターネットを通じて行ったインタビューのなかで、北朝鮮のミサイル発射について、次のように率直な言葉を口の端に乗せた[18]。「失望した」「この種の実験は、正常なものとはいえない」「ロシアも国際社会も、このような贈物をうけたくなかった」「実験は、われわれに懸念を呼び起こした」。

　プーチン大統領は、自身ならびにロシアがこのような反応を示した理由として、次の二点を指摘した。①ミサイル発射が予告なしに行われたこと。大統領は述べる。「第一に、このような実験を行うとき、すべての文明国は、実施場所、ロケット（ミサイル）の各部分の落下予定地点について、前もって通報する。そのことによって、外国船籍の船が当該海域に近づかないように警告するのである[19]」。この発言は、北朝鮮がロシア向けに公式ルートを通じてそのような事前通告をしなかった事実を披瀝している。そのことに対するロシア側の不満を表明している。②プーチンは、続けて述べる。「第二に、新聞報道によれば、これらロケット（ミサイル）のうちのあるものは、ロシア国境の直近地点に落下したという。もっとも、われわれ自身の手段（レーダー）では、まだこの情報を確認していないが[20]」。この発言は、ロシア軍部の科学技術的な能力が、北朝鮮のミサイルの着弾地点を正確に捕捉するに足る力をもっていないことを暴露している。

プーチン大統領によるこの発言は、北朝鮮によるミサイル発射事件に対するロシアの基本的なトーンを設定することとなった。プーチン政権の関係閣僚や政府高官たちは、大統領によるこの「七月六日発言」に右へ倣えの態度を採ったからである。たとえば、セルゲイ・イワノフ国防相は、「ミサイル発射は、北朝鮮問題の政治的、外交的解決に決して役立たない行為である[21]」と糾弾した。国連常駐ロシア代表のビタリー・チュルキンも「(この際)北朝鮮に対しては、強硬かつ明確な(非難)メッセージを届ける必要がある[22]」と述べた。

制裁には反対

右に記したように、プーチン政権は、北朝鮮によるミサイル発射に対して不快感を示すことにやぶさかでなかった。だが、その憤《いきどお》りを別にするならば、そのような行為に対する具体的な対応法として、ロシアは、日米を含むその他の国々と同一の制裁行動に訴えようとはしなかった。なぜか？　ここでも、まずロシアの最高政治指導者の言葉を紹介することから始めよう。

プーチン大統領は、七月一二日のＣＴＢテレビ(カナダ)とのインタビューのなかで述べた。「これまでの過去数年間とは違って、(今回は)われわれの目標に関しては差異はない。……(たとえば)大量破壊兵器の拡散を防止しようと欲する点に関して。……だが問題は、これらの目標を達成するために、われわれが一体どのような手段を用いるかである。(この点に関して)われわれのパートナーたちは、ときどき良くいって間違っている[23]」。

ではなぜ、ロシアは北朝鮮に対して制裁を課すことに反対なのか？　プーチン大統領は前にも引用した「七月六日発言」のなかで、その理由の一つを示唆して述べる。「客観的にいうならば、われわれは次の事実を理解せねばならない。北朝鮮民主主義人民共和国は、この分野での活動(ミサイル発射)を制限しようとする国際的な合意に加盟している国ではない[24]」。ただしこう述べた後、同大統領は、続けて次の言葉を加えた。「(しかし)右は、物事の法律的、形式的側面である。われわれが好むと好まざるとにかかわらず、北朝鮮は自分たちが正しいという。だが、同時に言えることがある。それは、たとえ誰であろうと己の権利の遂行を、他者の権利を損なうような形で行ってはならないことである[25]」。

ともあれ、プーチン政権下の高官たちは、実際、北朝鮮に対して制裁を加えることに反対した。イワノフ国防相、チュルキン国連代表ばかりでなく[26]、ミハイル・マルゲロフ(上院外交委員長)、コンスタンチン・コサチョフ(下院外交委員長)も反対した[27]。彼らの反対理由は、次のようなものである。制裁などの強制手段に訴えると、それは北朝鮮をますます孤立化、ラジカル化させる。それは平壌との交渉を袋小路に陥れ、逆効果を招く。あくまで外交的手段を用いての粘り強い交渉こそが、問題の解決に役立つ、と。

右のような理屈で、ロシアは、日本が米英仏などの支持を得て国連安全保障理事会に提出した北朝鮮に対する制裁決議案を批判した。セルゲイ・ラブロフ外相は、日本案が「非妥協的」であり、ロシアはそれを「受け入れることはできない」と評した[28]。ロシアの具体的な立場は、北朝鮮が実質上ミサイル発射のモラトリアムの約束を遵守し、六カ国協議の場に戻ってきてくれさえすれば十分というものであった。ところが他方、ロシアは今回、日米らの決議案に対して棄権したり拒否権を行使するのは適当でないと考えた。そこで、ロシアは中国とともに、独自の国連安保理決議案を提出した。同提案は、北朝鮮に対する経済制裁や軍事行動の法的根拠となる「国連憲章第七章」について言及していなかった。その結果は妥協である。すなわち、北朝鮮に対する強制的制裁の道が閉ざされる一方、加盟各国による任意の制裁行動は可能となった。日本案は、中ロ案によって大いに「水割り[29]」されたこととなる。ロシアによるこのような妥協をもって果たして十分と見なすか、不十分と見なすか――これはコップのなかに半分入っている水を見て、「半分しか入っていない」あるいは「半分も入っている」と見なすべきかの問いに似かよっている。見る者の判断基準如何で、答えは変わってくる。

手段の欠如

モスクワは、平壌の外交行動様式に対して影響力を失っている――二〇〇六年七月五日の北朝鮮によるミサイル発射騒動は、このことを改めて白日の下にさらすこととなった。もとより、そうなった原因をロシア側だけに求めることは酷かもしれない。北朝鮮の外交行動は、外部の何人も予測したり防止したりすることが不可能な、全くもって奇矯な類のものだからである。モスクワに比べはるかに大きな影響力をもつ北京すらも、平壌の突拍子もない瀬戸際外交によって振り回された。しかしそれだからといって、ロシアの対応が全面的に免責されたり、ましてや正当化されるわけではない。ロシア側にも、準備不足その他のミスが目立った。

ロシアはまず、北朝鮮のミサイル発射実験を予知したり、正確に追跡したりする軍事技術能力を欠如している。前に紹介したプーチン大統領の発言は、今回のミサイル発射が前もってロシアに通告されていない不意打ちのものだったことを示唆している。もちろん、国防相の立場にあるイワノフは述べた。「われわれは、われわれの技術的装備によってこの発射を十分追跡していた[30]」と。しかし、政府系の『ロシア新聞』(二〇〇六・七・七)ですら、ロシア軍の現役将校による「われわれはミサイル発射に気づかなかった[31]」との証言を掲載している。

古本朗(読売新聞モスクワ支局長)は、ロシア国防省、参謀本部が今回のミサイル発射をインターネットを通じて情報を得たと報じる『コメルサント』紙(二〇〇六・七・六)の長大特ダネ論文を紹介する[32]。そのような紹介の後、自身の次のようなコメントを記す。今回、ロシアは「自国近海に落ちるミサイルさえ探知・追跡できない防空体制のお粗末さを露呈した[33]」。古本のコメントが正しいことを立証しているのは、ロシア軍参謀総長のユーリー・バルエフスキーの発言である。北朝鮮が発射したミサイルの総数は七発でなく「一〇発」であるかもしれない。同参謀総長は、このように主張し続けたのである[34]。

ロシアは次に、北朝鮮のミサイル発射がロシアの安全保障にとってもつ意味を十分正確に把握していない。このことを示しているのは、プーチン政権の関係者たちからの諸発言に見られる見解の相違である。たとえば、イワノフ国防相は、「(同発射が)ロシアの安全保障に何らの実害ももたらすものではない[35]」と豪語した。確かに、国防相の要職にある人物の第一の任務は、自国民に無用な心理的な不安感を抱かせないようにすることにあるのかもしれない。だが、いたずらに楽観的な見通しを語ることだけがそのような要職にある者の主要任務である、とは断言しきれないように思われる。

イワノフ国防相の発言でさらに気になる点が、もう一つある。それは、同国防相がもっぱら安全保障を純軍事的な観点から狭く捉えていることである。北朝鮮によるミサイル発射は、北朝鮮の核開発をめぐる六カ国協議はもちろんのこと、イラン核開発問題にも密接に関連する政治・外交上の重大問題である。もしそうだとすると、ロシアの安全保障問題を広義に捉える見方のほうがより適切ということとなる。たとえば、アレクセイ・アルバートフ(元下院議員、現在ロシア科学アカデミー世界経済国際関係研究所上級研究員)は述べる。「今回の北朝鮮によるミサイル発射は、政治的ならびに軍事的な(重要な)意味をもつ。北朝鮮の(核開発)プログラムは、ロシアの安全保障が危殆に瀕する可能性を秘めている。われわれが六カ国協議に参加しているのは、単に朝鮮半島における戦争を回避したり、同地域に対するロシアの影響力を拡大したりするための一手段であるからではない。(なによりも)ロシアの安全を保護する方法でもあるからだ[36]」。

現ロシアは、北朝鮮の行動様式に影響を与えうる政治的、経済的手段を欠如している。これが、何度も繰り返すようであるが、今回のミサイル発射騒動で改めて判明した事実であった。イワン・サフランチューク(ワシントンDCをベースとするシンクタンク「防衛センター」モスクワ支局長)も述べる。「ロシアは、中国と異なり、北朝鮮が行うゲームに対抗するために(自らが)提供できるものをほとんどもっていない。経済的、政治的な手立てを（まったく）もち併せていないのだ[37]」。

核実験を非難

二〇〇六年一〇月九日、北朝鮮は核実験を敢行した。当然ロシアは強く反発した。激怒したとさえいってよい。ミサイル発射に引き続いての地下核実験——このような展開を受けてさすがのロシアも、中国同様、国連安全保障理事会による北朝鮮制裁決議に対してもはや反対しえなくなった。とはいえモスクワは、北京同様、平壌に対して自身が具体的な制裁行動に出ることに関しては、依然として消極的な姿勢を示している。まず、事実経過を簡単に紹介し、次いで、なぜモスクワがワシントンや東京と足並みをそろえようとしないのか、この問いに答えることにしよう。

プーチン大統領は、一〇月九日の閣議の席上、北朝鮮による核実験の実施を「無条件で非難する（безусловно осуждает）[38]」と述べた。プーチン政権の関係閣僚や高官たちは、大統領の発言に右へ倣えの態度をとった。たとえば、ロシア外務省は、平壌による核実験を次のような廉《かど》で厳しい批判に値すると述べる。①国際社会による訴え《アピール》の無視、②朝鮮半島に緊張をもたらすエスカレーションの促進、③NPT体制に対する挑戦、④北東アジアにおける核兵器競争の先例設定[39]。コサチョフは、もう一つの批判点をつけ加える。すなわち、⑤北朝鮮と国境を共有するロシアの利害に及ぼす悪影響[40]。コサチョフとほぼ同様の懸念を、ロシア下院安全保障委員会のミハイル・グリシャコフは、より直截に述べる。「われわれは、ロシアと国境沿いに核兵器を所有するもう一つの国を必要としない[41]」と。

圧力よりも対話

このように北朝鮮の核実験をいつにない厳しい言葉で糾弾する一方、いったん具体的な制裁となると、今度もプーチン政権は日米と共同歩調をとろうとはしなかった。なぜか？

まず、認識の差。プーチン政権の北朝鮮に対する基本的スタンスは、次のようなものである。他ならぬアメリカの言動が北朝鮮を袋小路に追い込んでいる張本人なのだ。すなわち、平壌をして核実験に踏み切らせた責任の一端は、ブッシュ政権の強硬姿勢にある。そのような態度は、今後も逆効果を招くかもしれない。逃げ場を失った北朝鮮は、猛然と相手方に飛びかかってくる可能性を秘めている。プーチン大統領自身は述べる。「われわれは、六カ国協議の一参加者をコーナーに追い込み、緊張を高める以外の方法をもたないようにさせる状況を避けるべきである」[42]。この大統領発言の前半部分は、名指しこそ避けているものの、アメリカ批判に他ならない。

大統領以外の者にいたっては、アメリカを名指しで批判することに躊躇しない。たとえば、コサチョフは述べる。「対話の代りに圧力の行使を強調したアメリカこそが責められるべきである」[43]。ロシアの論者のなかには、さらに厳しく具体的にアメリカの北朝鮮政策の不手際を弾劾する者もいる。彼らによると、ブッシュ政権による対北朝鮮の金融制裁こそが、金正日体制をしてミサイル発射や核実験という非常手段をとることを余儀なくさせた元凶なのである。いわく、「北朝鮮の核問題をめぐる否定的な諸展開は、その大部分がワシントンによる挑発の結果である」[44]。それらは、「アメリカの圧力に対する北朝鮮の反応」に他ならない[45]。ロシア科学アカデミー極東研究所のミハイル・ティタレンコ所長は、端的に述べる。「北朝鮮は、主としてアメリカの政策によってコーナーへ追いつめられているのだ」[46]。

次に、対抗手段にかんする相違。プーチン政権はこのような基本的認識をとる(あるいは意図的にとる)がゆえに、北朝鮮に対しては圧力でなく説得の手段を用いるべきである、と説く。前に引用したプーチン大統領の言葉の後半部分は、北朝鮮の核実験に対する対応措置として制裁よりも対話のほうが望ましいことを示唆している。コサチョフも、前に引用した言葉に引き続いて述べる。「このすでに十分貧しい国に対してさらに経済的制裁を加える必要はない」[47]。ティタレンコも続けて述べる。「今や、北朝鮮をその尊厳を傷つけないやり方で袋小路から脱出させてやることこそが、肝要である」[48]。

北朝鮮の核実験に対するプーチン政権の立場は、次のように要約できるであろう。ロシアは、核実験そのものに対しては断乎として反対する。しかしだからといって、平壌に対して強硬な処置をとることには抵抗する。その代りに、平壌に対しては次のことを要求すればよい。平壌は、NPT体制ならびに六カ国協議に直ちに復帰すべし。アメリカと北朝鮮は、二国間交渉によって相互間の差異を縮めることに努力すべし。このようなプーチン政権による対応を一言でまとめたものとして、マルゲロフの次の言葉は引用に値する。「ワシントンによる脅し。北京による口頭非難。これら二つの間の中間のより穏健な立場をとる」[49]。

アメリカ一極主義に対抗

ロシアは、なぜ北朝鮮核問題に関して日米と足並みをそろえようとしないのか？　その理屈については、クレムリン要人たちの口頭発言を引いてすでに説明した。しかし、それは彼らの正当化事由にすぎず、必ずしも彼らの本音とは限らない。アメリカに責任を負わせようとすることの背後にひそむロシアの思惑や深層心理がさらに掘り下げて分析されるべきである。また、ロシアは日米と連携せず、むしろ中国と連帯を組もうとする。その理由は、ただ一つの動機に基づくとは限らない。様々な意図、打算、そして惰性などが複雑に絡み合った結果にちがいない。それらを検討することは、単にロシアの北朝鮮政策ばかりでなく、現プーチン政権の対外政策一般の解明にも有益なケース・スタディとして有益かもしれない。

日米に同調して北朝鮮に対する制裁行動の発令に積極的となる。このことにロシアが躊躇する背後事由は、いったい何か？　まず、プーチン政権がアメリカのユニラテラリズム(一極主義)に対して抱いている警戒感ないしは嫌悪感が、その一つの理由だろう。確かに、「九・一一」以後しばらくの間、プーチン政権は対米協調外交路線をとった。だがそれから五年が経過した今日、米ロ間の蜜月関係はほぼ完全に終焉を遂げている。もとより、

「新冷戦」が始まっているとまで述べるのは、いい過ぎだろう。とはいえ、両国関係がぎくしゃくしていることは間違いない。ブッシュ政権は、プーチン・ロシアが民主主義からの後退を顕著にする「異質の国」との認識を深めつつある。逆にロシアは、「主権民主主義」(ウラジスラフ・スルコフ大統領副長官)を唱えて、欧米に挑戦中である。ロシアは欧米型の民主主義モデルに従うのではなく、あくまでロシア独自の歴史・文化・伝統に基づくロシア型民主主義を追求する意図を明確にしている。

サンクトペテルブルクでのG8サミット(二〇〇六年七月)以後、米ソ関係は悪化の一路をたどっている。たとえば、ブッシュ政権はロシアの世界貿易機関(WTO)加盟にゴーサインを出そうとしない。プーチン政権は、反米政権として名高いベネズエラのウゴ・チャベス大統領との間で一〇億ドルにも上る兵器売買契約を結んだ。二〇〇六年夏行う予定だった米ロ合同軍事演習も延期した。

このように米ロ関係が冷却化した最中の一〇月二一日、コンドリーザ・ライス米国務長官はモスクワを訪れた。北朝鮮の核実験に対する制裁措置を議論することが、訪ロの本来の目的であったはず。だが同長官は、ラブロフ外相、私的にプーチン大統領との会談を行ったほか、一〇月七日に暗殺されたアンナ・ポリトコフスカヤ記者の勤務先を訪れたり、息子に面会したりした。

同長官は、ラブロフ外相との会談中においても、たんに北朝鮮問題ばかりでなく、数多くの懸案事項について話し合った。たとえば、イラク情勢、イランの核問題、中東和平、グルジア(アブハジア)、ロシア国内におけるNGO(非政府組織)の許可、等々。これらの議題のほとんどにおいて、今日、アメリカとロシアは異なる考え方、否、時としては真っ向から対立する見解を抱いている。そのような状態のなかで米ロ両国が北朝鮮対策について見解を一致させるのは、元々虫がよいことだったのかもしれない。案の定、北朝鮮の核実験をめぐってのライス長官とラブロフ外相との間の溝は埋まらなかった。

中国との連携

ロシアは、アメリカや日本とではなく、むしろ中国との間で連携プレーを演じる。これが、北朝鮮に関してプーチン政権がとろうとしているやり方のようであり、第二の背後事由である。プーチン・ロシアの「西欧からの離脱」[50]（ドミトリー・トレーニン・カーネギー財団モスクワ・センター副所長）は、二〇〇五年頃からますます際立ってきている。そのような傾向とちょうど表裏一体の関係をなすのが、プーチン政権のアジア、とくに中国への傾斜である。

中国は、北朝鮮の暴発を最も恐れている隣国である。米朝間で軍事衝突などの「有事」が発生する場合、何万、何十万という数の北朝鮮難民が河一つで隔てられている中朝国境（約一五〇〇キロメートル）を越えて、中国領内へと押し寄せるであろう。彼らは、すでに中国国内に住み着いている朝鮮族（約二〇〇万人）と合流して、一大勢力を形成し、北京政府の頭痛の種となるにちがいない。そのような理由その他に基づき、中国は、日本やアメリカが提唱中の、北朝鮮に対する制裁その他の強硬手段の採用に反対する。それらが北朝鮮を追いつめ、金正日体制の暴発、ひいては朝鮮半島の混乱を引き起こすことを危惧しているからである。

右に述べたような北京政府の懸念に、プーチン政権は理解を示す。モスクワを訪問した中国の唐家璇特使との間でプーチン大統領は、北朝鮮の核問題をめぐる中ロ両国間の連携強化に合意した[51]。北朝鮮問題にかんしては、ロシアは、おおむね中国の主張に従う。その代りに、イランの核開発問題にかんしては中国はロシアの立場を支持する。このような暗黙の取引に基づく事実上の分業関係が成り立っている気配が感じられる[52]。国連安保理による北朝鮮制裁の採択のスピードは、最近他に例を見ない類のものだった。もしイランの核開発問題についても同様の急ピッチで国連安保理の制裁決議が進展することとなったら、それは果たして何を意味するだろうか。当のイランばかりでなく、ロシアにとってもそれは一大衝撃となろう。ロシアは、イランとの間でブシェール原子力発電所建設を含む多くの契約を結んでおり、その経済的利権は多額なものに上るからである。

外交カードとしての北朝鮮

プーチン政権がどうしても日米と足並みをそろえようとしない第三の背後事由は、ロシアの北朝鮮に対する特別の思惑である。本章で何度も述べているように現在モスクワは、平壌に対してかつてのような大きな影響力をもっていない。二〇〇五年時点でのロシアの北朝鮮との貿易高はわずか二億ドル余り。北朝鮮の対外貿易総額（推定）の五・七％を占めるにすぎない。同年における中朝間貿易の三九％、両朝鮮間貿易の約二六％に比べると、あまりにも少ない額である。貿易・経済交流関係の減少によってロ朝関係は疎遠なものとなっている。

ところが他方、政治外交上の思惑が存在する。ロシアも北朝鮮も、まず味方や友好国が少ないので、少しでも好意を示してくれる国を大事にせねばならない。また、あたかも相互に密接な関係を維持しているかのように見せかけようとすることが、外交上有利なカードとして役立つと依然として信じ込んでいる。クレムリンは二〇〇六年一〇月の核実験後もまた、アレクサンドル・アレクセーエフ外務次官を平壌に送った。

以上の事由や思惑のゆえに、北朝鮮のミサイル発射や核実験に際しても、そして二〇〇六年一二月に再開した六カ国協議の第二セッションにおいても、おそらくロシアのそのような態度は変わらない。こう予測して、差し支えないであろう。すなわち、ロシアは、北朝鮮に対して自ら強制的な制裁手段を行使することに気乗り薄な態度をとるだろう。

要　約

全体として、以下のように結論しうるであろう。二〇〇五年の六カ国協議や二〇〇六年の北朝鮮のミサイル発射ならびに核実験の際の関係諸国による対応作業のなかで、ロシアの存在感は次第に希薄となりつつある。これは、もはや誰の目にも明らかな事実といえよう。その主な理由は、次の四点に要約できる。第一に、ロシアは、北朝鮮の言動に影響を与えるに十分な支援を行っていなければ、緊密な経済関係も有していない。第二に、かつて旧ソ連がもっていた北朝鮮に対する影響力を、依然として現ロシアが保持し続けているかのように振る舞う「ポカズーハ戦術」は、もはや通用しなくなった。そのため、第三に、プーチン・ロシアが仲介者としての役割を十分果たしえない。第四に、ロシア自らが己の発言力の限界を悟るようになり、自己の言動を抑制するようになった。

結果として、ロシアはこれまでのように北朝鮮の立場に一方的にくみする傾向が少なくなった。とはいえ、プーチン政権は未だに過去の惰性を引きずっており、決して旧思考や伝統的な行動様式から十分に決別しているとはいいえない。朝鮮半島の非核化という共通の目標に向かってのロシアの大胆な発想転換が、切望される。さもないと、第七番目の核保有国となった北朝鮮の危険を防止しえなくなる。それればかりではない。ひょっとすると北朝鮮の核保有化が引き金となって、韓国、または統一された南北両朝鮮、そして日本ですら核保有国となる可能性を、完全には否定しえない。その場合、ロシアは甚大なる被害を受けることとなるだろう[53]。そのような最悪のシナリオを防止するためにも、ロシアはいま決然たる行動に出る必要に迫られている。

（1）«Правда», 29 июля 1986 года.
（2）Там же.
（3）Don Oberdorfer, *The Two Koreas : A Contemporary History* (Revised and Updated Edition) (Reading, MA, Basic Books, 2001), p.199-200, 211；ドン・オーバードーファー著、菱木一美訳『二つのコリア――国際政治の中の朝鮮半島』(共同通信社、一九九八年)、二三九、二五二頁。
（4）Михаил С. Горбачев. Жизнь и реформы, Москва : Новости, 1995, книга 2, стр.282；ミハイル・ゴルバチョフ著、工藤精一郎・鈴木康雄訳『ゴルバチョフ回想録』下(新潮社、一九九六年)、三四一-三四二頁。

(5) Oberdorfer, *op.cit.*, pp.225-283；菱木、前掲訳、二五九-二七二頁。Eunsook Chung, "Russia in Transition: Implications for South Korea's Foreign Policy," in Il Yung Chung, ed., *Korea and Russia: Toward the 21st* Century (Seoul, The Sejong Institute, 1992), p.303.

(6) Oberdorfer, *op.cit.*, p.217；菱木、前掲訳、二六八頁。

(7) Oberdorfer, *op.cit.*, p.213；菱木、前掲訳、二五四-二五八頁。

(8) Alvin Z. Rubinstein, "Russia's Relations with North Korea," in Stephen J. Blank and Alvin Z. Rubinstein, eds., *Imperial Decline: Russia's Changing Role in Asia* (Durham, NC, Duke University Press, 1997), p.172.

(9) Oberdorfer, *op.cit.*, pp.197, 199, 210；菱木、前掲訳、二三六、二三八、二五〇頁。

(10) «Известия», 29 октября 1994 года; Cited in Seling S. Harrison, *Korean Endgame: A Strategy for Reunification and U.S. Disengagement* (Princeton, NJ, Princeton University Press, 2002), p.344.

(11) 遠藤哲也「六者協議共同声明で食い違う米朝の思惑――具体策めぐり今後の協議は難航も」『世界週報』(二〇〇五・一〇・一八)、六頁。

(12) *Gazeta.ru*, 2005.11.05.

(13) А.В. Гребенщиков. Проблема северокорейского «вызова»: взгляд из России, «Корея в поисках мира и процветания: доклады, представленные на VII научной конференции кореевелов, Москва, 25-26 марта 2004 года)», Москва: Институт дального востока, РАН, 2004, стр.128.

(14) 「朝鮮半島問題をめぐる六カ国協議を前にして」(「ロシアの声」二〇〇五・七・二二放送)、『ロシア政策動向』第二四巻、第一五号(二〇〇五・七・三一刊)、二四頁。

(15) 『朝日新聞』(二〇〇五・九・一七)。

(16) 『読売新聞』、『産経新聞』(二〇〇五・九・一七)。

(17) «РИА Новости», 4 августа и 5 августа 2005 года; «ИТАР-ТАСС», 7 августа 2005 года.

(18) Transcript of the Interactive Webcast with the President of Russia (July 6, 2006, The Kremlin, Moscow), *President of Russia Official Web Portal Site*, http://www.kremlin.ru/eng/text/speeches/2006/07/06/2312_type82917_108352.shtml; Стенограмма интернет-конференции Президента России (6 июля 2006 года, Москва, Кремль), Президент России

Официальный сайт, http://www.kremlin.ru/text/appears/2006/07/108326.shtml.

(19) *Ibid*.

(20) *Ibid*.

(21) "Wrap: Russia blasts N. Korea over missile tests, balks at sanctions," *RIA Novosti*, 2006.7.5.

(22) Edith M. Lederer, "China, Russia resist North Korea sanctions," *Yahoo! News*, 2006.7.5から再引用。

(23) "Interview with CTV Television Channel (Canada), (July 12, 2006)," *President of Russia Official Web Portal Site*, http://www.kremlin.ru/eng/text/speeches/2006/07/12/2126_type82916_108554.shtml. Интервью телеканалу «Си-Тн-Ви» (Канада), 12 июля 2006 года, Президент России Официальный сайт, http://www.kremlin.ru/text/appears/2006/07/108550.shtml.

(24) 注(18)に同じ。

(25) 注(18)に同じ。

(26) 注(21)に同じ。

(27) "Russian parliamentarism calls for N. Korea dialogue over missiles," *RIA Novosti*, 2006.7.5 ; Nabi Abdullaev, "Pyongyand Ambassador Summoned," *The Moscow Times*, 2006.7.6, p.1.

(28) "Russian foreign minister blasts UN draft resolution on N. Korea-1," *RIA Novosti*, 2006.7.12.

(29) "China, Russia introduce water-down N. Korea resolution," *AFP*, 2006.7.12.

(30) "N. Korea missile tests no threat to Russia's security-minister," *RIA Novosti*, 2006.7.5.

(31) Василий Глухов. Разбор чужих полетов : имело ли смысл сбивать корейские ракеты?, «Российская газета», 7 июля 2006 года.

(32) Боеготовность : вероломное падение : Северная Корея обстреляла ракетами российские воды, «Коммерсантъ», 6 июля 2006 года.

(33) 『読売新聞』(二〇〇六・七・八)。

(34) "N. Korea launched 10 missiles : Russian around forces," *RIA Novosti*, 2006.7.5.

(35) *op.cit*., note 30.

(36) "Korea missile tests aim for concessions at 6-nation talks-expert," *RIA Novosti*, 2006.7.5.

(37) Abdullaev, *op.cit.*

(38) Стенографический отчет о совещании с членами Правительства (октября 2006 года, Москва, Кремль), Президент России Официальный сайт, http://www.kremlin.ru/text/appears/2006/10/112199.shtml, Extracts from Transcript of Meeting with the Government Cabinet, October 9, 2006, The Kremlin, Moscow, *President of Russia Official Web Portal Site*, http://www.kremlin.ru/eng/text/speeches/2006/10/09/1821_type82913type82917_112208.shtml ; *RIA Novosti*, 2006.10.9.

(39) *RIA Novosti*, 2006.10.9.

(40) *Ibid.*

(41) *Ibid.*

(42) Стенограмма «Прямой линии с Президентом России Владимиром Путиным» (25 октября 2006 года, Москва, Находка, Иркутск, Кондопога, с.Подгородняя Покровка, Набережные Челны, Каспийск, Тверь, Севастополь, Брянск, Балтийск), Президент России Официальный сайт, http://www.kremlin.ru/text/appears/2006/10/112959.shtml, Transcript of the Hot Line with President of Russia Vladimir Putin (October 25, 2006, Moscow, Baltiisk, Bryansk, Irkutsk, Kaspiisk, Kondopoga, Naberezhniye Chelny, Nakhodka, Tver, and the village of Podgorodnyaya Pokrovka in Orenburg Region), *President of Russia Official Web Portal Site*, http://www.kremlin.ru/eng/text/speeches/2006/10/25/0911_type82915_113064.shtml.

(43) *RIA Novosti*, 2006.10.9.

(44) Pyotr Goncharov, "Moscow opposed to Tough Measures against North Korea," *RIA Novosti*, 2006.10.25.

(45) *Ibid.*

(46) *Ibid.*

(47) *RIA Novosti*, 2006.10.9.

(48) Goncharov, *op.cit.*

(49) *RIA Novosti*, 2006.10.9.

(50) Dmitri Trenin, "Russia Leaves the West," *Foreign Affairs*, Vol.85, No.4 (July/August 2006), pp.87-96.

（51）　*RIA Novosti*, 2006.10.14.

（52）　Sylvie Lanteaume, "Rice will struggle to win Russian backing Iran, N. Korea : experts." *AFP*, 2006.10.19.

（53）　アメリカの保守系評論家チャールズ・クラウトハマーは説く。「北朝鮮の核保有を阻止するためにアメリカが唯一もっている切札は、もし中国が北朝鮮にそうしてはならないと圧力をかけないならば、アメリカは日本の核保有化を奨励し、アメリカの核ミサイルを日本に供与する」と脅すことである、と。Charles Krauthammer, "The Japan Card," *Washington Post*, 2003.1.3.

第一一章　ロシアと東南アジア

レシェク・ブシンスキー

はじめに

冷戦の間、東南アジアは、ソ連にとってグローバルな戦略上、中国とアメリカの両方と影響力を競い合う地域として重要な位置を占めていた。ソ連がこの地域に関心をもっていたのは、超大国間の対立関係の結果であった。ベトナムは、ソ連が中国に対峙するための主な同盟国としての役割を担っていた。

しかし、ゴルバチョフの登場で、ソ連と中国との関係は正常化した。そのために、ソ連の東南アジアに対する関心は、著しく減少した。そうこうするうちに、一九九一年一二月、ソ連が意外にも崩壊してしまった。エリツィン政権下のロシアは混乱の最中にあり、外交政策の方向性を見失って苦しんでいた。モスクワでは当時、ポスト・ソ連期のロシアの外交政策をめぐって、多くの議論がなされた。

「西欧派」はこのときとばかり西側にくみし、今やロシアが西側の一員となる好機であると主張した。「ユーラシア主義者」たちは、ロシアがアジアと西側との間で均衡のある関係をとっていくべきだと主張した。「現実主義者」たちは、中国や新たに解放された中央アジアのムスリム諸国が、ロシアにとり安全保障上の優先課題となるべきだと述べていた。いずれにしても、東南アジアは新生ロシアの視界からは外されていた。

一　「西欧派」コズィレフの東南アジア政策

一九九二年から九六年にかけて、ロシアの外交政策は、大統領府とロシア外務省内の「西欧派」にコントロールされていた。この一派のもっともよく知られた代弁者は、アンドレイ・コズィレフ外相である。彼の下での外交上の優先課題は、アメリカと西欧であった。この時期のロシアは、東南アジアをロシアにとって役に立たない辺境の地と見なし、アジア太平洋地域に対して一貫した政策をもっていなかった。

コズィレフは、一九九二年七月、マニラで開かれたＡＳＥＡＮ第二五回年次閣僚会合に招かれた。そこでＡＳＥＡＮ側がロシアに期待していたのは、すっかり平和的になったロシアが、地域安全保障に貢献してくれることであった。しかしロシア側は、ソ連の対外政策やその拠り所をすべて否定していた。

ロシアは、アジア太平洋地域において「建設的プレゼンス」を継続するであろう。コズィレフは、このように発言した。しかし、実際のところ、彼はそのことについてほとんど思いをめぐらせていなかった。彼は、ロシアが「ＡＳＥＡＮとの包括的対話」を行う用意があることも明らかにした。だが、その対話の中身をどのようにするかは難しい問題だった。コズィレフは、安全保障を「合理的十分性(reasonable sufficiency)」の水準に維持するためにも、ロシアには軍事技術の分野でＡＳＥＡＮ諸国と協力する用意があると発言した。(1) しかし、当時、ロシアの海軍や軍事産業は壊滅寸前であった。したがって、これらの提案に沿ってロシアがどのように貢献できるのかは不明だった。

カムラン湾基地の問題

「西欧派」が直面したジレンマは、ソ連が一九七九年にベトナムのカムラン湾に獲得した海軍施設の取り扱いによって例証される。二〇〇四年までの二五年間にわたる貸与協定が締結されたのは、一九七九年五月二日。その後、カムラン湾はウラジオストクから到着したソ連海軍船舶の中継・給油ポイントとなった。また、ベトナム戦争時にアメリカが建設した滑走路二本が、ソ連・極東から飛来したツポレフ95海上偵察機を収容した。さらに、信号諜報センター(SIGINT)も設置された。

ソ連消滅後、これらの施設を維持する意味はなくなり、撤退が始まった。「西欧派」は、冷戦時代の遺物であるソ連の施設を維持することに関心をもたなかった。だが彼らは、その設備が、ASEANの指導者たちが必死に守ろうとしている地域的均衡にとって、ロシアを価値ある存在に変えることに気づいた。このような理由から、マニラ閣僚会合でコズィレフは、カムラン湾が地域の安全保障に寄与するであろうこと、そしてベトナムが同意する限りロシアがそこに駐留し続けると宣言したのである。

ロシアは、カムラン湾を維持するための都合のよい根拠を見出した。「西欧派」は、かつてソ連的なものを一切拒絶していた。しかし今や、ソ連時代の設備を認めることで地域的均衡を図るというASEAN側の考え方を支持するようになったのだ。

中国ファクター

当時、ベトナムの中国に対する懸念は依然として根強かった。ベトナムと中国は、南シナ海をめぐって殴り合い寸前の状態にまで険悪化していた。当時、南シナ海がこの地域の「発火点」となる可能性がしばしば論じられており、そのことが、紛争予防のための手段をとるようにASEANの指導者たちを促すこととなった。

一九九四年六月、ベトナムのヴォー・ヴァン・キエト首相がモスクワを訪れ、ロシアとの関係を強化しようとしたのも、対中関係への懸念が動機であった。キエト首相は、ロシアによるカムラン湾使用を容認し、その貸借料と、九〇億ドルと見積られるベトナムの対ソ債務とを相殺することを提案した。エリツィン大統領は、ベトナムに対する関心をもっておらず、キエト首相との会見を忙しいといって断った。それにもかかわらず、ロシア政府のベトナムへの関心は刺激され、訪問の重要な成果として、一九七八年のソ越条約に代る「ロシア・ベトナム友好条約」が締結された(2)。

ロシアは、カムラン湾施設の維持が、地域的な安全保障の取決めに参加できる根拠をロシアに与えてくれるので、施設利用の続行を望んだ。しかし、一九九二～九四年にかけての南シナ海騒動の後、ベトナム人は自国の安全保障に自信を深めた。一九九五年にベトナムがＡＳＥＡＮに加盟してからは、南シナ海での中国の活動がベトナム人たちの警戒心を煽ることはなくなった。中国は、拡大ＡＳＥＡＮとの関係改善に不可避の課題として取り組んだ。そこで、ベトナムはロシアの撤退を促し、年間賃貸料として二億ドルをロシア側に要求した。もはや施設存続の価値はなくなった。

プーチンによるカムラン湾の放棄

二〇〇一年一〇月、プーチン大統領はコストを考慮してカムラン湾の基地を手放すこととした。彼は、二〇〇二年一月一日から撤退を始めると明言した(3)。当時、ベトナムはロシアを追い出して、カムラン湾にアメリカを招き入れようとしているのでは、との憶測がなされた。事実、ベトナム戦争時の施設に対するアメリカの関心は高かった。この施設は、南シナ海や台湾海峡で活動する中国海軍の監視に利用できるからである。二〇〇二年二月、アメリカ太平洋軍司令官デニス・ブレアはベトナムを訪れ、カムラン湾の空港施設を中継用に使用する件について申し入れた。当時アメリカは、カムラン湾の港湾施設建設のために三億ドルを用意していた。しかしベトナムは中国を敵に回すことを恐れ、国防相のファム・ヴァン・チャー中将はこの施設にいかなる国も招き入れるつもりはないと答えた(4)。ロシア軍の撤退は引き延ばされたが、二〇〇二年四月、ロシアのミハイル・カシヤノフ首相がベトナムを訪問して交渉した結果、撤退の日付は、〇二年五月六日となった。

二 兵器輸出

エリツィン時代の初め、ロシアは、自国の兵器産業の絶望的な状況を改善しようとして、東南アジアで兵器売却を行った。ソ連時代の多くの兵器産業は、国家からの命令に従い、解体された。しかし航空機、海軍用の船舶・潜水艦生産などの産業は、グローバルな輸出市場での競争に生き残ることができた。これらの産業にとっては、新規市場への輸出が生き残りの手段となった。ロシアの指導者たちは、兵器産業のセールスマンとして世界を駆けめぐった。東南アジアに対する関心が低下していたエリツィン時代にも、兵器輸出先としての東南アジアに対する関心は失われなかった。

シンガポールなどへの売り込み

ソ連が分裂した直後から、ロシアは数種類の兵器を売ろうとして、シンガポール、フィリピン、インドネシア、ビルマ(現ミャンマー)に接近した。ロシアは価格の点で優位であったが、インドシナ半島以外の国では、ロシアの兵器はほとんど取り扱われていなかった。大半の国は、訓練その他の面を含め、長年にわたって西側の武器受給国となっていた。また、このような関係をやめるつもりもなかった。

一九九三年三月、ロシアのアレクサンドル・ルツコイ副大統領は、ロシア製兵器を売り込む目的で、シンガポールとクアラルンプールを訪れた。ルツコイは、シンガポールのゴー・チョクトン首相との間で、軍需産業における合弁事業を検討するための委員会を設置することに合意した。ルツコイは航空機およびヘリコプターでの合弁を提案した。しかし取り決められたのは、造船、大型車両製造でのロシアの技術の利用を検討することだけだった。[5] シンガポールはアメリカと密接な関係を保っており、ロシア製兵器には関心を示さなかった。ルツコイは失望して、シンガポールを離れた。

クアラルンプールではルツコイは、ミグ29戦闘機、潜水艦、レーザー誘導ミサイルの売却をもちかけた。マレーシア側は概して「シンガポールと」同様の無関心ぶりを示したが、マハティール・ビン・モハマド首相はこれらを使えるかもしれないことを察知していた。

ロシアは、ミグ29をタイにも売り込んだ。タイ軍は、アメリカの装備に慣れ親しんでいた。ロシアはミル17型ヘリコプターを提供し、アメリカ兵器の購入でタイが負うこととなる債務を帳消しにする五〇％のバーター取引を行うことを、タイに申し出た。ロシアが価格で折り合い、有利な取引をもちかけてきたにもかかわらず、タイ側は結局アメリカ製のベル・ヘリコプターを購入した。[6]

インドネシアに対しては最新のミグ21の申し出を行った。だが、同国軍の反応も大差ないものであった。インドネシアは、スカルノ時代には、空軍・海軍ともにソ連製武器を備えつけていたが、その後方針を転換し、スハルト体制は反共路線をとり、ソ連製の装備にも難色を示すようになった。しかしながら、アメリカは、一九九一年一一月の東ティモール・サンタクルスでの虐殺以来、インドネシアに対して武器売却禁止措置を導入していた。この禁輸措置はインドネシアに、アメリカ以外の武器供給元を探すことを余儀なくさせた。[7] フェイサル・タンジュン軍司令官は、その候補国としてフランス、イギリスに加えて、ロシアの名も挙げた。当時、すでにインドネシアは必要に迫られ、自発的にロシア製兵器の導入を検討中だったのである。

マレーシアへの売り込み成功

ロシアは、マレーシアに対しミグ29Mを一八機売却することとなった。これは、エリツィン時代のロシアにとり東南アジアでの武器売却のずば抜けた成功例である。マハティールは、西側からのイデオロギー的な批判に苛立ちを見せており、とりわけアメリカに対する憎悪をあらわにしていた。彼は、口をすっぱくして「アジア的価値」を擁護していた。これは、クリントン米政権が推し進めた人権政策ならびに同政権による民主主義促進キャンペーンに対する反発以外のなにものでもなかった。マハティールは、アジアの経済地域主義に関するクリントン政権の方針にも反対した。

アメリカはマクドネル・ダグラス社のF／A-18機を購入するよう働きかけ、ロシア製兵器の購入を彼に思いとどまらせようとした。そのようなアメリカに対するいやがらせをすることが、マハティールがロシアに眼を向け、ミグ機を購入するようになった一つの理由であった。それ以外の理由としては、アメリカの圧倒的な影響に対抗する手段として、ロシアを東南アジアに引き入れようとしたこと、アメリカの影響力でASEANが崩れていくことを防ごうとしたことが、挙げられる。ともあれ、マハティールは、ロシアの強力な支援者となっていた。(8)

ミグ29Mを一六機、そしてミグ29UM練習機を二機、これらの購入契約は、一九九四年六月七日に調印された。費用は、総額五億五〇〇〇万ドル。そのうち六五％は、現金前払い、残りの三五％は椰子油のバーター取引で支払われることとなった。加えて、マレーシアは、意外にもF／A-18Dを八機購入すると発表した。このようにして、マレーシアにはロシア製とアメリカ製の二種類の戦闘機が配備されることとなった。マレーシア国防省はミグに反対であり、ナジブ・ラザク国防相は、米ロの機種がともに配備されると後方業務上の支障をきたすという理由で、反対の姿勢を明らかにした。しかし、マハティールは国防省の言い分に耳を傾けようとしなかった。

後日、マレーシア国防省は、米ロの戦闘機はそれぞれ異なる機能を備えていると述べて、物事を割り切ろうとした。西側の航空電子光学機器を搭載することが可能な、卓越した戦闘機ミグ29はマレーシア西部の防空にあてる。他方、より航続距離の長いF／A-18Dのほうは、マレーシア東部の排他的経済水域を守備するために活用しようとした。(9)しかし、F／A-18Dは多機能型である。二つの機種を同時に購入する意味はまったくなかった。

国防省はミグ29のエンジンに関する不満を解消するために、インドと業務契約を結び、インドに代替部品の提供や点検の実施をさせることとなった。マレーシアはロシアに対して、ミグ29用の代替部品工場を、マレーシア国内に設立するように求めた。しかし、これについてはロシアが同意しなかった。実際、ミグ29には代替部品や点検の問題がつきまとった。それは未だに十分な解決を見ておらず、ロシア製の航空機を購入することの難しさを示している。

インドネシア・ベトナムとの合意

一九九七年八月、ロシアはインドネシアとの間で、一二機のスホイ30K戦闘機と八機のミル17ヘリコプターの売却について合意に達した。ロシア製のこの戦闘機は、アメリカによって禁輸対象となっていたF16に代るものであった。マレーシアの例が呼び水となり、ついにインドネシアもまたロシア製武器を選んだわけである。インドネシア国防省は、ロシア製兵器の購入を通じて空軍の近代化を手がけようとした。ここでも後押ししたのは、価格の安さと日用品とのバーター取引であった。

しかし、一九九七年八月、アジア金融危機がインドネシアを直撃した翌年五月には、スハルト辞任が続いた。インドネシア兵器購入は、インドネシアが「遅咲きの民主化」による混乱をくぐり抜けるなかで、延期となった。インドネシアは、スホイ27のライセンス生産についてモスクワとの合意をとりつけていた中国の例にならい、製造認可の下ロシアの航空機を生産することに関心を寄せていたが、これもまた棚上げとなった。

ベトナムはロシアにとって馴染みの市場であり、他の旧ソ連同盟国と同様に、ロシアの武器輸出業の得意先とされてきた。一九九五年、ベトナムは六機のスホイ27を一億五〇〇〇万ドルで購入し、一九九七年にはさらに六機を追加購入することにも合意した(10)。ベトナムは、中国がスホイ27を購入していることを承知しており、ロシアと中国との間の緊密な関係の展開を不安に感じていたのである。ベトナムは、同種のロシア製兵器を購入することによって自国の能力を増強しようとした。

三　プリマコフの東南アジア政策

エリツィン時代のロシアの東南アジアに対する無関心は、対外政策の優先順位の見直しによって終わりを告げた。国内では親西欧的な路線が、ロシアのドゥーマ(下院)で日増しに攻撃を受けるようになった。とくにコズィレフ外相は、国益を西側に売り渡すのかとの批判を浴びた。コズィレフの西欧路線に対する強力かつ声高な反対派が結成された。コズィレフが西側に「追従」している様子に、彼らは腹を立てたのである。彼らは、クリントン政権の覇権主義的行動に対しても怒りをあらわにした。クリントン政権は、弾道ミサイル防衛を採用し、独立国家共同体(CIS)と呼ばれる旧ソ連の国々に土足で上がり込んだ。また中東、朝鮮半島、アジア太平洋地域におけるロシアの権益を考慮しなかった。アメリカの単独行動主義は、ロシアの国益に無関心であったことから、ロシアにおける親西欧路線を衰退させたのである。

一九九六年一月、コズィレフは外相を辞した。一月一九日付で彼の後任となったのはエフゲニー・プリマコフであった。プリマコフは、学者出身で、アラブ世界の専門家。一九九一年、ゴルバチョフ下で短期間とはいえ(旧)国家保安委員会(KGB)の長となり、一九九一〜九六年にかけてロシア対外諜報庁の長官を務めた。プリマコフの外相就任は、対外政策をドゥーマにより受け入れられやすくし、ロシアの対外関係をよりバランスのとれたものにするために役立つ、現実的な人選であった。

プリマコフは、ソ連時代、「多極主義」を提唱した一人であった。それは、西側とりわけアメリカとの均衡を図るために、アジアの諸大国との関係発展を目指そうとするものであった。このような政策上の優先課題の変更は、一九九六年四月のエリツィンの北京訪問となって表れた。このとき、ロシアと中国は「戦略的パートナーシップ」、つまりアメリカの単独主義に対抗する連携を宣言した。一九九八年九月に首相となったプリマコフは、同年一二月にインドを訪れ「戦略的三角形」構想を提唱し、反アメリカ連合の形成を画策した。こうしてプリマコフは、かつてソ連がもっていたＡＳＥＡＮやアジア地域主義に対する関心を呼び覚ました。[11]

ＡＳＥＡＮは、一九九七年までに地理的に拡大し、アジア太平洋の諸問題に対してますます大きな役割を担うようになっていた。一九九四年にはＡＳＥＡＮが主導し、ＡＳＥＡＮ地域フォーラム（ＡＲＦ）が形成された。これは、アジア太平洋地域で唯一の安全保障フォーラムである。ＡＳＥＡＮは、アジア太平洋経済協力会議（ＡＰＥＣ）に中核的なグループとして参画し、その発展に影響を与えた。ＡＳＥＡＮは、一九九六年七月の第二九回年次閣僚会合（ジャカルタで開催）に際して、中国、インドとともにロシアを対話メンバーに加えた。これらの国々を取り込むことは、地域秩序に全主要国を関与させて均衡を図ろうとするＡＳＥＡＮにとって、不可欠なことであった。

ロシアとＡＳＥＡＮとの間には、広い意味では関心の一致がある。プリマコフ外相が右の会合に赴いたのも、そのためであった。プリマコフは、七月二五日のＡＳＥＡＮ拡大外相会合（ＰＭＣ）において、持論である多極戦略におけるＡＳＥＡＮの役割について、次のように述べた。「このダイナミックに発展している地域連合は、われわれの多極世界でもっとも重要な極の一つとなった」。[12]改良されたＡＳＥＡＮに参画することは、ロシアにとり、この地域における己の外交的地位を高め、域内諸国に重く受けとめてもらうために大事なことであった。

ＡＳＥＡＮとの経済関係とその限界

兵器輸出の他にも、ＡＳＥＡＮはロシアの経済的パートナーとして可能性を秘めていた。ソ連解体の後、シベリアやロシア極東での経済や人口の状態は劇的に悪化した。[13]ロシア政府は、極東の問題の解決策として、ＡＳＥＡＮを含むアジア太平洋の経済との結びつきの拡大を考えた。ＡＳＥＡＮ側は、ロシアが将来、東南アジアの地域経済の発展に積極的に貢献するものと信じて、対ロ関係に制度的な形を与えることに取り組んだ。しかし、一九九七〜九八年にかけて、ASEANは金融危機に突入した。一年後の一九九八年八月には、今度はロシアで金融危機が発生した。このために、両者間の協力は宙ぶらりんとなった。

四　プーチン政権の誕生

二〇〇〇年四月、エリツィンの辞任を受けて行われた選挙の結果、プーチンが大統領に就任した。プーチンは外交政策に対する自分のアプローチを、選挙前に有権者への訴えのなかで説明した。プーチンは、ロシアが優先すべきは、「国益」に基づく外交政策の形成であると述べ、国民の不興を買っていたエリツィン政権初期の親西側政策を拒否した(14)。

プーチンは、エリツィン政権の外相イーゴリ・イワノフを続投させた。イワノフは一九九八年にプリマコフに代って外相となり、新しいロシア外交政策の大綱を打ち出した人物である。この文書は、「アメリカ一国主義の新たなる脅威」に対抗するために、多極化や「複数の権力センター」の意義を強調していた。「新しい大綱」は、ロシアのアジア太平洋地域への統合が、シベリアおよびロシア極東の経済発展にとって必要不可欠であることを強調した。このため、この「新しい大綱」のなかには、ロシアがAPECやASEANに積極的に参加していく姿勢が盛り込まれていた(15)。

ロシアとASEANの経済関係

ロシアは、ASEANとの経済関係から利益を引き出そうとしたが、そのためには両者間の貿易の低迷(年間三〇億ドル規模)が基本的な問題であった。

ASEANにとってロシアとの貿易関係はあまり重要なものとはいえず、総輸出に占めるロシア向けの割合は、

ロシア-ASEAN 間の貿易　（単位：百万米ドル）

ロシア-ASEAN 貿易		対 ASEAN 輸出		ASEAN からの輸入	
	1998	2004	1998	2004	1998	2004
カンボジア	2	4	2	2	0	2
インドネシア	101	386	13	145	88	221
ラオス	3	6	3	6	0	9
マレーシア	237	423	117	114	120	423
ミャンマー	0	25	0	23	0	2
フィリピン	42	267	33	217	9	50
シンガポール	160	348	56	186	104	162
タイ	93	727	32	372	61	355
ベトナム	331	806	275	706	56	100
総額	969	2,992	531	1,771	438	1,315

出所） *IMF Direction of Trade Statistics*.

約〇・二五％にとどまっていた。一方、ロシアの総輸出に占めるASEAN向けの割合は、総輸出のほぼ一％であり、収支ではロシア側が若干の黒字であった。アジアにおけるロシアの主要貿易相手国は、中国（二〇〇四年には一五〇億ドル）、日本（七五億ドル）、韓国（四〇億ドル）であり、ASEANは、全体としてはそれに次ぐ位置を占め、ロシアの貿易相手国として一定の重要性をもっている。

しかし、ロシアのASEANとの貿易は、特定の国に集中している。ベトナムがロシアの対ASEAN貿易のほぼ二七％を占め、ベトナムとタイを合わせると五〇％をやや上回る割合を占める。他方、インドネシアやフィリピンとの貿易は、その半分以下である。全体として、ASEANとロシアの貿易は、ロシア国内でのビジネス環境が整わない限り、急激な進展が期待できない状況にある。

五　ベトナムの重要性

ベトナムは、東南アジア地域においてロシアにとり重要な国である。ベトナムがロシアの武器の主要輸入国であるだけでなく、ASEAN内でのロシアの主要な貿易相手国だからである。プーチンは、ロシアにとってのベトナムの重要性を認識し、二〇〇一年二月、ASEAN諸国のなかで最初にハノイを訪問した。プーチンは、ロシアとベトナムとの関係を「戦略的パートナー関係」と名づけ、農業、製薬、食品産業、交通、電気通信分野での協力を提案した[16]。

経済協力面では、ロシアはベトナムにおいて、三〇〇ものプロジェクトにかかわっている。ベトナムでは一〇本の指に入る主要投資国であり、累積投資総額は一七億ドルに上る[17]。ベトナムのチャン・ドゥック・ルオン国家主席が、二〇〇四年五月にモスクワを訪問した際には、ロシア–ベトナム・ビジネス・フォーラムが設立された。

武器輸出に関していえば、ベトナムは二〇〇三年一二月にスホイ30MKM戦闘機四機を、一億五〇〇〇万ドル、代金の三〇％はバーター取引で支払うという条件で購入することを発表した[18]。四機では編隊を編成するには不十分であるから、将来さらなる購入が予想される。だが、ロシアがバーター取引を渋っていることから考えて、おそらく交渉は長引くであろう。ベトナムは一億二〇〇〇万ドルで、一〇隻のミサイル警備艇のライセンス生産を行う契約にもサインしている。また二億五〇〇〇万ドルでS–300PMU型の地対空ミサイルを数基購入している[19]。

六　マレーシアが最も大事

ロシアはベトナムに関心を払ってはいるが、ASEANでロシアの最も重要な支持国は、マレーシアである。マハティールは、ロシアが地域の問題により密接なかかわりをもち、ASEAN内での地位を向上させ、アメリカとの均衡を保っていくことを強く望んでいた。マハティールは、二〇〇二年三月に初めてモスクワを訪問し、アメリカが、ロシアとの間の軍事協力関係の強化に対して警告を発した直後だったにもかかわらず、彼独特の天邪鬼的なやり方で、ロシアと軍事協力を促進していく意図を強調した。マハティールは、アメリカが中国を地域的脅威として悪者扱いし、それが地域的な分極化を生じさせ、ASEANに悪影響を及ぼすことを懸念していた。マハティールは、ロシアにとりマレーシアが「東南アジアへの入口」となりうると主張し、貿易の拡大、製品の共同生産、宇宙開発の分野での協力を呼びかけた[20]。

二〇〇三年五月、セルゲイ・イワノフ国防相はクアラルンプールを訪問した際、フランス製の航空機搭載電子装置を備えた、スホイ30ＭＫＭ一八機の取引が成立した。取引価格の総額は九億ドル。取引価格のうちの三〇％は、椰子油のバーター取引による支払い。マレーシア側は、ロシアが現地生産の航空機部品を、できるだけ多く用いることを要求した。ロシアの航空機会社は、このバーター取引に対して不満を表明した[21]。しかし、ロシア政府の立場からは、それは些細なことであった。ＡＳＥＡＮのなかで主導的な地位にある国マレーシアの、主要な武器供給国となることで得られる国際政治上の影響力こそ重要だったのである。

プーチンのクアラルンプール訪問

プーチンは、二〇〇三年八月、ロシアの国家元首として初めてマレーシアを訪問した。これは「九・一一」のテロ以来、ブッシュ政権が行ってきた政策に対してロシアとマレーシアがともに抱いた懸念から生まれた協力の一環であった。

プーチンは、ブッシュ政権に対するマハティールの怒りに訴え、マレーシア訪問中に、マハティールにロシアで最高の友好勲章を授与した。この訪問時に、スホイ30の購入契約が、アメリカのＦ／Ａ-18Ｆ(スーパーホーネット)を押しのけて成立した。マハティールはプーチンに、アジア太平洋地域でより大きな役割を担うように再度呼びかけ、アメリカの一国主義を痛烈に非難した。マハティールは、二〇〇三年一〇月にマレーシアが主宰するイスラム諸国会議機構(ＯＩＣ)の会合にプーチンを招待した。非イスラム国家の指導者がオブザーバーとしてこの会合に招待されたのは初めてのことであった。

プーチンは、クアラルンプールでＯＩＣへの参加を表明した。彼はロシアのイスラム国としての資格を示すために、チェチェンの指導者アフマド・カディーロフとバシキール共和国の指導者であるムルタザ・ラヒーモフをロシアの代表団に含めた。しかし、ＯＩＣは、イスラムを国教とする国家、またはイスラム教徒が人口の大半を占める国家に限って加盟資格があるとの決定を下した。こうして、ロシアを加盟国に昇格させようとするプーチンの試みは、失敗に終わった。ロシアの新聞は、「ソ連は、その反帝国主義闘争を通じてＯＩＣとはよい関係を築いていた。だが、ロシアは反帝国主義とともに、イスラム諸国との関係も捨て去ってしまった」と皮肉るコメントを掲載した。(22)

ＯＩＣへの加盟は失敗に終わったものの、ロシアは、マレーシアとの関係を発展させることで、様々な利益を獲得した。第一に、後述するように、外交面でマレーシアは、ＯＩＣ以外にも、新しいアジア太平洋地域主義へのロシアの参加に支持を表明した。第二に、マレーシアは、中国とインドに次ぐロシアの第三の武器輸出先となった。マレーシアは、ロシア製兵器にとってはまったくの新規市場なので、このことの意味は大きい。ロシアは、ＡＳＥＡＮ諸国内の武器市場でのアメリカの独占に挑戦できるようになり、地域内のほかの市場を開拓する機会を得た。ロシアが、マレーシアやベトナムに加えて、他のＡＳＥＡＮ諸国の主要な武器供給国となるようなことがあれば、ロシアはＡＳＥＡＮ内でより大きな影響力を及ぼすこととなるだろう。

七　インドネシアへの兵器輸出

プーチン・ロシアにとり、もう一つの潜在的な兵器輸出相手国は、インドネシアである。インドネシアは、アメリカの武器禁輸措置を快く思っておらず、その点でつけいる隙があるからである。

二〇〇二年六月に、インドネシアはロシアからミル2型ヘリコプターを八機、ミル17型ヘリコプターを二機購入した。インドネシアの国防省は、S-300地対空ミサイルも購入しようとしている。また肩掛け式のイグラＳＡを用いてインドネシアの油田を空爆から守り、旧式のラピエール・ミサイルを一新させようとしている。(23)二〇〇三年四月に、インドネシアのメガワティ・スカルノプトリ大統領はモスクワを訪問し、スホイ27ＳＫ二機、スホイ30二機、およびミル35型ヘリコプター二機の購入取引を行った。それらの取引価格は一億九二〇〇万ドル。そのうちの一億六六〇〇万ドルは、主に椰子油のバーター取引で支払われることとなった[24]。またメガワティは、ロシアにインドネシア軍の近代化への協力を要請した。インドネシアがバーター取引ないし軍事産業における合弁企業を通じて、ロシアの武器を入手できるよう要請したのである[25]。

スホイとヘリコプターの購入は、インドネシア国内で議論を引き起こすことになった。この購入は、二〇〇三年の国防予算にも、二〇〇四年の国防予算にも入っていなかったからである。空軍は、予算上の最優先事項は、旧式のＣ‐130ハーキュリーズ輸送機を新型の輸送機に買い換えることだと主張した。そもそも、武器も装備されておらず、スペア・パーツも付けられていないスホイ四機は、今後も継続的に予算支出を続けて一個ないし二個編隊を組めるまでに買い足してゆくのでなければ、意味がない[26]。インドネシア下院が取引について調査するため設置した委員会は、この取引が、リニ・スワンディ商業大臣により、国家兵站庁（ＢＵＬＯＧ）を通じて行われ、ＢＵＬＯＧが頭金を支払ったことを突きとめた[27]。この取引は、与党であるゴルカル党へキックバックが入る手段となっていた模様である。

インドネシアは、その後さらに大規模な購入計画を公表した。プーチンが二〇〇五年の一一月、釜山でインドネシアのスシロ・バンバン・ユドヨノ大統領と会談した際、インドネシアは再度、軍の近代化への支援をロシアに求めた。インドネシアは、質の低下していた海空防衛能力の向上に助力してくれるよう、ロシアに要請した。確かに、アメリカの武器禁輸措置は、二〇〇五年一一月には全面的に解除された。とはいえ、禁輸措置の経験はインドネシア側に、アメリカに依存しすぎることの危険を思い知らせ、インドネシアに別の武器提供国をも模索するように仕向けたのである。インドネシア空軍は、二〇〇六年六月、新たにスホイ六機を購入することを発表した。今回は、ミサイルと完全な運用システムも購入すると発表した(28)。

タイのタクシン・シナワトラ首相は、プーチンと釜山のAPEC首脳会議で話し合った結果、スホイ30MKM二機とヘリコプターを、五億ドルで購入したいとの意向を明らかにした(29)。タイ空軍はロシア製武器の購入に反対していたが、タクシンは国内政治を思いのままにできる力をもっていた。タクシンにとって、この取引の魅力は、農業製品でのバーター取引と、ミル17型ヘリコプター八機を特別価格で販売してもらえる点にあった。しかしながら、二〇〇六年四月二日に行われた選挙の無効宣言後に、タイ政治には暗雲がたれ込めた。そのためにこの取引は脇に追いやられ、この取引の話が再浮上するかどうかは疑わしい。タクシンは、新しい選挙までの暫定的な首相として、より緊急を要する様々の案件を抱えているからである。

八　東アジア地域主義

プーチンの貢献として特筆すべきことがある。ロシアを東アジア地域主義に参加させるかどうかが議論されるまでに、ロシアのASEANとの関係を拡大させたことである。

二〇〇四年一一月二九日にビエンチャンで行われた第一〇回ASEAN首脳会議は、東アジア地域主義についてのそれまでの話し合いの総決算として、東アジア首脳会議(EAS)を翌年にクアラルンプールで開催することで合意した。

マレーシアは、東アジア地域主義に関するASEAN内での交渉過程を通じて、ロシアの後ろ楯として行動した。これは、プーチンがマレーシアに関心を払ったことが正しかったことを証明した。第三八回ASEAN閣僚会議は、二〇〇五年七月二六日にビエンチャンで開かれた。同会議の席上でマレーシアのアブドラ・バダウィ首相は、第一回の「ASEAN-ロシア首脳会議」を、東アジア首脳会議が開催される直前の二〇〇五年一一月に、クアラルンプールで開催することを発表した。ＡＳＥＡＮは、これまで中国、日本、韓国、およびインドと定期的な首脳会談を行ってきた。ロシアがそれと同等の地位を得たことは、ＡＳＥＡＮとロシアが新たな関係に突入したことを示す。

第一回ＡＳＥＡＮ－ロシア首脳会議は、二〇〇五年一二月一三日に開催された。この会議において、バダウィは、ロシアが東アジアにおける平和と安定の促進について大きな役割を担っていると述べ、またＡＳＥＡＮに対して安定的な石油供給を保障するうえでもロシアは重要だ、と指摘した。この首脳会議では、「進歩的で包括的なパートナーシップ協定」、二〇〇五～一五年までの期間にわたる協力プログラムについての合意がなされた。また同会議で、ＡＳＥＡＮ－ロシア首脳会議を定期的に開き、テロについての情報交換やテロ組織への資金供給の阻止について協力しあうことについても合意がなされた。[30] 具体的提案としては、「ロシア－ＡＳＥＡＮパートナーシップ基金」を創設し、ロシアが五〇万ドルの拠出を表明したことが注目される。[31]

ロシア上院（連邦院）外交委員長のミハイル・マルゲロフは、首脳会談におけるロシアの成功を賞賛し、会議が、この地域におけるロシアの影響力を強めるだろう、と述べた。マルゲロフによれば、ロシアは西側とも密接なつながりをもっているから、ロシアは東西の橋渡しの役目を担うことができ、この橋渡しの役割が、ＡＳＥＡＮにとってロシアを魅力的にする、というのである。[32] しかし、ＡＳＥＡＮ側はそのことには興味を示さなかった。アジア太平洋諸国のほとんどが西洋諸国と強力な関係を形成しており、このような点でのロシアの貢献を必要としていなかったからである。

東アジア首脳会議

ＡＳＥＡＮ－ロシア首脳会議が終了した直後の一二月一四日に、東アジア首脳会議が開催された。一九九〇年にマハティールが表明した東アジアの地域主義の枠組みは、ＡＳＥＡＮおよび中国、日本、韓国を含むものだったが、長い交渉の末に、その枠組みは大きく変容を遂げたのである。

マハティールは、アメリカを除外し純粋にアジア諸国だけからなる地域機構の構想を抱いていた。この構想の問題点の一つは、こうした機構のなかでは中国が支配的地位を占めてしまうということである。日本は、中国が域内で支配的地位を得ることを懸念し、アメリカのこの地域への継続的関与を保障しようとして、東アジア地域主義にオーストラリアやニュージーランドを含めることを主張した。同様の理由から、インドもこの枠組みのなかに含められた。第一回目の東アジア首脳会議では、すでに東アジア諸国以外の三カ国が含められた。これら諸国は、外交上のバランスをとるのに役立ち、これらの諸国なしに会議での合意はそもそも不可能だったのである。

プーチンは、加盟国の首脳たちが、密室での全体会議に臨む前に、演説の機会を与えられた。彼は、ロシアが東アジア首脳会議の正規の加盟国となる意思があることを表明した。[33] しかし、ロシアの加盟について、加盟国の意見は割れた。マレーシアの首相バダウィは、ロシアを加盟国として参加させることを強く主張し、フィリピンのグロリア・マカパガル・アロヨ大統領や中国の温家宝首相の支持を受けた。しかし、シンガポールのリー・シエンロン首相やインドネシアのユドヨノ大統領は、マレーシアに反対する共同の声明を発表した。シンガポールの立場は、二〇〇五年のASEAN閣僚会議で決定された加盟国の基準を、ロシアは満たしていないというものだった。この基準には、次のものが含まれる。ASEANとの協議パートナーとしての地位(ロシアは一九九六年から取得)、友好協力条約(TAC)への調印(ロシアは二〇〇四年一一月に調印)、およびASEANとの「実質的関係」。シンガポールは、ロシアとASEANの経済関係は最低レベルのものであり、したがってロシアは第三の条件を満たしていないと主張した。同様に、オーストラリア首相であるジョン・ハワードも、アメリカとの同盟と関連する理由で、ロシアの加盟国入りに反対した。そこでバダウィは引き下がり、ロシアの加盟国入りに関する決定は延期されたのである。[34]

ロシアの加盟申請に対する拒否は、ＡＳＥＡＮと東アジア地域主義の将来についての、より根本的な対立を反映していた。プーチンは、地域的枠組みへの参加を申請するにあたり、多極化、アメリカの覇権主義的傾向に対して均衡を保つ必要性を強調した。このような主張は、マレーシアや中国には受け入れられやすいものであった。東アジア首脳会議におけるプーチンの短いスピーチも、アメリカとの均衡を図ることの必要性を強く主張していた。しかし、多極化のメッセージは、アジア太平洋地域におけるアメリカの役割を必然的に減少させ、中国の影響力を増大させるものであることから、その他の国々には歓迎されなかった。中国の台頭に頭を悩ませている国々は、この地域へのアメリカの継続的関与の保障を望んでいる。そのような微妙な時期に、ロシアが加盟することは、域内の均衡を、西側から離れる方向へと崩してしまうことになりかねなかった。シンガポール、オーストラリア、インドネシアが、ロシアの加盟に反対の態度を示した背景には、このような不安があった。

しかしながら、これらの諸国からの反対にもかかわらず、ロシアが東アジア首脳会議から永久的に締め出されることはないだろう。ＡＳＥＡＮは、他国に外交的侮辱を与え、それが予期せぬ事態に発展することを、嫌うからである。また、ＡＳＥＡＮがロシアをこの地域の他のすべてのフォーラム(ＡＰＥＣなど)に引き入れていることからして、ＡＳＥＡＮがロシアを東アジア首脳会議から排除し続けるのは、奇妙なことでもある。ロシアの加盟国入りはしばらくの間延期されるものの、参加は、日本が提案しているアメリカのオブザーバー資格での参加と抱き合わせの形で実現するかもしれない。

おわりに――要約と将来の展望

ロシアと東南アジアの関係は、年を追って改善されてきた。ソ連の崩壊に伴い、東南アジア地域との関係には断絶が生じた。この断絶は、プリマコフの路線をエリツィンが裁可したことで、ようやく埋められた。プリマコフは、多極化とアジアの地域主義への参加を強調することで、ソ連時代との継続性を一部復活しようとしたのである。

プーチンは、このような基礎の上に立って、ロシアのASEANや、当時検討されていたアジア太平洋地域主義の他のフォーラムにおける役割を向上させようと目論んだ。このような努力を行うなかで、ロシアは、外交政策について同じような考えや目標をもつマレーシアという力強い支援者を得た。また、プーチンはロシアの外交的影響力が強まることを期待して、ASEAN地域での兵器のセールスを拡大した。マレーシアは、ロシアにとり第三番目に主要な武器輸出先となった。もしインドネシアが自国の武器購入計画を継続するならば、ロシアはASEAN三カ国の主要な武器供給国として、影響力のある立場に立つこととなろう。ロシア製兵器の価格上の優位性、そしてバーター取引の交渉に応じようとする姿勢は、このような成功の要因となっている。また、アメリカが行った武器禁輸措置も、この地域の指導者たちに、一国のみの武器供給国に依存することの危うさについての警戒の念を抱かせた。こうした要因は、この地域内でのロシア製兵器の販売に拍車をかける可能性がある。西側諸国には、そのような事態に対する準備ができていないようである。

ロシアの東アジア地域主義における役割は、マレーシアの支持によって、期待通りとまではいかずとも、向上した。ASEAN-ロシア首脳会議の開催や、東アジア首脳会議で演説を行うようにプーチンが招聘されたことは、マレーシアの支援の肯定的な結果である。しかし、ロシアの役割はアジア太平洋地域主義の将来の方向とかかわるものであるために、議論の多い問題であり続けている。ロシアにとりマレーシアの支持には限界がある。その理由は、他のアジア諸国がマレーシアを次のように見ていることにある。マレーシアは、外部勢力を利用して地域主義を己の都合の良い方向、つまり東アジア諸国が西洋への対抗勢力となる方向へと動かそうとしている、と。このような目論みの実現に向けて、マレーシアは中国、そしておそらく韓国の支持を得るかもしれない。だが、それは東アジア地域内にすでに存在する、中国の台頭に順応できる国と反発する国の間の分裂を、さらに悪化させることとなるだろう。ロシアの東アジア地域主義への加盟は、前者の立場を強めることになりかねない。そのために、シンガポール、インドネシア、そして日本までもが、その考えに反対したのである。

しかし、ロシアが多極化について控え目な発言をし、アメリカの覇権主義に対して反発するよりも、エネルギー協力を強調し、他国のロシアについての懸念を緩和できれば、ロシアは東アジアにもっと受け入れられやすくなるだろう。現実主義的な考えをもつプーチンは、東アジア首脳会議における演説において、多極化やアメリカ覇権主義については一切触れなかった。その代りに、エネルギー安全保障や協力について語った。将来、東アジア首脳会議加盟国がロシアの加盟国入りについて審議する際には、ロシアはより多くの支持を集めることとなるだろう。

（安野正士・湯浅　剛訳）

（1）以下を参照。'Address by A. V. Kozyrev, Minister of Foreign Affairs of Russia at a consultative meeting with the ASEAN Ministers of Foreign Affairs,' 1992.7.25.

（2）*Moscow News*, No.24, June 23, 1994.

（3）*People's Daily*, October 9, 2001.

（4）*Vietnam News*, March 16, 2002.

（5）*Straits Times*, March 8, 1993.

（6）*Bangkok Post*, July 6, 1993.

（7）*Straits Times*, August 14, 1993.

（8）Michael Vatikiotis, "Wings of Change," *Far Eastern Economic Review*, June 16, 1994.

（9）*Straits Times*, June 30, 1993.

（10）Sergei Blagov, "Russian Missiles to Guard Skies over Vietnam," *Asia Times*, September 4, 2003.

(11) ゲンナジー・チュフリンによれば、プリマコフは「ソ連以後のロシアのアジア政策の主要な設計者と評価された」。Gennady Chufrin, ed., *Russia and Asia : The Emerging Security Agenda*, SIPRI (Oxford University Press, 1999) の序章、五頁、および Victor Sumsky, "Russia and ASEAN : Emerging Partnership in the 1990s and the Security of Southeast Asia," in *Ibid*., pp.418-419 を参照。

(12) Opening Statement by His Excellency Mr. Yevgenii Primakov, Minister of Foreign Affairs of the Russian Federation, ASEAN Secretariat, July 25, 1996, www.aseansec.org/4813.htm.

(13) 「ロシア極東の経済発展は、太平洋地域の情勢にロシアがかかわっていくことの、質的な向上をもたらすための鍵となる要素の一つである」Vyacheslav B. Amirov, "Russia in the Asia-Pacific Area : Challenges and Opportunities," in Chufrin, *op.cit*., p.277.

(14) Открытое письмо Владимира Путина к российскими избирателями, «Известия», 25 февраля 2000 года.

(15) Концепция внешней политики Российской Федерации, «Независимая газета», 11 июля 2000 года.

(16) Виктор Кудрявцев. Президенты России и Вьетнама поговорят о нефти, «Strana.ru», 18 мая 2004 года. www.strana.ru/print/215580.html

(17) Игорь Казаков. Российско-Вьетнамские интересы : нефть, энергетика, и оружие, «Strana.ru», 18 мая 2004 года. www.strana.ru/print/215580.html

(18) Российское оружие снова во Вьетнаме, «Правда», 2 декабря 2003 года.

(19) Blagov, *op.cit*.

(20) Константин Слюсаренко. Политики не имеет права на ошибки, «Независимая газета», 14 марта 2002 года.

(21) Михаил Ходаренок. Малайзия. Самолет. Пальмовое масло, «Независимая газета», 20 мая 2003 года.

(22) Василий Сафрончук. Кремль заискивает перед исламским миром, «Советская Россия», 21 октября 2003 года.

(23) Slobodan Lekic, "Indonesia Turning to Russia for Arms," *Washington Post*, April 14, 2003.

(24) Новость ВПК и военно-технического сотрудничества, «ИТАР-ТАСС», 21 ноября 2004 года.

(25) "RI, Russia to Enhance Military Cooperation," *Jakarta Post*, April 22, 2003.

(26) Индонезия планирует закупить у России еще 12 истребителей Су, «NEWSru.com», 24 июня 2005 года.

(27) "House legislators grill Rini over Sukhoi deal," *Jakarta Post*, September 2, 2003.
(28) M. Taufiqurrahman, "Air Force to Buy Six More Sukhois," *Jakarta Post*, June 6, 2006.
(29) "Russia controls the region," *Bangkok Post*, December 22, 2005.
(30) Россия и АСЕАН договорились о сотрудничестве, «NEWSru.com», 13 декабря 2005 года.
(31) "Russia cozies up to ASEAN, vows to deepen cooperation," *AP*, December 13, 2005.
(32) Ангелина Тимофеева. Саммит Россия-АСЕАН подчеркивает разноправленность нашей внешней политики, «Strana.ru», 13 декабря 2005 года. www.strana.ru/print/267783.
(33) Выступление на саммите Восточноазиатского сообщества, Президент России Официальный Сайт, 14 декабря 2005 года. www.kremlin.ru/text/appears/2005/12/988892.shtml.
(34) 『日本経済新聞』(二〇〇五・一二・一五)。

第一二章　ロシアと南アジア――パワーバランスと国境ダイナミズム

岩下明裕

はじめに

本章は、ソ連崩壊後のロシアと南アジア、とくにそのインドおよびパキスタンとの関係の諸様相を分析し、今後の可能性を展望する。冷戦期も含めて、ロシア(ソ連)と南アジアの関係を分析した論文は、日本では稀であるが、欧米の研究は数多い[1]。そのほとんどに通底する分析枠組みは、これをパワーバランス、主としてアメリカとロシア(ソ連)、そして後には中国をも交えた一種の地域バランスを軸とした影響力を競い合うゲームとして見なすものである。

確かに米ソと印パの関係を検討するとき、この種の切り口には一定の説得力がある。たとえば、一般に理解されているのとは異なり、ソ連外交は必ずしも第二次世界大戦直後から「インド一辺倒」であったわけではない。ソ連は、インドおよびパキスタン双方に対して、その建国直後、これを「英国のマヌーバー」と見て冷淡であった。ソ連の専門家たちはインドを「新興ブルジョワジー」(＝インド国民会議)に支配されたものとし距離感をもつ一方で、パキスタンに対してはそのイスラム国家としての性格およびアメリカへの接近を懸念していた。パキスタンが東南アジア条約機構(ＳＥＡＴＯ)に加盟し、バクダッド条約に調印した一九五〇年代中葉、インドを訪問したニキータ・フルシチョフは、印パ双方に対するアメリカの影響力を弱めようと努力する。ソ連はカシミールをインド領と見なすなど、インドよりの姿勢を一時表明し、アメリカを牽制した後、パキスタンに対しても経済支援や原子力の平和利用の技術提供を申し出るなど、その関係改善を試みた。一九六〇年代に入ると、ソ連はパキスタンとバーター貿易協定を結び、さらにはカシミール問題についても印パで協議して解決すべきと、以前の立場をやや修正する。一九六五年にはアユブ・カーン大統領とアレクセイ・コスイギン首相が相互に首都を訪問し、ソ連は同年に勃発した第二次印パ戦争の際、印パ間の公平な「仲裁者」としてタシケント会議を主宰して和平を取りもった。

このソ連のアプローチに修正を迫ったのが、中国の関与であった。一九五四年チベット領有問題で対立したインドと中国は、いわゆる「平和五原則」を含むチベット通商協定を挙げて、危機を乗り切ろうとした。インドにとって、この中国との接近は、この地域へ関与を強め始めたアメリカへの牽制であったとされる(2)。だが、この中印接近は長続きしなかった。一九五九年から中国とインドは、東部国境(マクマホン・ライン)と西部国境(アクサインチン)をめぐって紛争状況に陥り、一九六二年には軍事衝突にいたるからである(3)。

パワーバランスを計ろうとするゲームが、国境を共有する国家同士では機能しない。中印の軍事衝突はこの点を明らかにした顕著な事例だが、これは一九六〇年代末に珍宝島をめぐる中ソの軍事衝突によって繰り返される。国境問題の存在に色濃く規定された中ソ関係を、米ソや米中関係と同種の外交ゲームとして分析することはできない。およそユーラシア地域にかかわる外交ゲームは、ユーラシアに属する国が主体となるとき、パワーバランスのみを軸とした分析ではカバーしえないと思われる。国境が開放され、国境を通じた接触が劇的に増加しているポスト冷戦期において、国境を面した隣国間のもつ相互作用の影響はさらに高まる。

本章はこのような問題意識に基づき、一面では南アジアをめぐる国際関係の分析に有意義なパワーバランスを軸にした分析手法を踏襲するとともに、国境をめぐる異なる政治力学の観点も併せて用いることで、冷戦終結後のロシアと南アジアの関係を検討する。その作業を通じて、ロシア外交にとってのインドとパキスタン、逆にインドとパキスタンにとってのロシアの意味を位置づけ、上海協力機構の拡大に象徴されるような中央アジアから南アジアへと広がる外交空間に対して、ロシアが今後関与しうる方向性を抽出したい。

一　南アジアにおける米中ソの非対称性

ところで、冒頭で述べた中国とインドの対立は、ソ連外交にとって悩みの種となった。ソ連外交はその元来の主張を額面通りにとるならば、イデオロギー的には「社会主義」をとる中国を無条件に支援しなければならない。だが現実には、インドとの「友好」をも考慮し、ソ連は双方の主張から距離をおく立場をとった。この結果、ソ連はインドからは感謝される一方で、中国からは「裏切り」として厳しい批判を浴びる。中印の国境紛争におけるソ連の優柔不断さは、後に軍事衝突にいたる中ソ対立の要因の一つを構成する。国境をめぐる政治力学の連鎖が、外交に影響を及ぼした好例である。

重要な点は、ソ連が南アジアで中国を全面的に支援しなかった理由にある。ソ連が（アメリカとの核戦争をも辞さないとする）中国外交の過激さをもてあまし始めていたのは事実だが、それ以上にソ連にとって南アジアがアメリカと影響力を競い合う外交空間であったことを強調したい。ソ連は、中印の国境をめぐる力学が、対米を基調とした中印提携への求心力を上回ることを十分に認識してはいなかったように思われる。外交における国境力学とパワーバランスの影響を理解するために、ここではソ連、中国、アメリカそれぞれの南アジアにおける関心と利益の非対称性に着目したい。一言で整理すれば、国境問題が制約要因としてもっとも強く現れるのが中国であり、弱いのがアメリカである。ソ連はその両国の中間に位置づけられよう。

中国はその名の通り、ユーラシアの中心に位置する。ひるがえると、中国ほど周囲を外国によって包囲されている国はない。中国はソ連以外に、モンゴル、アフガニスタン、パキスタン、インド、ネパール、ブータン、ミャンマー、ラオス、ベトナム、北朝鮮と陸の国境をもち、海の国境を加えると、さらにマレーシア、フィリピン、韓国、日本などが隣国に加わる。換言すれば、中国ほど国境地域の状況にその外交を強く規定される客観的条件を付加された国は、他に存在しない。隣国との関係が不安定化すれば、すぐに国境を通じて自らの安全保障をも損ないかねない国の外交の視線は、それが外交コンセプトのなかに「周辺・近隣外交」として主観的に位置づけられるかどうかにかかわらず、絶えず国境周囲に注がれざるをえない。[4] 要するに、国境力学に基づく外交とは、隣接地域における自国利益の最大化よりも、国境防衛や安定が安全保障の観点から最優先されるものと整理される。いうまでもなく、これは有事と平時では異なった性格を帯びて現れる。前者においては、軍事衝突をも辞さないかたちで国境防衛を目指すという攻撃的な側面が強調され、後者では平和裏に互いに妥協を進めることで問題解決を図るという場面が表に出る。これは相対立するものではなく、ある意味で国境力学に規定された外交というコインの表裏の関係にあたる。[5] したがって、インドやパキスタンといった南アジア諸国との関係においても、中国外交はこの国境力学に大きく縛られる。

中国とまったく対照的な存在となるのが、国境力学から解放され、遠距離からレンジの長いプロジェクション能力を有し、パワーバランスに基づいて地域に自由に関与しうるアメリカである。アメリカは、同じようなプロジェクション能力を有する超大国(ソ連)との共倒れを別とすれば、自国の安全保障をあまり損なうことなく、利益を追うことができる。欧米やインドの先行研究の多くが示しているように、インドとパキスタンに対するアメリカの外交は、旧来のパワーバランスに則った理解でほぼ説明が可能だ。

問題はソ連である。アメリカに匹敵するプロジェクション能力を有するソ連であったが、その外交はアメリカほど自由ではない。ソ連の対ヨーロッパ外交が、国境の安全も含む自国の安全保障を最優先させてきたことにあるとする研究は数多いが、これは対中国外交にもあてはまる。では、果たして南アジアはどうであるか。近接しているとはいえ、インドとロシアは直接、国境に面した隣国ではない。その意味で、インドとロシアは国境力学にはほとんど左右されず、両国の関係はフリーハンドをもつ。しかし、国境を共有しないゆえに協調と協力の自由度が高まる反面、相互に関心を有しない局面においては関係が低調になりうるし、場合によっては外在的な要因や他の大国との関係の影響を受けやすい。（敵対であれ友好であれ）常に相互に関心を有さざるをえない状況に置かれた隣国間の関係とは好対照をなす。パキスタンに対するソ連のスタンスも基本的に同様である。この客観的な状況に支えられて、ソ連は冷戦直後、比較的、自由に対南アジア外交を遂行しえた。インドともパキスタンとも友好関係をもつとする外交方針がソ連の基本線である。ここでパワーバランスを競う相手がアメリカである限り、そのアプローチは冒頭で述べた通り、観察者には理解されやすいものであった。

だが、中国が南アジアの空間に競合する主体として参入して以後、中印および中ソの国境力学が間接的にではあるが、ロシアの対南アジア外交に影響を及ぼし始める。一九六九年の中ソ軍事衝突を契機に一九七〇年代に入ると、中ソ対立がロシアの南アジア外交を大きく規定する。(7) インドとの間にカシミールをめぐる領有権争いを抱えるパキスタンは、中国に急速に接近し、対中国国境問題については妥協する道を選び、ともにインドに備える体制をつくった。これに対してインドは、中国に備え、ソ連と軍事協定を含む条約を結ぶ。一九七一年、バングラディシュ独立をめぐる第三次印パ戦争の勃発とともに、ソ連はもはやインドとパキスタンの双方に友好関係を保つ外交を堅持することはできず、対「インド一辺倒」へと傾斜する。ソ連はついに、かつて理解を示したこともあるパキスタンの立場（カシミール問題は国際会議で決するべき）を批判し、二カ国間関係で解決されるとするインドの姿勢を全面的に支持するにいたった。ひるがえってアメリカは、リチャード・ニクソン大統領がパキスタン・ルートによる中国との和解を模索していたこともあり、一九七〇年九月に「例外」として兵器輸出協定を結ぶなどパキスタンに対しても一定の配慮を見せていた。これは一九七一年七月ヘンリー・キッシンジャーの極秘訪中という成果を生み出した。しかし、東パキスタンに対するパキスタンの軍事制圧の開始により、アメリカは再びパキスタンへの傾斜を中断する。パキスタンにとって頼れる相手は中国だけとなった。(8)

ソ連は冷戦末期、その対南アジア外交に新たな影響を与える事態に直面した。一九七〇年代末のアフガニスタン政変とその政情の不安定化である。一九七九年一二月、ソ連はアフガニスタン侵攻を開始すると、アメリカはこれを「ソ連の膨張」と捉え、パキスタンを通じて反政府勢力の全面的支援に踏み込んだ。ソ連が国境を面していない南アジア、とくにパキスタンを国境力学の延長線上で理解せざるをえない局面が、アフガニスタンを通じて生じたのである。この点は、ソ連の対アフガニスタン外交の本質をどのように理解すべきかという議論のなかでも現れる。たとえば、李雄賢と金成浩は、ロシアで公開されたアーカイブを使い、ソ連政治局の文書を丹念に跡づけした労作を奇しくも同じ二〇〇二年に刊行した。両研究が同種の資料に依拠しているにもかかわらず、ソ連のアフガニスタン介入の理由に関して相対する結論を引き出しているのは興味深い。金がアメリカのアフガニスタン関与に対するソ連の懸念を強調するのに対し、李はソ連がアフガニスタンとの二カ国間関係を重視し、その安定化を目的としたことを重視する。言い換えれば、金がアメリカとのパワーバランスをめぐるゲームの一環としてソ連の対アフガニスタン外交を説明しようとするが、李はソ連にとっての南の国境維持とその安定を主たる要因と見ている。(9)二人の解釈はそれぞれに説得力をもつのだが、筆者が強調したいのは南アジアを中央アジアと接続する地域と理解することを通じて、ここがソ連にとり国境力学が(中ソ対立や中印対立のプリズムを通したかたちの間接的な影響力ではなく)直接的に響く地域と化したのではないかという問題提起である。

ソ連崩壊に続くタジキスタン内戦、アフガニスタンにおけるタリバン政権の樹立と中央アジアから南アジアに向けた国境地域の広範かつ連結的な混乱は、ソ連を承継したロシアの国境そのものを北に遠ざけたにもかかわらず、中央アジアへの持続的関与を目指すロシアにとって、外交上の重い課題となった。いわば、ポスト冷戦期のロシア外交は冷戦期と異なり、国境力学により直接的な影響を受けるかたちで、この地域の外交構想の再考を迫られたのである。ロシアにとっての南アジアとは、片方でパワーバランスをとるための恰好の対象である反面、冷戦期とは異なる意味で国境力学の影響を直接受けかねない複雑な外交空間と化した。

二　「惰性」としてのロシア外交

ソ連末期、ゴルバチョフ外交がペレストロイカを掲げ、西側との接近を強めていたことで、南アジアに対するまなざし、とくにインドに対するそれは概して低下した。実際、ソ連のアフガニスタン侵攻をさほど強く批判しなかったインドとの関係は、一九七〇年代末から八〇年代前半にかけても安定的に推移しており、ソ連にとってことさらインドに新たな注目をあてる意味は強くなかった。

ソ連のインドへのかかわりは、何よりも対米関係の文脈で位置づけられる。ミハイル・ゴルバチョフは一九八六年一一月と八八年一一月にインドを訪問したが、とくに八六年の訪問ではラジヴ・ガンディ首相とともに「デリー宣言」を掲げ、ソ連とインドの「伝統的な友好関係」を演出した。だが、「デリー宣言」とは「核兵器と暴力のない世界の諸原則に関して」と冠がつけられたように、核兵器全廃と新しい秩序構想を打ち上げていたゴルバチョフの「新しい思考」を世界にアピールする延長線の上にあった。このアピールは明らかにアメリカに向けられており、一九八六年一〇月のロナルド・レーガンとのレイキャビク会談後の情勢を睨んだものといえる。[10] 他方で中国に強い懸念をもつインドは、ゴルバチョフが訪印直前にウラジオストクで行った対中国和解の呼びかけ、および地域における安全保障構想に対しては、警戒をもって応えた。

当時、ソ連外交のアジアにおける最重要課題は、対中国関係の改善とアフガニスタン戦争の終結にあった。一九八九年二月にソ連がアフガニスタンから撤退し、六月のゴルバチョフによる北京訪問によって「中ソ和解」が果たされたとき、外交上のインドに対するプライオリティはさらに落ちた。パキスタンについていえば、この文脈において本来は、ソ連との関係改善が模索されるべきであった。しかし、デリー宣言をソ連とインドの緊密化と理解したパキスタンは、ソ連に歩み寄りを示す気配はなく、一九八九年のエドゥアルド・シェワルナゼ外相によるパキスタン訪問も単発に終わった。ゴルバチョフも次のアジアでの重要課題は日本との関係改善だと位置づけ、両国の隙間は埋められることはなかった。

ソ連外交の公式見解において、確かに表面上、インドは南アジアにおける最大のパートナーに留まっていたが、外交プライオリティに加え、その二カ国間貿易の実態もかなり空洞化していた。[11] インド側の資料によれば、この時期、ソ印間の貿易額は三〇億ドルから四〇億ドル程度で推移している。これは一九八〇年代後半の日ソ貿易の額より少なく、中ソ貿易と同レベルに過ぎず、特別なパートナーを強調するにはまったくもの足りない数字といえる。

この傾向はソ連崩壊後も継承される。周知のごとく、一九九二年初頭、新生ロシアの外交はゴルバチョフ期以上に、西側重視を標榜していた。近年の研究が明らかにしているように、これはアジアの「遠い外国」を無視したものではない。[12] 一九九二年五月にはゲンナジー・ブルブリス国務長官がインドを訪れ、ボリス・エリツィンの親書をナラシムハ・ラオ首相に渡し、八月にはルスラン・ハズブラトフ最高会議議長がデリーを訪問し、ラオ首相やシャンカル・ダヤル・シャルマ大統領と会見し、ロシアとインドの関係の将来について討議した。一九九二年後半からのコズィレフ外交が「東へのバランス」(＝西側中心外交の脱却)を図ろうとするとき、その関係が国境の力学に左右されやすい中国ではなく、実態として空洞化していたインドとの関係の建て直しこそ、注視されていた。アンドレイ・コズィレフ自身もまたインドとの関係をパワーバランスの文脈で理解しており、冷戦終結後の状況を受け、対インド関係の再定義を目指した。(13)

エリツィンは一九九三年一月デリーを訪れ、インドの対ソ債務の大幅削減に同意し、友好協力条約に調印する。さらにアメリカが懸念を表明していた核搭載可能なロケット技術の移転なども盛り込んだ軍事協定も締結した。だが、この訪問はソ連時代との比較でいえば、ロシアとインドの相互関係の強化には直接的にはつながらなかった。新条約は一九七一年の条約から「平和」の名称を削除し、有事の際の相互協議の項目を落とすなど、旧来の印ソ関係の水準から見れば明らかに後退であった。また、一九九二年中にミグ29の売却などがすでに合意されてはいたが、ロシアはインドが期待するレベルにまで全面的な軍事協力に踏み込む用意もまだなかった。たとえば、七月にカザフスタンから流れたと思われるロケット・エンジンのインドへの売却が政治問題化した際、ロシアはアメリカと共同で調査を行い、インドに対する技術移転に慎重な姿勢を表明する。ついには、アメリカと協議のうえ、ソ連時代から約束されていたロケット低温エンジンを含むミサイルの技術移転を凍結し、インド側の反発を買った。

両国の貿易もまた低迷する。市場経済化を急ぐ両国が、インドの入超となっていたバーター貿易を精算し、方式を外貨による決済へと転換したために、印ロ貿易は劇的に低下した。インド側資料によれば、一九九二年から九四年にかけてついに一〇億ドルを切り、九五年以後一〇億ドル台には復帰するものの、その後、現在にいたるも二〇億ドル台へは回復していない。他方で、インドの経済開放政策はアメリカによって歓迎され、さらにクリントン政権がアジア重視、インド重視の姿勢を示したため、一九九八年五月一一日のインドによる核実験実施まで米印は蜜月関係に入る。吉田修は、米印関係の「従属変数」としての印ロ関係を強調するが、少なくとも核実験に対するアメリカの「制裁」が発動されるまで、インドのロシアに対する姿勢はクールであった(14)。

対照的に、ロシア側の慎重姿勢は一九九四年以降、一変する。五月のアナトリー・アダミシン第一外務次官によるデリー訪問を皮切りに、六月末にインドのラオ首相をモスクワに受け入れると、ロシアは両国間の要人往来を活発化させる。ミグ29の売却および原子力発電所に関する協力についての協議で、ロシアは積極的な攻勢に出ると、呼応してインド側はスホイ30、大型巡洋艦、防空システムS300、潜水艦などの購入を検討し始めた(15)。一九九五年一〇月、インドが推力偏向システムをもつスホイ30MKIの購入を原則的に決めたことで、ロシアとインドの軍事的協力は質的により高い段階に入った。両国は購入契約(四〇機、一八億ドル)を一九九六年一一月にイルクーツクで調印し、九七年三月には早くも供給が開始された。二〇〇〇年一〇月のプーチン訪印以後、武器取引は画期的に飛躍する。二〇〇〇年一二月にスホイ30MKIのライセンス生産契約が、〇一年二月には三一〇台ものロシア製戦車T90Sの購入契約がそれぞれ調印された。二〇〇四年に合意された空母アドミラル・ゴルシコフのインドへの引渡しにかかわる取引では総計三〇億ドルに上り、現在、ロシアとインドの武器取引はコンスタントに年八億ドルから一〇億ドル程度、二〇一〇年までに総計一〇〇億ドルは堅いとされる(16)。

興味深いのはロシアとインドの協議のなかで、中央アジアをめぐる情勢が重みをもち始めた点であろう。タリバン支配のアフガニスタン、タジキスタン内戦といった隣接地域の情勢に、カシミールへの紛争の波及を恐れるインドは強い関心を示した。一九九二年から九三年初頭にかけて中央アジア諸国首脳の相次ぐデリー訪問を受け、ラオ首相は九三年五月にウズベキスタン、カザフスタンを、九五年九月にトルクメニスタンとクルグズスタンを訪問した(17)。

ひるがえって、中央アジアとインドの相互関係の緊密化は、中央アジアやアフガニスタンを国境政治の延長線上で捉えざるをえなくなったロシアにとっても刺激を与えたにちがいない。にもかかわらず、中央アジアおよびアフガニスタンは、必ずしもロシアとインドの二カ国間協議の範疇で直接的に対応しうる主題ではない。あくまで中国、パキスタン、イラン、そしてアメリカなどの多国間調整が前提となる。それゆえ、ロシアは、中央アジアに対するインドの関心を意識しながらも、中国との関係改善により、かつての「一辺倒」とは異なる文脈において、パワーバランスを競い合う空間としてのインドに再び注目することになる。一九九〇年代中葉にかけてロシアとアメリカの蜜月が終わりを迎えたとき、ロシア外交指導部はインドにアメリカとのバランスをとる恰好の場所を見出したのである。

三　プリマコフ「戦略的三角形」とパワーバランス

ロシアにとってのインドの意味に光をあてたのが、一九九六年三月にインドを訪れたエフゲニー・プリマコフ外相である。「多極化世界」構築を外交の柱とすえたプリマコフは、インドこそ、ロシアにとって(国境政治の重力から放たれた)自由に連携可能なパートナーであることを理解していた。プリマコフはソ連時代のインドとの「同盟」の意義を強調し、これをポスト冷戦期に再定義することで、復活させようとした。ゴルバチョフ時代から「惰性」で続いていた、いわば見かけだけの「インド一辺倒」外交に、彼は終止符を打とうとしたのである。

一九九六年から九七年にかけてロシアとインドの交流・協力は飛躍的に高まっていく。二カ国間貿易こそ伸び悩んでいたが、すでに述べたように、兵器売買による協力は質的な深化を迎えつつあった。ロシアにとって「追い風」となったのが、前に述べた一九九八年五月一一日のインド核実験である。核不拡散と地域の不安定化を恐れたロシアは、インドおよびそれに続くことが予想されるパキスタンの実験を懸念していた。しかし、ロシアは五月一六日に一二月のエリツィン訪印を発表し、インドの核実験がロシアとの友好関係の障害にならない姿勢を見せた。ロシアはインドの核実験に対する批判声明を出したものの、「制裁」には反対し、西側諸国と一線を画した。さらに、アメリカの代りにフランスが請け負い、それを中国が担うことになっていたが、「制裁」により中断された、インドの原子力発電所への濃縮ウラン供給をも申し出た（二〇〇〇年一〇月のプーチン訪問時に実現）。

一九九八年一二月、エリツィンに代ってデリーを訪問したプリマコフ首相は、この機会を最大限に利用しようとした。ここでプリマコフは、かの有名な「モスクワ-北京-デリー」枢軸による「戦略的三角形」の構想を提唱する。一九九六年四月に中国との「戦略的パートナーシップ」宣言を演出し、国際舞台での対米牽制を外交方針の一つとしたプリマコフには、これにインドを抱き込むことでロシアの存在感をさらに世界に示しうるという計算があったのだろう。対中国関係において、一九九七年一一月に（一九九一年五月締結の）東部国境協定に基づく画定作業の終了を宣言し、その安定化に成功しつつあったプリマコフは、中国とロシアの国境問題の解決がインドと中国のそれにとっても良きモデルとなるだろうと確信していた。ロシアがインドと中国の接着材となることで、アメリカの影響を受けにくい空間をユーラシアにつくり出すことが可能となる。この意味で「戦略的三角形」は、その外交において国境力学とパワーバランスの双方のダイナミズムを両立させようとする、極めてロシア的なアイディアであったと整理される。

だが、この提案はインドからも中国からも非現実的だと一蹴された。これもまた二重の反応であった。第一に、インドと中国の国境問題解決に向けた歩み寄りは、とうてい難しいという反論がなされた。あるインドの専門家は、中印関係を「戦略的ノン・パートナーシップ」と一笑した（二〇〇一年三月二八日、M・K・パラートからの聞き取り、デリー）[18]。中国側にいたっては、プリマコフが成果だとみなす中ロの「戦略的パートナーシップ」ですら、言葉だけのものだと受け止めていた。二年後の二〇〇〇年一〇月にプーチンがデリーを訪問した際、宣言されたロシアとインドの「戦略的パートナーシップ」に対しては、ロシアは中国を牽制すべくインドへ接近した可能性があると、新華社の上級記者が内部報告で述べている。国境問題をめぐる相互不信が深い二カ国間関係は、外部に対するパワーバランス的な連携を容易に許容しない。

プリマコフ提案が非現実的とされた第二の反応は、パワーバランスそのものの議論から出た。要するに、冷戦終結後、市場経済へと邁進する中国、インド、そして本質的にはロシアにとっても、アメリカこそが最重要パートナーであり、この三国がそれぞれに提携することでアメリカと本格的に対抗するリスクを負う用意は、いずれの国にもないとの批判がそれである。結論をいえば、プリマコフの「戦略的三角形」構想は、「冷戦的思考の産物」と笑いものにされた。ロシア科学アカデミー極東研究所の一部の研究員がシンポジウムでこの提言を真面目に繰り返したが、中国人参加者からは失笑を買い、ロシア外務省のチャイナスクールの一人からはその非現実性を改めて指摘された(一九九九年九月二二日、第一〇回国際会議「中国及び中華文明と世界」極東研究所、モスクワでの討論)。

他方、プリマコフ構想は、未だにロシアのある種の指導者たちの間には人気があるようだ。二〇〇一年一一月の訪中時にはミハイル・カシヤノフ首相が、二〇〇二年二月のイリヤ・クレバノフ副首相の訪印時にはアレクサンドル・ロシュコフ次官が、同様の主張を繰り返した。プリマコフ構想は今なお、様々なところで話題となる。確かに、国連総会を利用した三国外相による定例会談の継続、二〇〇五年六月のウラジオストクにおける三国外相会談、二〇〇一年以来の(ロシアの極東研究所、中国国際問題研究所、インドの中国研究所といった)三機関による定例専門家会議が重ねられ、三国間のコーディネートは強化されている。また「国際テロリズム」への対処を理由に関係はより緊密化し、二〇〇五年八月のロシアと中国の軍事演習後、ロシアはインドも加えた三国軍事演習の可能性をも示唆した。

だが、インドは中ロよりも、ロシアおよびNATOとの多国間軍事演習への参加を希望するなど、「三角形」に対するロシアの呼びかけにはさほど熱心ではない。二〇〇五年六月、北京で開催された三機関専門家会議に出席した中国人研究者は多国間協議の難しさを強調し、三国の専門家で一致した唯一の点は「どの国もアメリカとの関係がもっとも重要」といったことのみと自嘲気味に語った。ロシア側の参加者たちの声を聞いても、とある中国学者(モスクワ国際関係大学教授)は「インド嫌い」を公言し、インド学者(ロシア科学アカデミー東洋学研究所研究員)は「覇権主義への反対」という三国の合意はあくまで原則にとどまり、必ずしもアメリカを対象としたわけではない、この地域でその傾向をもつあらゆる国(中国を含意)のことを意味すると述べた(二〇〇六年三月のモスクワでの聞き取り)。ロシアのなかでも属するスクールによって意見は様々だ。

四　国境力学の展開――パキスタンの積極的関与

ロシアがインドへの「求愛」を始めたとき、ロシアを熱く見守る国があった。パキスタンである。その存在を常に域内大国インドに脅かされてきたパキスタンは、自国の安全保障に極めて敏感な国である。域外大国から見た南アジアがパワーバランスを競い合う恰好の空間であるとすれば、パキスタンにとってはこれらのパワーと連携し、いかにインドの力を相殺するかが外交の至上命題であった。いわば、パキスタンにとって、インドとの関係が劇的に改善し、協調関係を樹立できないかぎり(そして、建国以来、そのような歴史は一度たりともない)、インド以外のあらゆる諸国との合従連衡を通じて、国境の安定と自国の維持を守るしかない。アメリカ、ロシア、中国、これら三国がパキスタンにとって主要な提携可能な相手となる。

冷戦期を振り返ると、パキスタンにとってその前半と末期(ソ連のアフガニスタン戦争)に最重要パートナーとなったアメリカは、ある意味でもっともインドに効く相手に違いない。だが同時に、アメリカはパキスタンから見て不安定なパートナーでもある。なぜならば、アメリカは政情不安定なパキスタンで繰り返される軍事クーデターとそれに伴う独裁、あるいはイスラム国家としての政情に対して不快感を示し、（ソ連やタリバンなどの）「大きな敵」と闘う場合を除いて、本質的にパキスタンに対して冷徹な対応をとる。元来、現実主義的である一方で、しばしば色濃い理想主義的色彩を示すアメリカの外交姿勢は、民主主義体制をとるインドとの親和性が高い。換言すれば、米印関係が良好になるとき、アメリカがパキスタンの安全保障にとっての保険としての信頼性は薄れる。中国が、中印戦争以後、パキスタンのもっとも安定的かつ信頼できるパートナーとなったのと対照的といえる。

ソ連（ロシア）との関係で特筆すべきは、一九六〇年代には協力を模索した時期があったこと、関係悪化は六二年の中印戦争の影響ではなく、六〇年代末から七〇年代初頭にかけての中ソ軍事衝突と第三次印パ戦争の結果であったことだろう。そして、第三次印パ戦争の後でさえ、一九七四年にズルフィカル・ブット首相がモスクワを訪れるなど断絶状態に陥ったわけではない。ソ連のアフガニスタン侵攻以後は、ソ連はパキスタンにとって事実上の「敵国」となった。だがアフガニスタンからのソ連撤退、中ソ和解の進展は、パキスタンの対ソ関係に対する前提を全面的に刷新した。一九九一年一一月サンダル・アシェフ経済相は、中央アジアとともにモスクワを訪れ、新しい関係構築を求めた。一二月、アレクサンドル・ルツコイ副大統領はイスラマバードを訪れたが、その直後のソ連崩壊により、両国の関係は再び中断する。

一九九三年一月にインドを訪問したエリツィンは、議会で軍事技術分野でパキスタンを援助する用意はないと明言し、それを期待していたパキスタンを失望させ、コズィレフ外相の四月のパキスタン訪問もまた目ぼしい成果をもたらさなかった。一九九四年五月にアダミシン第一外務次官のインドと併せたパキスタン訪問、七月のアリ外相のロシア訪問の後も、ロシア・インド関係とは異なり、両国間は目立った動きを引き起こさなかった。一九九四年一二月中のモスクワ訪問を熱望したブット首相に対して、「準備不足」を理由とし訪問を延期するようにとロシアは冷たくあしらった。

パキスタンの中央アジアへの反応は、インドよりも迅速であった。一九九二年三月に財務相がタシケントを訪問すると、六月にはナワズ・シャリフ首相がこれに続き、ウズベキスタン大統領のイスラム・カリモフ大統領は早くも八月にはイスラマバードを訪れ、これに応えた(カリモフのデリー訪問は一九九三年一月)。一九九五年五月、一一月とベナジル・ブット首相はウズベキスタンを訪れ、以後、頻繁な相互往来が続く。ウズベキスタンに続いて、パキスタンと深い連携をとったのはトルクメニスタンであった。シャリフ首相が一九九二年五月に中央アジア地域首脳会議参加のためアシガバードを訪問すると、サパルムラト・ニャゾフ大統領も九四年八月と九五年三月に立て続けにパキスタンを訪れた。一九九四年一〇月のベナジル・ブット首相の訪問を皮切りに、一九九〇年代後半にかけてパキスタンからアシガバードには六回以上の高いレベルの代表団が送られた(ちなみにパルヴェーズ・ムシャラフが大統領就任後に最初に訪れた中央アジアの国はトルクメニスタンである。二〇〇〇年五月)。一九九〇年代中葉には内戦のため往来が難しくなるタジキスタンとの間でも、九二年中は、三月にはパキスタンの財務相がドゥシャンベを、七月にはラフモン・ナビエフ・タジキスタン大統領がパキスタンを訪れるなど当初は相互関係の構築に熱心であった。カザフスタンやクルグズスタンとの関係は、一九九二年二月のヌルスルタン・ナザルバーエフ・カザフスタン大統領のいち早い訪問以後、それほど緊密な往来はなかったが、九五年八月にベナジル・ブットがカザフスタンとクルグズスタンを訪問すると、一二月にはアスカル・アカエフ・クルグズスタン大統領がパキスタンにくるなど、九〇年代中葉から相互往来も徐々に高まっていく(19)。

パキスタンの対中央アジアの姿勢はインドのそれと鮮明に異なっている。第一に、インドが一九九二年に中央アジアから次々と大統領を迎えた後、一〇月に入りようやくウズベキスタン、クルグズスタン、カザフスタンに外相を、トルクメニスタンに通商省次官を派遣した程度であり、九三年五月まで、いわば受身の外交を見せたのに対して、パキスタンはソ連崩壊直後から積極的に中央アジアに対する関与を行ったこと、第二に、パキスタンの最初の視線が、ウズベキスタン、トルクメニスタン、タジキスタンに集中したこと、以上の二点が特徴的である。要するに、パキスタンにとっての中央アジアとは、なによりも隣国アフガニスタンとの関係で意識されていた。ウズベキスタン、トルクメニスタンとの協議の内容が、アフガニスタン情勢および地域の安定、さらには輸送やエネルギーを含む地域経済協力で占められているのが興味深い(たとえば、一九九七年一〇月、アシガバードでのニャゾフ・シャリフ会談など)。ソ連の対アフガニスタン戦争を通じて、アメリカの協力の下、ムジャヒディンを支援してきたパキスタンは、いまやムジャヒディンがパンジ河を越えて、タジキスタンの安定を損なう状況が生まれたとき、中央アジアの安定にかかわる当事者とさえなった。パキスタンは一九九〇年代中葉にかけて中央アジア諸国との外交をより活発化し、ベナジル・ブット首相は、トルクメニスタン、クルグズスタン、ウズベキスタン、カザフスタンを歴訪する。このとき、パキスタンは中央アジア諸国に対して、自らが安全保障の脅威とならないこと、信頼をもって協力しうるパートナーたりうることをアピールするのに懸命であった。一九九六年秋にタリバンがアフガニスタンをほぼ制圧し、中央アジアまでその影響力が懸念されたとき、一〇月一九日ファルーク・レガリ大統領はウズベキスタンを訪れ、タリバン対策の全面協力を約束する。これまでの往来と経緯を見るとき、パキスタンにとっては、ウズベキスタンが中央アジアのなかで最も早い段階から比較的良好でかつ安定したパートナーといえる。

かくて中央アジアへの接近を強める一方で、ロシアとの関係改善については突破口を容易に見出せなかったパキスタンであったが、そのきっかけとなったのが、一九九五年八月のタリバンによるイリューシン旅客機乗っ取り事件であった。ロシアはパキスタンに緊密に連携を要請し、パキスタン政府はロシア側に人質解放に向けた全面的支援を約束する。ロシアとパキスタンの関係改善へ向けた動きが起こったのは、アフガニスタン情勢緊迫後の一九九七年夏頃である。七月、アユブ・カーン外相がモスクワを訪れ、プリマコフと会談した際には、両国が地域問題の解決においてその実務的な連携を活用すべきとする点で一致し、アフガニスタン情勢やタジキスタン問題の解決プロセスについての詳しいやりとりを行った。一九九八年三月、イスラマバードを訪れたワシリー・リハチョフ上院副議長やグリゴリー・カラシン外務次官らは相次いでパキスタンとのパートナーシップの重要性を強調した。

五月二八日、パキスタンはインドに続いて核実験を行った。これに対しても、ロシアの批判は言葉だけのものにとどまった。中ロ関係の改善により、南アジアへのフリーハンドを手にしかけたロシアが、パワーバランスの観点から、インドのみならずパキスタンとの関係改善を図ろうとするのは、ある意味で当然であった。同時にロシアは中央アジアの安定を考慮し、パキスタンにタリバン対策を要請する必要も感じていた。タリバン問題を軸にロシアと中央アジア諸国の連携が、ここでパキスタンとの協力に結びついた。タジキスタンおよびアフガニスタン和平交渉におけるパキスタンのイニシアティブはつとによく知られている。一九九七年六月、パキスタンやイランも参加するかたちでタジキスタン和平が達成され、ロシアはアフガニスタンの平和と安定を回復するべく、一九九九年夏、「6＋2」のタシケント国際会議を主宰し、これにイランとともにパキスタンも招請した。一九九九年四月、シャリフ首相のロシア訪問によって、アフガニスタン情勢およびタジキスタン和平プロセスにおける両国の緊密な連携が約束され、ここでロシアとパキスタンの関係は新時代を迎えたかに思われた。

しかし、一〇月のパルヴェーズ・ムシャラフによるクーデターが引き金となって、パキスタンとロシアの関係に再び亀裂が入った。政情不安なパキスタンの状況を見たロシアや中央アジアは、信頼しうるパートナーとしてのパキスタンに改めて疑いをもった。二〇〇〇年一月、ロシア外務省はパキスタンが「国際テロリズム」を助長していると非難声明を出し、チェチェン元大統領ゼリムハン・ヤンダルビエフのパキスタン滞在により、二月末にかけてパキスタンとロシアの関係は悪化の一途をたどった。

二〇〇〇年九月、セルゲイ・ヤストロジェムブスキー特使は、イスラマバードを訪問し、アフガニスタンとタリバンの問題をムシャラフと協議し、関係の建直しを図ろうとしたが、パキスタンはロシアのインド接近に不信をもって応えた。[20] 一〇月のプーチンによるデリー訪問が「ロ印蜜月」のシンボルとして謳われたとき、パキスタンのロシアへの応答はより冷淡に映った。このとき、プーチンは可能であれば、その夏の沖縄サミット直前に北朝鮮を電撃訪問したような外交パフォーマンスを、印パ関係改善の文脈で成功させたかったと思われる。だが、プーチンの試みは、パキスタンにとって「インド一辺倒」の復活と理解され、プーチンの試みは頓挫した。

インドとの関係においては、パキスタンは未だロシアへの不信が強いが、同時に国境地域の安定の配慮から、中央アジアとの協力は重視せざるをえない。二〇〇一年初頭、中国、ロシアと中央アジア三国で国境を安定させるためのフォーラムとして成長してきた「上海ファイブ」が、機構として常設化される段取りが図られた折、オブザーバー参加を最初に表明したのがパキスタンであった。当時、この申請は驚きをもって受け止められたが、冷戦終結後、パキスタンによって展開されてきた地域外交を分析すれば、その連続的な側面が見出せよう。

五　二つの「国際テロ事件」と上海協力機構

実は、タリバンの後見国とされたパキスタンが、「反テロリズム」を名目に結集しようとした上海協力機構（SCO）に参加表明をした経緯については議論がある。第一に、これに関する中国のイニシアティブについてである。「中国はパキスタンの引き入れにあまり積極的ではなかった」「中国はカシミール問題でパキスタンの主張から距離をおき始めている」などと、中パ関係の「隙間」を強調する意見がロシア人学者から出される一方で、[21] 中国に強く誘われたことをSCOへの関与強化の理由とするパキスタン人学者もいる(たとえば、イスラマバード政策調査研究所、M・H・ヌリ)。逆に、本音ではパキスタンの存在を中国外交の「足枷」と表現する中国人学者も少なくはない。

しかし、これを中国との「隙間」を懸念したことを理由にパキスタンによるロシアへの接近やSCOへの参加だと見なすのは、いささか強引な解釈であろう。パワーバランスの観点から見ても、パキスタン外交の視線が、インドやその他の国と同様、アメリカをもっとも意識している点を見落としてはならない。南アジアにおけるアメリカの存在は、ロシアや中国以上に大きい。さらに中国がタリバンと密接な関係をもつパキスタンをもてあまし始めていたのが事実だとしても、ホルムズ海峡に近いグワダル港開発のように中国にとってのパキスタンの戦略的意義は変わっていない。確かに中国が積極的に勧誘したかどうかは別として、「同盟国」パキスタンのSCOへの参加はそもそもマイナスではない。事実はやはりパキスタンの参加により、機構における中国の存在感がさらに増すことをロシアは懸念していたと思われる。

もう一つは、パキスタン側の事情を強調する見方だ。ムシャラフ政権は、成立当初の段階から、タリバンとの関係を真剣に切りたかったのだとする(パキスタン外務省付属戦略研究所、F・ラフマンなど)。パキスタンの脱タリバン政策はすでに「九・一一」以前に模索されていたとする、近年パキスタンの一部で流布しているこの見方が正しければ[22]、中国を通じてSCOへかかわりをもとうとするパキスタンの姿勢、世界での「孤立」から脱却を目指すムシャラフ側の強いイニシアティブとしても理解しうる。結局、タリバンによる最大の被害者であるタジキスタンの理解が得られず、その申請は猛反対を受けた。ロシアはおろか他の中央アジア諸国もタジキスタンの立場を支持し、パキスタンの参加は見送られる。かくて、ウズベキスタンだけを正式メンバーとして招請することで、SCOは二〇〇一年六月に設立を宣言された。

他方で、国境地域の安定を目指すパキスタンの外交姿勢は中央アジア諸国のなかで徐々に受け入れられ始めていた。たとえば、クルグズスタンはすでに六月の段階で、条件さえ満たせば、パキスタンのオブザーバー参加を支持すると表明し、一〇月にはウズベキスタン・イスラム運動の中央アジアへの進入阻止についてのパキスタンの役割を高く評価する。ウズベキスタンも早くからパキスタンの姿勢を評価しており、ウズベキスタンのSCOの原加盟国としての参加は「追い風」となった。「九・一一」の勃発により、タリバンとの正式な「離縁」を宣言し、アメリカのタリバン攻撃に自国の空間を提供したことで、パキスタンはついに反「国際テロ」同盟の一員として承認される。アメリカの「報復」はロシア、中国にも支援され、中央アジアにもまた米軍基地が開かれた。アメリカによるアフガニスタン戦争は圧勝に終わり、タリバン政権は一掃された。中央アジアもパキスタンも同じ戦争を支援する拠点となったことは、両国の姿勢と立場をより接近させた。

アメリカと中央アジア、パキスタンをつなぐ契機が「九・一一」だとすれば、ロシアとインド、パキスタンをつなぐ契機となったのが、二〇〇一年一二月一三日のテロリストによるインド国会襲撃事件「一二・一三」である。この事件の背後にパキスタンがいると断定したインドは激しく批判を行い、両国は一触即発の関係に陥る。一九九九年に印パ間で勃発したカルギル戦争に次ぐ核戦争の可能性がささやかれる事態となった。二〇〇二年一月、パキスタンは急遽、特使をモスクワに送り、ロシアを通じてインド政府の慰撫を要請した。ロシアはここで再びインドとパキスタンの仲介役を買って出る。五月、プーチンは印パ首脳会談を呼びかけ、六月のカザフスタンでのアジア協力信頼醸成措置会議の際に、その実現を要請した。しかし、印パともにプーチンとの個別会談には応じたもの、プーチンの「仲裁」に従うことなく、ロシアは再び、印パの関係に対する自国の影響力の弱さを露呈するだけに終わった。その翌月、アメリカが仲介に乗り出すと、印パはその仲介案を受け入れ、事態沈静化に向けて歩み寄りを示した。

他方で、パキスタンは中央アジア諸国との関係をより強化していく。二〇〇二年四月にパキスタン外相がタジキスタンを訪問すると、六月にはムシャラフ自らアルマトゥ会議への参加の機会を利用してドゥシャンベを訪れ、エモマリ・ラフモノフ・タジキスタン大統領もイスラマバードを訪問した。この年の四月にはトルクメニスタンからアフガニスタンを通ってパキスタンまで結ぶパイプライン構想が打ち上げられ、五月にはトルクメニスタンとアフガニスタンの首脳が、二〇〇三年一二月にヌルスルタン・ナザルバーエフ・カザフスタン大統領、〇四年五月に再びラフモノフがイスラマバードを訪れた。後者ではパキスタンによるタジキスタンからの電力購入およびその水力発電所建設への積極的支援が協議された。二〇〇五年一月にはアスカル・アカエフ・クルグズスタン大統領がイスラマバードを、同年三月にはムシャラフがタシケントとビシュケクを訪問。クルグズスタンからタジキスタン経由でパキスタンが電力を購入する案も提起された。パキスタンは、このようにクルグズスタンやタジキスタンから中国の南疆を通じてギルギットへ向かう国境地域の存在も考慮にいれて、地域での多角的な協力構想を検討している[23]。

ではインドの動向はどうであったか？　確かに中央アジアに対しても、インドがある程度注視しているのは事実だ。しかし、中央アジアともアフガニスタンとも国境をもたないインドの中央アジアへの積極性は、パキスタンと比べればはるかに弱い。インドのまなざしははるかに強くモスクワに向けられている。それが反米的な実態をもちうることについては疑問の余地が多いとはいえ、中印関係の改善も含めて「戦略的三角形」の相互往来は活発化している（インドではこれはしばしば“interaction”と表現されるが、三カ国の間では“coordination”といわれることも多い）。ロシアとの関係だけを取り上げれば、プーチンの訪印を受けて二〇〇一年一一月アタリ・ビハーリー・バジパイ首相はモスクワを訪問し、国際テロリズムとの闘争や戦略的安定に関する宣言に調印。二〇〇二年一二月にはプーチンがインドを、〇三年一一月にはバジパイがモスクワを再訪。二〇〇四年一二月にプーチンは再びデリーを訪れると、〇五年五月にはインド大統領がモスクワを訪れた。このような首脳間の相互往来は、中ロのそれと比肩しうる高水準のものである。二〇〇三年二月、ようやくムシャラフが三三年ぶりにパキスタン元首としてのロシア訪問を果たしたことと比較すれば、その違いは明瞭である。

インドの中央アジアへの関心が主としてパワーバランスの観点に向けられ、（エネルギー協力の可能性を別として）地域レベルでの相互関係構築に対する視線の弱さは、そのSCOに対する態度にも通底する。[24]インドと中央アジア諸国は一九九〇年代に比較すれば頻繁に首脳の相互往来を続けており（たとえば、二〇〇〇年五月と〇五年四月のカリモフ訪印、〇二年八月のアカエフ訪印、〇二年六月のバジパイによるビシュケク訪問、二〇〇三年一一月のバジパイによるドゥシャンベ訪問など）、確かに以前より緊密な関係をつくりつつある。しかし、明らかにパキスタンのそれよりは低い。インドの関心は主として中央アジア諸国の側によって、しばしば実態以上に過大評価される傾向があるようだ。筆者は二〇〇〇年以来、インド専門家のSCOに対する意識を追跡しているが、確かに関心を有しているにもかかわらず、それに積極的にかかわろうとする姿勢を彼らからさほど強く感じたことはない。二〇〇五年七月、インドとパキスタンは（イランとともに）アスタナ・サミットでSCOのオブザーバーに認められた。中国がパキスタンの、ロシアがインドの参加をそれぞれ後押ししたとされるが、印パの積極性には明らかに開きがある。サミットのみならず、一〇月のモスクワ首脳会談にもシャウカット・アジス首相を派遣したパキスタンに比べ、インドはあくまで外相を送ったにすぎず、これはインドにとってSCOが通常の外交以上のものではないことを示している。SCO結成五周年を祝った二〇〇六年六月の上海サミットでは、イラン、モンゴル、パキスタンの三カ国はいずれも大統領が参加したが、インドのマンモハン・シン首相（外相兼務）は参加を見あわせ、一閣僚の派遣にとどめた。[25]

これは、ロシア・インド・中央アジアの「三角形」とロシア・パキスタン・中央アジアの「三角形」が、質的な相違をもっていることとつながっている。前者はあくまで南アジアというパワーバランス空間におけるロシア・インド関係が機軸となったうえでの中央アジアであるのに対して、後者はパキスタンと中央アジアの国境をめぐる地域レベルの力学に相対するロシアの存在であるからだ。換言すれば、ロシアにとってのインドの意味と、パキスタンの意味の違いがここに表現されている。

おわりに――ロシアと南アジア関係の展望

本章の課題の一つは、ロシアにとっての南アジアの位相を確定することであったが、分析を通じて明らかになった点は、インドとパキスタンの相違である。客観的に見れば、ロシアにとり前者がパワーバランスを軸とした戦略的な外交対象であるとすれば、後者は国境力学に応じた地域協力として重視される対象である。これは、インドあるいはパキスタンから見たロシアの役割とそれぞれ合致している。では、今後のロシアの対南アジア外交はどのように展望しうるか。ロシアとインドの関係は、これからもある程度までアメリカおよび中国との関係の反射としての側面をもつに違いない。冷戦期と異なるのは、インドもロシアもともに反米・反中で提携する可能性が少ないということにある。アメリカ・ファクターがパワーバランスに基づくものだとすれば、よりインド・ロシア関係に影響を与えうるのはやはりインドと国境問題を有した中国であり、中国・インド関係の今後に多くを左右される。近年、中国とインドの国境問題が、現状維持を合法化することにより解決するのではないかという楽観的な見通しが生まれている。この見通しが正しければ、いずれ中国とインドの関係はロシアと中国のレベルにまで改善される可能性がある。「戦略的三角形」を構想したプリマコフはパワーバランスに力点を置いてこれを捉えていた。しかし、現実には「戦略的三角形」は国境力学のプラスのベクトルへの転化とともに機能している。これはユーラシアの地に、ロシア・中国・中央アジア国境地域の相互作用が南アジアまで拡大する広域の安定した、かつ自律的な空間の誕生を展望させる。もっとも、この空間の誕生が、ロシア・中国・インドの提携によるアメリカに対するパワーバランスとして機能しうるかどうかはまったく別の議論である。

この広域のユーラシア空間が形成される場合、その内実を担うのが、中央アジアからアフガニスタン、パキスタンをつなぐ国境地域の安定と緊密化である。筆者は、中国新疆から中央アジア、パキスタンへと向かう国境地域の接触現場の実態を検証したことがあり、この地域の相互依存と一体化を肯定的に捉える。[26]一般にユーラシア国境政治の主役は冒頭で述べたように中国であるが、この地域の鍵はアフガニスタンの安定と印パ関係にある。解決困難といわれる後者のカシミール問題であるが、実効支配線がいずれ国境として追認されるという期待感も強い。逆説的ではあるが、印パが核武装したことで軍事衝突が生じた際のリスクが増し、両国とも信頼醸成措置を求める傾向が増加している。ロシアと中国の関係が安定し、アメリカもまたこの地域の安定を切望しており、どの域外大国も今やパキスタンかインドの主張を一方的に後押しする条件にはない。二〇〇五年四月に温家宝首相の訪印の際、両国が「戦略的パートナーシップ」の樹立を約束したように、中国とインドの関係改善が進むとき、ロシアがここでパキスタンとどのような関係を新たに構築しうるかが重要となる。[27]

かつてパワーバランスの論理で圧倒されていた南アジアは、いまや中国および中央アジアとの国境を通じた相互依存の力学で結ばれつつある。しかし、パワーバランスの思考に馴れすぎた南アジアをめぐる戦略的論議はいまだ旧来の枠組みに強く縛られ、ロシアもインドもそこからなかなか自由になれない。客観的には、ロシアは自国にとってのパキスタンの意味を再検討し、その関係緊密化を図ることで、新しい地域形成に寄与することができる。一見、これは冷戦初期のインドとパキスタンの双方を睨んだバランス外交のように理解されがちだが、質的にはまったく異なっている。ロシア・インド・中央アジアの「三角形」とロシア・パキスタン・中央アジアの「三角形」は、対立的ではなく相互補完しうるからだ。ロシアと中国関係の南アジア地域への影響と上海協力機構の可能性は、その当事者たちも含めた多くの識者が見通す以上に深くかつ画期的である。

〈付記〉とくに注記しなかったが、必要に応じて、『ロシア政策動向』，*RFE Newsline*, «Дипломатический Вестник», «Мировая Экономика и Международная Политика», «Международная Жизнь», «Проблемы Дальнего Востока» などを参照。また吉田修・広島大学教授には本稿をお読みいただいたうえ、有益なコメントを多数いただいた。心よりお礼申し上げたい。

(1) たとえば，W. J. Barnds, *India, Pakistan, and the Great Powers* (New York, 1972); R. H. Donaldson, *Soviet Policy toward India: Ideology and Strategy* (Cambridge, Mass., 1974); R. B. Remnek, *Soviet Scholars and Soviet Foreign Policy: A Case Study in Soviet Policy towards India* (Durham, N.C., 1975); B. Sen Gupta, *Soviet-Asian Relations in the 1970s and Beyond: An Interperceptional Study* (New York, 1976); S. Clarkson, *The Soviet Theory of Development: India and the Third World in Marxist-Leninist Scholarship* (London, 1979); Rajan Menon, *India and Soviet Union: A Case Study of Inter-nation Influence* (Ann Arbor, Mich., University Microfilms International, 1979); R.C. Horn, *Soviet-Indian Relations: Issues and Influence* (New York, 1982); H. Malik, *Soviet-American Relations with Pakistan, Iran and Afghanistan* (Basingstoke, 1987); P. Duncan, *The Soviet Union and India* (London, 1988). インドの研究としては，V.D. Chopra, ed., *Studies in Indo-Soviet Relations* (New Delhi, 1986); S. Nihal Singh, *The Yogi and the Bear: Story of Indo-Soviet Relations* (London, 1986); S. Gaikwad, *Dynamics of Indo-Soviet Relations: The Era of Indira Gandhi* (New Delhi, 1990) など。

(2) 吉田修「カシミールと印パ・中印国境問題」岩下明裕編『国境・誰がこの線を引いたのか――日本とユーラシア』（北海道大学出版会、二〇〇六年）を参照。

(3) 中印国境問題については、ネビル・マックスウェル著、前田寿夫訳『中印国境紛争――その背景と今後』（時事通信社、一九七二年）も参照。

(4) 興味深いことに中国外交は冷戦終了まで、コンセプトとしては「大国外交」を基軸としており、周辺諸国に対する近隣外交のカテゴリーをもたなかった。一見、これは中国がパワーバランスに則った外交を周辺地域で繰り広げていたように見えるが、客観的にはそうではない。中国がかかわった紛争や戦争は、朝鮮半島、台湾、ロシア極東(旧中ソ東部国境)、カザフスタン(旧中ソ西部国境)、インド、ベトナム、カンボジアなどそのほとんどが国境に関するものである。「大国外交」はあくまで「敵」として主なプレーヤーのアメリカやソ連に目線を合わせたコンセプトにすぎず、現実には国境を軸とした安全保障を外交の最優先事項においていたと見なせよう。

(5)　コインの裏を強調した論文として、M. Taylor Fravel, "Regime Insecurity and International Cooperation: Explaining China's Compromises in Territorial Disputes," *International Security*, Vol.30, No.2 (2005), pp.46-83を参照。この論文に対する湯浅剛のコメントは極めて的確である(『ユーラシア・ウォッチ』(秋野豊ユーラシア基金メールマガジン)、第八三号、二〇〇六年三月一日)。中国が個々の国境問題について見せた「攻撃的な側面」(コインの表)を看過してはならない。

(6)　自国の国境にかかわる中南米に対するアメリカの外交が、それ以外の「遠い地域」に対するそれと異なる様相を見せていることは付記しておきたい。

(7)　吉田修は中ソ軍事衝突をきっかけに「ソ連はパキスタンに対し、中ソのどちらをとるかを迫った。そして中国を選んだパキスタンとの関係を、ソ連は精算した」と整理する(吉田修「パクス・アメリカーナとの遭遇と離反」秋田茂・水島司編『現代南アジア6――世界システムとネットワーク』(東京大学出版会、二〇〇三年)、一二一頁)。

(8)　吉田、前掲書、一二二-一二三頁。

(9)　李雄賢『ソ連のアフガン戦争――出兵の政策決定過程』(信山社、二〇〇二年)、および金成浩『アフガン戦争の真実――米ソ冷戦下の小国の悲劇』(NHKブックス、二〇〇二年)を参照。

(10)　たとえば、ミハイル・ゴルバチョフ著、工藤精一郎・鈴木康雄訳『ゴルバチョフ回想録』下(新潮社、一九九六年)、一二五-一三四頁を参照。

(11)　«Индия сегодня», М., 2005, стр.412-413.

(12)　この点をロシアの対東南アジア外交の文脈で明らかにしたものとして、加藤美保子「ソ連・ロシアの外交政策とアジア太平洋の地域主義」『ロシア・東欧学会年報』第三四号(二〇〇六年)を参照。

(13)　たとえば、А. Козырев. Преображение, М., 1995, стр.247-249。

(14)　吉田修「インドと旧ソ連――国際関係の連続性と相違」岩下明裕編『ロシア外交の現在Ⅰ』(北海道大学スラブ研究センター、二〇〇四年)参照。

（15）一九六五年の印パ戦争の際、西側がインドへの武器輸出を禁止したのを契機に、インド軍はソ連製兵器に多くを依存しており、一九九〇年代中葉の段階で、陸軍の七〇％、空軍の八〇％、海軍の八五％の装備がソ連・ロシア製だといわれる（«Индия сегодня», стр.413）。一九九〇年代後半から活発化するインドとロシアの軍事協力はこの冷戦時代の歴史的経緯によるところが多い。

（16）«Индия сегодня», стр.413.

（17）S.D. Muni, "India and Central Asia：Towards a Co-operative Future," in Nirmala Joshi, ed., *Central Asia：The Great Game Replayed* (Delhi, 2003), pp.133-141.

（18）インド側は、ロシア・中国・インドによる学者たちの会議においても、しばしば中印関係の進展に慎重な姿勢を表明している。См., Россия-Китай-Индия：новые вызовы и угрозы XXI века, «Проблемы Дальнего Востока», 2001г, №6.

（19）См., Р.М. Мукимджанова. Страны Центральной Азии：Азиатский вектор внешней политики, М., стр.86-101.

（20）«Новое время», 2000, №41, стр.18-19.

（21）С.В. Уянаев（сост.）. Взаимодействие России, Индии и Китая в XXI веке：проблемы, перспективы, направления, Т.1-2, М., 2004 所収のルジャニンとシャウミャンの論文を参照。

（22）吉田修は本稿へのコメントとして、パキスタン人のこの種の見解に疑念を表明している。彼によれば、その理由は、第一に対アフガニスタン関係の見通しが立たなくなること、第二に当時のクリントン政権がパキスタンに対して冷淡であったことだが、とくに前者は重要である。アフガニスタンがタリバンに安定的に支配されることは、パシュトン人の存在や国境（デュアランド・ライン）により複雑な問題を抱える両国関係を考慮すると、パキスタンの国益にかなう。その意味で、パキスタンが中央アジア諸国と積極的な外交を行ったのは、タリバン政権の安定を模索していたからだと理解されうる。アフガニスタンとパキスタンの関係を含めたより詳細な分析は筆者の次の課題としたい。

（23）См., Р.М. Мукимджанова. Страны Центральной Азии.

（24）See, S.D. Muni, *op.cit.*, pp.122-126.

（25）欧米を含む一部メディアは、イランのマフムード・アフマディネジャド大統領が参加したことを理由に、上海協力機構がより「反米」的傾向を示したと論評したが、このような見方は表層的である。イランがオブザーバー参加したのは前大統領のときであり、今回、五周年を祝うサミットで中国はオブザーバー四カ国すべてに対し元首級の参加を求めていた。その意味で、核問題を理由にイランだけを排除することができるはずもない。むしろ、イラン側がこの機会を使って、機構を「反米」アピールに利用しようとした側面が強く、中ロは、逆にイランの動きを沈静化させようとした側面を忘れてはいけない。加盟国間の決議（オブザーバーは無関係）も、「アメリカへの牽制」というよりは、加盟国が相互に利益に反するような行動をしないことを約束しあったような内容となっている。要するに、これはどこかの加盟国が「抜けがけ」をしてアメリカと濃密な関係をつくることを相互に警戒したものであり、あえていえば、「相互非敵対」の宣言である。なお、インドの首相がサミットに参加しなかったことをもって、二〇〇六年春のアメリカとの関係構築が効いたものと推測する向きも多いが、これも各オブザーバー国間の関心の濃淡への理解不足である（そもそも「準加盟国」という表現にも意味がない）。本章で示されているように、インドは巷でいわれているほど上海協力機構への関与に熱心ではなく、今回もフル・メンバーへの申請などそもそも最初からしていないといわれる。

(26)　岩下明裕「中国と中央アジア——接触地域の現場検証」『ユーラシア国境政治——ロシア・中国・中央アジア』（北海道大学スラブ研究センター、二〇〇五年）参照。

(27)　中印関係の近年の進展については、高木誠一郎「中国と南アジア」日本国際問題研究所編『南アジアの安全保障』（日本評論社、二〇〇五年）を参照。

編者・執筆者一覧

＊は編者

＊木 村　汎(きむら ひろし)　北海道大学名誉教授　[まえがき，7章，10章]

＊袴 田 茂 樹(はかまだ しげき)　青山学院大学国際政治経済学部教授　[1章]

ピーター・ルットランド(Peter Rutland)　米国・Wesleyan 大学教授　[2章]

浜　由樹子(はま ゆきこ)　津田塾大学国際関係研究所研究員　[3章]

石 井　明(いしい あきら)　東京大学大学院総合文化研究科教授　[4章]

伊 藤 庄 一(いとう しょういち)　環日本海経済研究所(ERINA)研究員　[5章]

湯 浅　剛(ゆあさ たけし)　防衛省防衛研究所主任研究官　[6章]

天 野 尚 樹(あまの なおき)　北海道大学大学院文学研究科博士課程　[8章]

安 野 正 士(あんの ただし)　上智大学国際教養学部准教授　[9章]

レシェク・ブシンスキー(Leszek Buszynski)　国際大学大学院教授　[11章]

岩 下 明 裕(いわした あきひろ)　北海道大学スラブ研究センター教授　[12章]

事項索引

アルファベット略語

ア　行

カ　行

サ　行

タ　行

ナ　行

ハ　行

マ　行

ヤ　行

ラ　行

ワ　行

人名索引

＊ウラジーミル・プーチンは頻出のため，採録せず。

ア 行

カ 行

サ　行

タ　行

ナ　行

ハ　行

マ　行

ヤ　行

ラ　行

郵便はがき

料金受取人払

札幌中央局
承認

1203

差出有効期間
2008年8月24日
まで

060-8788

札幌市北区北九条西八丁目
北海道大学構内

北海道大学出版会 行

ご氏名 (ふりがな)		年齢　　歳	男・女
ご住所	〒		
ご職業	①会社員　②公務員　③教職員　④農林漁業 ⑤自営業　⑥自由業　⑦学生　⑧主婦　⑨無職 ⑩学校・団体・図書館施設　⑪その他（　　　）		
お買上書店名	市・町　　　書店		
ご購読 新聞・雑誌名			

書　名

本書についてのご感想・ご意見

今後の企画についてのご意見

ご購入の動機

1 書店でみて　　2 新刊案内をみて　　3 友人知人の紹介
4 書評を読んで　　5 新聞広告をみて　　6 DMをみて
7 ホームページをみて　　8 その他（　　　　　　）

値段・装幀について

A 値　段（安　い　　普　通　　高　い）
B 装　幀（良　い　　普　通　　良くない）

アジアに接近するロシア――その実態と意味

2007年4月25日　第1刷発行

編著者　木　村　　　汎
　　　　袴　田　茂　樹

発行者　佐　伯　　　浩

発行所　北海道大学出版会
札幌市北区北9条西8丁目北大構内(〒 060-0809)
tel. 011(747)2308・fax. 011(736)8605・http://www.hup.gr.jp/

岩橋印刷／石田製本

ISBN978-4-8329-6681-9

ウランバートル
北京
ピョンヤン
ソウル
台北
エンチャン
ハノイ
マニラ
プノンペン
バンダルスリブガワン
シンガポール
ジャカルタ
ポートモレスビー